GUIDE BELLES LETTRES

Collection

dirigée

par

Jean-Noël Robert

DES CIVILISATIONS

OSCAR MAZIN

L'AMÉRIQUE ESPAGNOLE

(XVIe-XVIIIe siècles)

2e édition

LES BELLES LETTRES

www.lesbelleslettres.com

Pour consulter notre catalogue
et être informé de nos nouveautés
par courrier électronique

Crédits des illustrations

Églises baroques couvertes d'or et d'argent abritant des statues de saints étranges. Missions comme tirées au cordeau présentes aussi bien dans le sud du Paraguay qu'en Californie. *Haciendas*, petites villes autarciques que l'on ne peut parcourir qu'à cheval. **Tout voyageur en Amérique peut constater qu'une série d'empreintes se retrouvent du nord au sud du continent, des rivages de la Californie à la Terre de feu.** Deux langues communes, l'espagnol et le portugais, y côtoient de multiples langues indiennes. Enfin, de somptueux palais et d'austères couvents dont les cloches réveillent chaque matin ce monde américain de villes aux odeurs d'encens et de chocolat.

Autant des traits d'une Amérique ibérique, fruit de l'expansion européenne du début des temps modernes. **La civilisation à laquelle elle donna naissance est l'objet de ce livre.** Naturellement il ne s'agit pas d'un monde homogène. Ses différentes formes, temps et rythmes découlent de la situation des différents peuples autochtones, de la complexité d'une nouvelle société pluriethnique, tout aussi bien que de l'évolution de la Péninsule ibérique. Avant la conquête (1519-1540), **les zones correspondant approximativement au Mexique et au Pérou actuels sont les principaux centres indigènes. Ce n'est pas un hasard s'ils sont appelés à devenir les noyaux de la présence espagnole.** Ils reçoivent l'empreinte la plus puissante de l'immigration européenne et se caractérisent par les plus hautes réalisations culturelles. Dès 1535 et 1543, ils deviennent les deux vice-royautés américaines, pôles du rayonnement d'une vigoureuse activité économique à l'échelle planétaire. Dans les vastes territoires alentour, la présence européenne se trouve également façonnée

COMMENT UTILISER CE GUIDE ?

Il est, certes, possible de lire ce livre chapitre après chapitre, pour découvrir un panorama de la société hispano-américaine ; mais il est aussi conçu pour que le lecteur puisse y trouver rapidement (et en extraire) des informations précises sur un sujet qui l'intéresse. Il est donc conseillé :
*– **de se reporter au sommaire :** chaque chapitre est divisé en rubriques (avec des renvois internes) qui permettent de lire, dans un domaine choisi, une notice générale. En outre, les autres rubriques du chapitre complètent l'information. Au début de chaque chapitre, une introduction situe le sujet dans une*

*perspective différente,
illustrant l'évolution de
la société et des
mentalités hispano-
américaines ;*
  *– d'utiliser
l'index à partir
duquel, sur une
notion générale, un
terme technique,
voire un personnage,
il est possible de
réunir,
à travers l'ensemble
du livre, plusieurs
données
complémentaires.*
  ***Une bibliographie
choisie** permet,
dans un premier temps,
de se reporter
à des ouvrages
récemment parus
pour y commencer
une recherche.
Tous offrent,
sur le sujet
qu'ils traitent,
une bibliographie
plus ou moins riche.*
  *Enfin, les tableaux
de synthèse, les cartes
et graphiques
pourront aider
à visualiser
et mieux retenir
les informations désirées.
(Cf. table des cartes,
plans et tableaux
en fin de sommaire.)*

par la diversité des peuples autochtones, qu'il s'agisse de petites communautés organisées pour la plupart autour des villages, ainsi sur les îles comme sur le continent, ou bien des populations nomades de chasseurs collecteurs.

Mais si les peuples autochtones jouent un rôle fondamental pour expliquer la palette de l'Amérique espagnole, l'unité de celle-ci résulte d'un ensemble de structures gouvernementales et judiciaires communes dont la continuité fut assurée par la Couronne d'Espagne. Comment des territoires aussi immenses et lointains ont-ils pu demeurer si longtemps au sein d'une même monarchie ? La christianisation des Indiens implique-t-elle un sens profond de loyauté au roi, comme l'avancent certains historiens ? Il ne faudrait pas ignorer le système complexe et efficace d'administration qui relie les différents territoires et dont le cœur est à Madrid. **Nous avons affaire à un empire**, donc **gouverné par l'écrit et à très longue distance**, ce qui permet d'ailleurs à chaque royaume des « Indes » de bénéficier d'un degré considérable d'autonomie.

Sur les côtes du Brésil, découvertes depuis 1500, le peuplement portugais intensif a lieu plus tardivement que celui des vice-royautés de Mexico et du Pérou. La consolidation d'un troisième noyau ibérique au nord-est brésilien aux alentours de 1580 coïncide avec l'union du Portugal et de ses possessions à la Couronne d'Espagne jusqu'en 1640. Sous l'appellation « Amérique espagnole » ou même « Amérique ibérique », nous comprenons ici une seule civilisation « hispanique » au sens large, qui inclut aussi bien les possessions du roi d'Espagne que celles du roi du Portugal.

Les expressions « Amérique espagnole » et « Amérique ibérique » sont d'ailleurs relativement récentes. Aux XVIe et XVIIe siècles, ses habitants désignaient cette région sous l'expression des « Indes occidentales » ou des « Indes »

tout court. Soulignons qu'elles ne constituent pas à l'origine une colonie de l'Espagne, mais un ensemble de « nouveaux royaumes », égaux en principe aux royaumes péninsulaires. Le souverain est roi des Indes comme il est roi des Espagnes (*rex Hispaniarum, rex Indiarum*). Il faut souligner combien l'implantation espagnole a pour trait spécifique l'établissement à long terme par le biais du peuplement et de la création d'un réseau de villes. L'utilisation des termes « Amérique » et « américain », plus fréquente à partir du milieu du XVIIIe siècle, coïncide avec un changement de perspective. À l'inverse de l'empire pluraliste des Habsbourg, sous l'administration centraliste des Bourbons d'Espagne et des Bragance de Portugal, les Indes deviennent alors avant tout des colonies dont les intérêts se trouvent subordonnés à ceux de la métropole. Les termes « colonisation » et « colonie », consacrés par l'usage, seront ici employés surtout pour la seconde moitié du XVIIIe siècle.

Marquée par sa durée et son action en profondeur, l'Amérique ibérique est sans doute l'entreprise la plus colossale et la plus originale qu'un peuple d'Occident ait jamais menée outre-mer. Elle est également caractérisée par un héritage durable que l'indépendance n'a pas effacé. Aujourd'hui, la vingtaine de nations issues du démembrement politique des « Indes occidentales » doivent pour l'essentiel à la Péninsule ibérique leur langue, leur foi catholique, leurs traditions juridiques et leurs attitudes devant la vie et devant la mort.

SOMMAIRE

L'AMÉRIQUE ESPAGNOLE

La Nouvelle-Espagne, le Pérou et le Brésil (jusqu'en 1640) évoluent comme des royaumes autarciques de la monarchie catholique. À partir des années 1750, les métropoles entreprennent une série des réformes visant à centraliser et par conséquent à transformer la relation avec les Indes.

La ville est aux Indes, inexorablement, la compagne de l'empire. Seuls les empires romain et espagnol ont développé à ce point cette conception urbaine.

III. L'ORGANISATION POLITIQUE ET SOCIALE......... 61

Le contrôle politique depuis Madrid s'appuie sur un système d'informations à distance dont l'efficacité est due à la circulation des hommes. Les courants migratoires, la mobilité et l'ascension sociale contribuent à expliquer la complexité et la rapidité des transformations sociales.

IV. LA VIE ÉCONOMIQUE 101

Le commerce est l'aspect primordial de l'économie des Indes, et la production minière en est son principal moteur. Pourtant l'agriculture et l'élevage, dont la production est la plus importante, façonnent les sociétés et les paysages.

SOMMAIRE

L'HISPANO-AMÉRICAIN

Les traditions locales ainsi que la circulation des idées et des objets dans l'empire sont à la base de l'implantation du christianisme comme le principal sujet de l'art de l'Amérique ibérique.

Aux Indes l'oisiveté n'est pas une fin en soi, mais le travail ne rachète pas du péché. L'Église prêche la nécessité de trouver un équilibre qui laisse la place à la conversation et aux divertissements.

Les grandes tendances des sociétés de l'Amérique ibérique exercent une influence déterminante sur la vie de l'individu : sur son nom, sa famille, son éducation, aussi bien que sur la notoriété de sa vie au sein des villes.

L'HISPANO-AMÉRICAIN

SOMMAIRE

ANNEXES

CARTES, PLANS, TABLEAUX ET ILLUSTRATIONS

Cartes

SOMMAIRE

Plans

Tableaux

Illustrations

ANNEXES

17

SOMMAIRE

ANNEXES

L'AMÉRIQUE ESPAGNOLE

Les Indes occidentales

I
L'HISTOIRE

Après une conquête plutôt rapide de l'Amérique, la Couronne d'Espagne, mue par l'élan de la christianisation, conçoit ses royaumes des Indes comme une juxtaposition des populations indigènes et espagnoles. Pendant un premier siècle (1540-1640) pourtant, le déclin démographique des Indiens – dû pour la plupart aux épidémies –, les courants migratoires africains et ibériques, ainsi qu'une tradition urbaine millénaire des Ibériques, entre autres, vouent cette juxtaposition à l'échec. Caractérisés par la cohabitation et le mélange de nombreux groupes ethniques, **la Nouvelle-Espagne, le Pérou et le Brésil (jusqu'en 1640) évoluent comme des royaumes autarciques de la monarchie catholique. À partir des années 1750, les Bourbons,** en possession du trône d'Espagne depuis le début du siècle, **entreprennent une série de réformes visant à centraliser et par conséquent à transformer la relation des Indes avec la métropole. L'indépendance politique qui en résulte (1808-1821),** et qui donne lieu à l'apparition d'une vingtaine de nouvelles nations, **n'entrave pourtant pas l'évolution d'une civilisation originale.** Les grandes périodes de l'histoire tracent cette évolution.

Ce chapitre offre un condensé rapide de l'histoire de l'Amérique ibérique, suivi d'une chronologie essentielle qui couvre les trois siècles que dura celle-ci. Les notices biographiques des principaux personnages historiques sont placées en fin de volume.

LA CONQUÊTE (1492-1540)

Une première phase est celle de la conquête des îles des Antilles à la suite des voyages de Christophe Colomb. Elle s'étend au moins jus-

La conquête des Antilles

qu'au débarquement d'Hernán Cortés sur les plages du golfe du Mexique en 1519. **Les principales formes de vie urbaine, de gouvernement, de travail et de mise en valeur des ressources naturelles sont d'abord implantées sur les îles entre 1492 et 1518.**

Les Européens entament l'exploration de toutes les possibilités locales visant à établir des entreprises commerciales : forêts tropicales, épices, traite d'esclaves et or. Toutefois les traditions des Ibériques vont plutôt favoriser le peuplement et le contrôle complet des régions densément peuplées qu'ils viennent de trouver. Pendant quelques années, les Européens se concentrent presque entièrement sur Hispaniola (les actuels Haïti et République dominicaine), qui apparemment est la plus peuplée des îles. La ville de Saint-Domingue, fondée entre 1496 et 1502, située sur la côte sud-est, joue longtemps le rôle de capitale et de principal centre du pouvoir. Les Arawaks, habitants autochtones, ne présentent pas une résistance importante autre que la rébellion sporadique. En revanche, la conquête militaire et puis l'esclavage sont déployés avec force sur les îles contre les Caraïbes, connus par leur nomadisme et leur cannibalisme.

Fidèles à une ancienne tradition juridique inspirée du droit romain et qui fait du souverain le principal responsable de la foi de son peuple, les Rois Catholiques entreprennent un processus de légitimation (cf. Le droit, chap. III). Cherchant à éviter toute réclamation de la part du Portugal, entre 1493 et 1508 ils obtiennent une série de bulles octroyées par le pape Alexandre VI. Dérivant du pouvoir temporel du souverain pontife, elles accordent aux monarques pleine souveraineté sur les nouveaux territoires. En se fondant sur l'une de ces bulles, **la Couronne négocie** également **le traité de Tordesillas (1494) par lequel le Portugal et la Castille se répartissent respectivement l'Afrique et l'Asie, ainsi que le Nouveau-Monde.**

L'accès aux mines et le déclin démographique s'avèrent fondamentaux sur les îles. L'exploitation des premiers gisements d'or finance une première phase d'implantation ibérique. Cependant ils s'épuisent déjà aux alentours de 1515. **Au moyen de l'*encomienda*, une institution qui attribue des groupes d'Indiens à des conquistadors en échange de leur protection et de leur instruction religieuse, les Espagnols disposent de la main-d'œuvre leur permettant l'exploitation des mines d'or.** Toutefois un abrupt déclin de la population autochtone, dû aux travaux forcés mais surtout aux maladies transmises par les Européens, mène rapidement à l'épuisement démographique (cf. Crise démographique, chap. III).

Ferdinand le Catholique et la conquête des Antilles

Après quelques expéditions sur les îles voisines, en quête d'esclaves, la poursuite de l'exploration à grande échelle est entreprise entre 1508 et 1511, avec la conquête de Puerto Rico (par Ponce de León), et celle de la Jamaïque et de Cuba (par Diego Velázquez). Parallèlement ont lieu les premières incursions sur la Terre ferme (*Tierra Firme*, le littoral nord-est de l'Amérique du Sud) menées par Diego de Nicuesa et Alonso de Ojeda entre 1509 et 1513.

Dès l'année 1511, **l'exploitation des Indiens est dénoncée, notamment de la part des religieux. Il s'ensuit une longue controverse des deux côtés de l'Atlantique, dont le célèbre fray Bartolomé de Las Casas est la figure de proue** (cf. Quelques auteurs majeurs). **La conquête est-elle légitime ?** De quel droit la Couronne de Castille exerce-t-elle son pouvoir au Nouveau-Monde ? Quelles sont en conséquence les limites et finalités de celui-ci ? Pendant plus d'un demi-siècle le débat alimente l'élaboration d'un droit spécifique des Indes. En outre, la conquête impose une circulation intense des hommes et des idées. Elle donne lieu au foisonnement de toutes sortes de relations et chroniques écrites par les explorateurs, soldats, missionnaires et fonctionnaires. En un siècle caractérisé par la circulation intense de manuscrits et par l'essor de l'imprimerie, ce corpus de récits fait l'objet, pour ses pièces maîtresses, de transcriptions ainsi que d'éditions rapides, voire des traductions en plusieurs langues (cf. Chroniques et histoires, chap. VII).

Dès son origine, l'implantation ibérique est menée par étapes, chaque nouvel emplacement étant la base de l'emprise suivante. De cette façon Puerto Rico et Cuba sont devenus autonomes de Saint-Domingue, puis Mexico le devint de Cuba et ainsi de suite jusqu'aux confins des Indes. **Le passage des Ibériques sur le continent prend deux directions à partir d'Hispaniola : l'une sur Panama et plus tard sur le Pérou, l'autre touche Cuba et ensuite les côtes du golfe du Mexique.** Parfois l'une précède l'autre. La région de l'isthme panaméen est explorée d'abord, mais les explorations en provenance de Cuba sont les premières à atteindre l'une des grandes civilisations indigènes : la conquête des Aztèques en 1521 précède ainsi celle des Incas d'une dizaine d'années.

La question a souvent été posée : **comment quelques poignées d'hommes ont-elles pu soumettre des multitudes d'Indiens et briser en quelques mois des empires ?** Leur supériorité militaire et technique contribue sans aucun doute au succès des Ibériques. L'appui qu'ils reçoivent de la part des groupes autochtones opposés aux empires joue aussi un rôle déterminant. Les conquérants tirent également profit, sans toujours s'en rendre compte, des prophéties indigènes qui annoncent le retour de héros mythiques comme Quetzalcóatl ou Viracocha, ce qui permet à Hernán Cortés et à Francisco Pizarro de pénétrer plus aisément jusqu'au cœur même des empires autochtones. Sur le plan légal, le conquérant use en outre d'une stratégie qui consiste à fonder des « villes » (bien modestes dans les faits) dont les municipalités servent à légitimer les entreprises conquérantes auprès du monarque. Ainsi Veracruz, établie en 1519, constitue l'acte fondateur d'un royaume que Cortés, dans une lettre à Charles Quint, appelle « Nouvelle-Espagne » (cf. La Nouvelle-Espagne, chap. II)

La chute de Mexico-Tenochtitlan, précédée d'une résistance acharnée, puis de Cuzco, capitales indigènes, sont des épisodes spectaculaires. Ils ne doivent pas faire oublier que **la conquête touche des centaines d'entités extrêmement variées sur tout le territoire en cours d'exploration.** Tout un système d'alliances diverses est mis en place par les conquistadors, avec pour conséquence, dans nombreux cas, le maintien des unités politiques autochtones et de leurs structures de gouvernement. Les conquistadors conçoivent ces nouveaux royaumes comme les successeurs directs des empires indigènes antérieurs : ils en sont les nouveaux maîtres et bénéficient à ce titre des tributs jadis versés par des cen-

FLORIDE
Mississipi
S. Augustine
Tampico
La Havane
Santiago
CUBA
HISPANIOLA
PORTO RICO
Sto Domingo *1511*
Zacatecas
Mexico *1535*
Campêche
Sta Marta
Trinité *1498*
Acapulco *1527*
Veracruz *1519*
NOUVELLE-
ESPAGNE
Panama
Darien
Cartagena
Caracas
Tunja
NOUVEAU ROYAUME
DE GRENADE
Quito *1563*
Santa Fe
de Bogota
1547
Amazone
BRÉSIL
PÉROU

Partage du monde entre
l'Espagne et le Portugal
(bulle de 1493)

Limite entre les terres
espagnoles et portugaises
(traité de Tordesillas, 1494)

Routes maritimes
aller

retour

Lima *1542*
La Plata *1558*
Potosi *1545*
São Paulo *1554*
Rio de Janeiro *1565*
Asunción
Bahia *1549*
Valparaíso
Santiago *1542*
Concepción
Valdivia *1552*
Buenos Aires
Osorno *1558*

Domaines espagnols
vers 1559

Nouveau Royaume
de Grenade

Royaume de Nouvelle-Espagne

Royaume du Pérou

Les Indes : limites des Couronnes, villes et vice-royautés

25

taines de « principautés » à leurs dominateurs (cf. Le gouvernement des Indiens, chap. III).

Des facteurs géographiques en particulier rendent la conquête de la future Nouvelle-Espagne plus rapide que celle de la zone des Andes, qui avait été le berceau d'un empire indigène plus étendu et plus dispersé. **Vers 1540** toutefois, **les populations sédentaires du continent, en Nouvelle-Espagne comme au Pérou, étaient déjà incorporées à la Couronne de Castille.** Mexico et Lima deviennent des bases d'expéditions plus larges et mieux équipées, par exemple celle que Pedro de Alvarado mène vers le Guatemala après la chute de Mexico, ou les trois expéditions dirigées respectivement par Gonzalo Jiménez de Quesada, Sebastián de Benalcázar et Nicolás Federman qui se rejoignent à Santa Fe de Bogota en 1537. On évoquera aussi la célèbre incursion en Amazonie de Lope de Aguirre en 1560 à la recherche de *El Dorado* [l'homme doré]. Restent les Indiens nomades et irréductibles des confins des Indes : l'état de guerre contre eux est permanent, que se soit dans le nord de l'actuel Mexique – la colonisation de la Californie devra attendre encore plus d'un siècle – ou dans le sud du Chili. L'étendue des territoires conquis est sans commune mesure avec les échelles européennes : en un laps de temps de six décennies, les conquistadors ont exploré une immense région qui va du 37e degré de latitude nord (la région de Monterrey, en Californie), au 55e degré de latitude sud (la Terre de feu).

LES VICE-ROYAUTÉS (1540-1640)

La Conquête provoque la disparition des superstructures politiques et religieuses – les « empereurs » aztèque et inca, et le clergé – **tandis que les sociétés conservent leur cohésion interne sous l'autorité de leurs gouvernants locaux.** L'installation à Mexico en 1527 d'un tribunal royal appelé *Audiencia* (Audience) et la nomination d'un vice-roi (1535) signent l'implantation du système administratif en Nouvelle-Espagne (cf. Le roi et ses institutions, chap. III). Au Pérou, les choses sont plus difficiles : l'arrivée d'un premier vice-roi et de l'audience (1542-43) coïncide avec la rébellion de Gonzalo Pizarro contre l'application de la réforme des *encomiendas* (issue de *Leyes Nuevas* de 1542-1543) censée entraver l'esclavage et les abus en matière d'exploitation des Indiens. Le vice-roi périt aux mains des rebelles (1546), deux ans de guerre sont nécessaires pour restaurer l'autorité royale. Alentour se dessinent déjà de nouveaux royaumes comme celui de Grenade (l'actuelle Colombie) en 1539 ; un premier peuplement portugais depuis 1531, ayant pour chef Martín Alonso de Souza, donne lieu à la fondation de la ville de São Paulo en 1557. Les Antilles, qui relèvent administrativement de la vice-royauté de Mexico, assurent la défense de l'empire à travers un système de forteresses. L'implantation européenne se consolide également aux îles Philippines, qui portent le nom du roi d'Espagne. **À l'avènement de Philippe II (1556), l'âge héroïque des grandes conquêtes est à peu près définitivement clos. Les traits des nouvelles sociétés,** caractérisées par la cohabitation des diverses langues, cultures et religions, **commencent à se dessiner.**

La main-d'œuvre indigène est utilisée pour l'exploitation minière. L'extraction d'or domine jusque vers 1540. Les premières mines d'argent de Nouvelle-Espagne sont découvertes en 1530-1531 ; en 1545 commence l'exploitation du fabuleux gisement argentifère du Potosí dans le haut Pérou. L'afflux des métaux précieux d'Amérique modifie l'équilibre économique et politique de l'ancien monde (cf. Les mines, chap. IV). Les territoires contrôlés par les Espagnols ne cessent de se dilater à partir des principaux foyers de colonisation. Mais, à la quête d'empires fabuleux qui avait caractérisé la phase de conquête, succède désormais la progression des frontières agricoles et minières.

Une politique de pacification et de peuplement (*población***) fait suite à la phase conquérante.** La bureaucratie, les « colons » (*pobladores*) et les Indiens en voie d'hispanisation supplantent progressivement les conquistadors dans le gouvernement des Indes. Entre 1565 et 1580 s'élabore un cadre très précis qui définit le fonctionnement de vice-royautés. Il engage l'avenir pour plus d'un siècle en matière de politique indigène, d'évangélisation, de politique économique et de fiscalité.

La christianisation des nouveaux sujets du roi exige la connaissance des anciennes civilisations indigènes, ce qui donne lieu à un grand foisonnement culturel. Un intérêt accru pour les langues autochtones se concrétise par l'élaboration des outils indispensables à la traduction. Dans une première phase, le nahuatl, le maya, le quechua et l'aymara jouent longtemps un rôle aussi important que l'espagnol. Les missionnaires s'efforcent d'apprendre et d'enseigner ces langues pour favoriser les échanges avec les masses indiennes (cf. Les langues, chap. VII).

Une juxtaposition est envisagée. D'une part une république des Indiens dont la christianisation ferait une sorte de chrétienté des

27

nouveaux temps. D'autre part, une république des Espagnols en continuité avec les réalités castillanes. Cependant cette dualité trouve bientôt ses limites, surtout dans les régions de plus forte présence espagnole. Les maladies transmises par les Européens, et pour lesquelles les Indiens sont dépourvus de défenses immunitaires, déclenchent, comme dans les îles, une grave crise démographique. D'autre part, dès la fin du XVIe siècle une politique de congrégation des populations autochtones achève de les subordonner à la société et à l'économie des Espagnols. À l'habitat dispersé et parfois au nomadisme des temps préhispaniques succède un regroupement en gros *pueblos* permanents, inséparables dans l'esprit des Espagnols de toute vie urbaine.

Vers 1575, le Conseil des Indes à Madrid lance une entreprise d'inventaire et de reconnaissance de ses domaines. **L'immigration croissante d'Espagnols (environ 100 000 au total vers la fin du XVIe siècle) donne lieu à la fondation de plus d'un demi-millier de villes pour l'ensemble des Indes** (cf. Les capitales, chap. II). Une trentaine d'agglomérations deviennent les sièges de diocèse, l'imprimerie est introduite (Mexico, 1536), tandis que des universités ouvrent leurs portes à Mexico et à Lima en 1551, et que les jésuites dispensent l'éducation aux élites espagnoles et indigènes dès les années 1570. L'introduction de l'agriculture intensive et de l'élevage, ainsi que l'exploitation de riches gisements d'argent, sont alors fondamentaux pour les échanges à l'intérieur des régions ainsi que dans la formation d'un marché transatlantique sous le monopole de la Couronne. **La Nouvelle-Espagne assure en outre toutes sortes d'échanges avec l'Extrême-Orient** grâce au « galion de Manille » qui traverse l'océan Pacifique une fois par an et relie Acapulco aux Philippines (cf. Le commerce, chap. IV). **En 1581, enfin, l'union du Portugal à la Couronne d'Espagne incorpore à celle-ci non seulement le Brésil mais toutes les possessions portugaises de l'Afrique et de l'Asie.** Le soleil ne se couche jamais sur les domaines du roi catholique.

PAX HISPANICA (1640-1760)

Mais **la grandeur de la monarchie espagnole est proportionnelle à sa principale faiblesse, son étendue, à une époque de guerre permanente et de déficits budgétaires accrus** (cf. La monarchie espagnole, chap. II). La décennie de 1640 voit se succéder une série de soulèvements dans les possessions de la Couronne, qui aboutit à la révolte des Catalans et des Napolitains, ainsi qu'à la sécession du Portugal et de ses domaines d'outre-mer. La crise ne touche pas les Indes avec la même rigueur. Sur la longue durée, **une phase de stagnation, entre 1620 et 1640, est suivie par un siècle marqué par une certaine autonomie dans l'évolution politique des vice-royautés.** Les aspirations des Espagnols nés aux Indes (appelés créoles, *criollos*) qui veulent jouer un rôle plus conséquent dans le gouvernement se voient limitées dans un premier temps. Ils expriment leur mécontentement à l'égard d'une forte fiscalité par l'intermédiaire des réclamations de la part des municipalités et des tribunaux. En cela ils agissent en accord avec des lois des Indes qui prévoient, comme en Castille, des formes consensuelles du pouvoir héritées du Moyen Âge ibérique. L'application de celles-ci, visant à augmenter leurs marges de manœuvre, dut être reportée à la seconde moitié du siècle. Les urgences financières de la Couronne laissent en effet peu de place à la réforme.

De nouvelles réalités font évoluer cette situation. D'abord l'évolution démographique des Indiens, dont la population montre des premiers signes de récupération, en Nouvelle-Espagne aux alentours de 1650, et au Pérou vers les années 1710. Ensuite les premiers signes de reprise de la production minière dans la décennie de 1680, après une crise d'un demi-siècle, et l'instabilité du système des flottes sur l'Atlantique découlant de l'état de guerre. Enfin il faut tenir compte également de l'expansion démographique des blancs, noirs et sang-mêlé (métis, mulâtres, *castas* diverses) qui habitent dans des villes et travaillent dans les ateliers ou ailleurs, dans les grands domaines appelés *haciendas*.

Ces réalités finissent par transformer les structures socio-économiques des populations autochtones. Les grands propriétaires créoles espèrent attirer les Indiens en leur faisant quitter leurs villages dépeuplés pour les employer comme journaliers ou leur céder des parcelles en métayage. Les ordres religieux voient l'administration spirituelle des autochtones de plus en plus convoitée par le clergé séculier, et sont en outre obligés de verser aux évêques la dîme sur leurs nombreuses *haciendas*.

La Nouvelle-Espagne et le Pérou évoluent finalement vers une sorte d'autarcie où les groupes politiques locaux finissent par jouer un rôle plus décisif. Il s'agit des corps tels que les tribunaux, les municipalités, les chapitres cathédraux, les consulats de commerçants, les officiers des finances ainsi que les oligarchies des

29

régions les plus urbanisées. Au fur et à mesure qu'augmente l'incertitude touchant à la succession de Charles II en Europe, un monarque sans héritier, les vice-rois sont obligés d'agir avec prudence. L'avancement de leurs carrières se heurte à des affiliations politiques essentiellement mouvantes. Dénuée de neutralité, leur manière d'agir n'a pu que bénéficier aux prélats dont la présence sur la scène politique semble accrue. **Les sièges épiscopaux exercent une influence importante dans l'ensemble des rapports sociaux,** à travers le culte, les œuvres de bienfaisance publique, les centres d'enseignement et le prêt d'argent.

La population autochtone en voie d'hispanisation reste largement majoritaire surtout lors de sa récupération démographique. Quelques récits de l'époque témoignent de la volonté de reconstitution de nombreux villages. Ils portent sur leurs origines mythiques et historiques ainsi que sur la succession nobiliaire de leurs gouverneurs.

Ces tendances autarciques coïncident avec une période de déclin de la cour en Espagne. Après 1650, les progrès des autres puissances européennes apportent des changements à la carte des possessions espagnoles : la piraterie et les attaques des Hollandais, des Français et des Anglais donnent lieu à l'occupation des côtes brésiliennes par les premiers en 1624 ; à l'annexion de la Martinique et de la Guadeloupe en 1635 par les Français ; à l'appropriation de Belize (Ca. 1635) et de la Jamaïque (1655) par les Anglais, sans parler de la Louisiane, explorée en 1543 par Hernando de Soto, et progressivement colonisée par les Français à partir de 1699.

DES RÉFORMES COLONIALES À L'INDÉPENDANCE (1760-1821)

Le XVIIIᵉ siècle connaît en Amérique ibérique une période de transformations qui contraste avec le climat général des époques précédentes. L'avènement au trône d'Espagne de Philippe V, petit-fils de Louis XIV, et de la dynastie des Bourbons, suppose un concept différent de pouvoir. Sous les Habsbourg, l'empire espagnol avait évolué dans le sens d'un vaste ensemble de royaumes dispersés sur trois continents. Or la tradition monarchique française tend vers une politique de centralisation et d'uniformisation juridique et administrative. L'action réformatrice des Bourbons s'étend aux Indes une

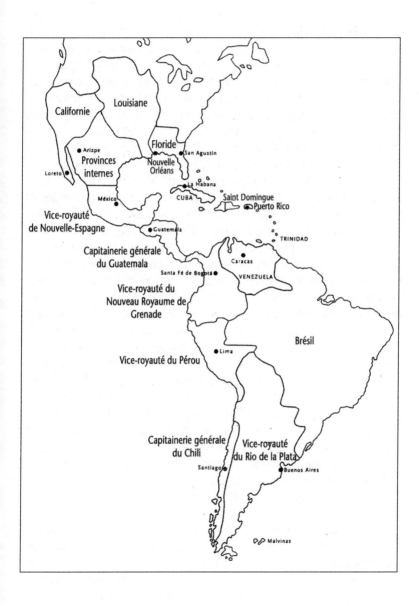

Les Indes : vice-royautés au XVIIIᵉ siècle

fois que les organes centraux de Madrid sont transformés. Plus lente en Amérique, ses effets se font sentir **surtout à partir de la seconde moitié du siècle**. Il s'agit d'une politique d'ensemble qui touche au pouvoir des vice-rois, à l'influence des élites locales, à l'administration militaire, financière et au rendement des impôts. La Couronne intervient aussi pour stimuler l'activité économique. La découverte ou la remise en exploitation de nombreuses mines fait alors de la Nouvelle-Espagne le premier producteur d'argent du monde, et du Brésil un grand producteur d'or. La création de vice-royautés au Nouveau Royaume de Grenade (à Santa Fe de Bogotá d'abord, entre 1717 et 1723, puis, après une suppression temporaire, de façon définitive à partir de 1739) et au Rio de la Plata (à Buenos Aires en 1776) bouleverse la carte politique des Indes et constitue un tournant majeur de cette évolution.

L'Amérique ibérique du XVIIIe **siècle semble connaître une remarquable prospérité économique. Pourtant la politique des réformes n'est pas exempte de sérieuses contradictions internes.** Les formes consensuelles du pouvoir et l'autarcie politique du passé sont sapées. Dans le programme du « despotisme éclairé », la volonté d'absolutisme l'emporte sur les « Lumières ». Le roi se considère comme seul juge de l'intérêt de ses sujets. La prospérité même de l'économie ne se traduit pas par une amélioration du niveau de vie général. La stagnation des salaires et l'endettement à vie des journaliers restent le lot des classes populaires. Les exactions fiscales provoquent au Pérou la spectaculaire insurrection indigène de Tupac Amaru (1780), tandis que la famine de 1785-1786 met à nu la misère des Indiens de Nouvelle-Espagne. Les habitants des Indes se persuadent que les richesses de l'Amérique sont exploitées au seul profit d'une Espagne lointaine. **La conjonction du mécontentement créole, du déracinement des sang-mêlé et de la misère indienne explique en grande partie l'éclatement des guerres d'indépendance.**

La crise de la monarchie espagnole est générale, et ses manifestations sont simultanées sur le continent entre 1808 et environ 1824. L'exil de Ferdinand VII, et donc l'absence du souverain suite à l'invasion napoléonienne, précipitent partout les événements. Mais **le caractère hétérogène des réalités sociales tend à fractionner une immense guerre civile en une série de conflits régionaux.** La défaite de Napoléon et la restauration de Ferdinand VII permettent à la métropole, à partir de 1814, de soutenir ses partisans en Amérique et de reconquérir provisoirement la plupart de ses positions. Mais c'est le contrecoup de la révolution libérale espagnole de 1820 qui assure, en définitive, les succès des insurgés soutenus plus ou moins ouvertement par la Grande-Bretagne et par les États-Unis.

Les guerres dites « d'émancipation » se déroulent sur trois théâtres distincts : le premier est la Nouvelle-Espagne centrale, futur Mexique, dont la destinée se joue comme en un champ clos pendant les onze ans qui séparent l'insurrection paysanne de 1810 et le coup d'État conservateur de 1821. **En Amérique du Sud, les deux centres moteurs de l'émancipation sont le Venezuela, autour de Caracas, et le Rio de la Plata autour de Buenos Aires.** C'est de ces deux foyers que Simon Bolivar par l'Équateur, et José de San Martín par le Chili, conduiront l'assaut final sur le Pérou jusqu'alors réfractaire à l'indépendance. **Seules les îles de Cuba, Puerto Rico et les Philippines resteront des possessions espagnoles jusqu'en 1898** (cf. Orientation bibliographique, BERTHE).

Les choses se passent autrement au Brésil. Suite à l'invasion française, la Couronne du Portugal y est transférée en 1807. La continuité du pouvoir légitime au Brésil est assurée lorsque le prince régent Pedro I demeure sur place suite au rappel de son père, le roi João VI, par les Cortes de Lisbonne en 1821. L'implantation de la monarchie constitutionnelle permettra ainsi, à partir de 1822, une émancipation graduelle qui assure l'unité du nouveau pays tout en évitant la guerre civile.

CHRONOLOGIE FONDAMENTALE

Avant l'Amérique ibérique

Mésoamérique	Les Andes
– 22 000 ans : présence des premiers hommes dans la vallée de Mexico.	**– 20 000 ans : présence des premiers hommes dans les Andes.**
– 1 500 ans : les Olmèques, « civilisation mère », au bord du golfe du Mexique.	– 1800 à – 500 : villages d'agriculteurs et petits centres cérémoniaux. Développement et diffusion de la cul-

33

L'HISTOIRE

– 1 200 ans : Cuicuilco, Tlapacoya, premiers centres cérémoniaux de la vallée de Mexico.

100 à 850 : Teotihuacán, la cité des dieux, exerce une influence généralisée sur la Mésoamérique.

650-950 : période classique des Mayas. (apogée de Palenque et Tikal).

850-1325 : cités-états guerriers sous l'influence de Tula, dans la vallée de Mexico.

1000-1250 : période postclassique des Mayas (Chichén-Itzá, confédération de Mayapán).

1325 : fondation de Mexico-Tenochtitlan par les Aztèques, arrivés d'Aztlán, sous la conduite de leur chef Mexi.

1415-1510 : époque des principales conquêtes de Mexico-Tenochtitlan, ville confédérée avec celles de Texcoco et Tlacopan.

1516-1521 : règne de Moctezuma Xocoyotzin.

ture Chavín. Apparition du processus d'urbanisation. Maîtrise des techniques agricoles. Sites andins de Chavín de Huantar et sites côtiers de Cupisnique.

500 à 700 : étape de développement urbain dans le cadre de petites seigneuries ou royaumes.

500 à 1000 : expansion d'un pouvoir politique et culturel unificateur à partir de la cité de Wari (bassin d'Ayacucho).

1000-1450 : période des États régionaux caractérisée par une renaissance du régionalisme et par la formation des états locaux organisés autour de grands centres urbains comme Pachacámac. Début des grandes conquêtes incas.

vers 1200 : début de l'état inca.

de 1200 à 1438 : règnes des Incas semi-légendaires.

1493-1527 : règne de Huayna-Cápac.

LA CONQUÊTE

1492 : Christophe Colomb débarque sur l'île de Guanahani (Bahamas).

1493-1508 : bulles des papes sur le patronage royal aux Indes occidentales.

1494 : traité de Tordesillas sur le partage géographique des expéditions et découvertes à venir entre l'Espagne et le Portugal.

1496-1502 : fondation de la ville de Saint-Domingue sur l'île Hispaniola.

1500 : découverte du Brésil par Pedro Alvares Cabral.

1503 : Nicolás de Ovando, gouverneur d'Hispaniola.

Fondation de la *Casa de Contratación* à Séville.

1508-1511 : premiers établissements de la « Terre-Ferme » (Castilla del Oro, actuel Panama).

Conquête de Puerto Rico, Jamaïque et Cuba.

1511 : fondation du diocèse de Saint-Domingue.

sermon de fray Antonio de Montesinos à Saint-Domingue.

1512 : junte et lois de Burgos sur la liberté des Indiens.

1513 : découverte de la « mer du Sud » (océan Pacifique) par Vasco Núñez de Balboa.

1513-1519 : peuplement de la Castilla del Oro (Panama).

1514 : établissement d'une Audience royale (haut tribunal) à Saint-Domingue.

1517-1519 : expéditions sur la côte du golfe du Mexique.

Cortés débarque sur le golfe du Mexique et fonde la Villa Rica de Veracruz (1519).

1519-1521 : conquête de Mexico-Tenochtitlan par Hernán Cortes.

1519-1525 : conquête de la Nouvelle-Espagne centrale (Mexique).

1519-1522 : premier tour du monde, par Magellan et Elcano.

1524 : première incursion de Francisco Pizarro au Pérou.

Arrivée des franciscains à Mexico.

1527 : fondation du diocèse de Mexico.

1527 : Audience royale (haut tribunal) à Mexico.

Pizarro débarque à Túmbez et découvre l'empire inca.

Arrivée des dominicains à Mexico.

1528-1532 : guerre civile entre l'Inca Huáscar et son demi-frère Atahualpa.

1529 : Pizarro à la cour du roi.

1531-1532 : troisième expédition de Pizarro et occupation de Túmbez.

1533 : assassinat de Huáscar par ordre d'Atahualpa.

Capture et exécution de l'Inca Atahualpa par Pizarro à Cajamarca.

1534 : entrée des Espagnols dans Cuzco.

1535 : fondation de Lima.

Arrivée du premier vice-roi à Mexico.

1536 : soulèvement de Manco Cápac II et siège de Cuzco.

Première fondation de Buenos Aires.

Établissement de l'imprimerie à Mexico.

1537 : bulle *Sublimis Deus* de Paul III qui affirme l'humanité et la rationalité des Indiens, ainsi que leur aptitude pour recevoir la foi.

Manco Cápac se réfugie dans les montagnes de Vilcabamba et y fonde un nouveau royaume inca.

1538 : fondation du diocèse de Cuzco.

1539 : fondation de Santa Fe de Bogotá.

1537-1541 : guerres civiles entre conquistadors au Pérou.

1541 : fondation du diocèse de Lima.

1542-1543 : *Lois nouvelles des Indes.* **Audience royale (haut tribunal) de Lima.**

1543 : arrivée du premier vice-roi à Lima.

LES VICE-ROYAUTÉS

1545 : début du concile général de Trente.

1545 : assassinat de Manco Capác par les Espagnols.

Découverte de mines d'argent à Potosí (Pérou).

1546 : découverte de mines d'argent à Zacatecas (Nouvelle-Espagne).

Mexico devient archevêché.

1549 : arrivée des jésuites au Brésil.

1551 : fondation d'un premier diocèse au Brésil.

Premier concile de Lima.

1551-1553 : fondation des universités de Lima et de Mexico.

1552 : publication, à Séville, de la *Brevísima relación de la destrucción de las Indias* de Bartolomé de las Casas.

1555 : premier concile de Mexico.

1557 : fondation de São Paulo.

1561 : réglementation du système de flottes.

(*Carrera de Indias*)

1563 : clôture du concile de Trente.

1564 : découverte des mines de mercure de Huancavelica au Pérou.

1565 : conquête des Philippines.

1568 : arrivée des jésuites à Lima.

1569 : arrivée du vice-roi don Francisco de Toledo à Lima.

1570 : installation de l'Inquisition à Lima.

1571 : installation de l'Inquisition à Mexico.

1572 : conquête du royaume inca de Vilcabamba et capture de l'Inca Tupac-Amaru, exécuté la même année.

Entrée en vigueur des ordonnances du vice-roi Francisco de Toledo qui donnent au Pérou une nouvelle structure sociale et politique.

Arrivée des jésuites à Mexico.

1573 : *Ordonnances pour la découverte, fondation de nouvelles villes et pacification des Indes* de Philippe II.

1579-1584 : *Relations… pour la description des Indes*, grande enquête de l'administration de Philippe II.

1580 : fondation définitive de Buenos Aires.

1581 : union du Portugal et ses possessions à la Couronne d'Espagne.

PAX HISPANICA

1583 : troisième concile de Lima.

1584 : établissement de l'imprimerie à Lima.

1585 : troisième concile de Mexico.

1592 : révolte fiscale dite des *alcabalas* à Quito.

1599 : les Hollandais s'emparent de la plupart des comptoirs portugais.

1607 : premières missions jésuites du Paraguay.

1609 : publication des *Comentarios reales* de l'Inca Garcilaso de la Vega.

1609-1621 : trêve avec les Hollandais, politique pacifiste de l'Espagne.

1611 : campagne « d'extirpation des idolâtries » au Pérou.

1624 : occupation (un an) de Bahia (Brésil) par les Hollandais.

1629 : grande inondation à Mexico, les conséquences se font sentir jusqu'en 1635.

1630 : prise de Pernambouc (Brésil) par les Hollandais. Recife devient une « Amsterdam tropicale ».

1635 : prise de la Guadeloupe et de la Martinique par les Français.

Prise de Belize par les Anglais.

1639 : prise de Ceylan par les Hollandais.

1640 : importance stratégique accrue du port de Buenos Aires suite à la sécession du Portugal et de ses domaines d'outre-mer.

1649 : dédicace de la cathédrale de Puebla (Nouvelle-Espagne) par l'évêque Juan de Palafox.

1654 : les Hollandais sont chassés de Recife et du Brésil.

1655 : occupation de la Jamaïque par les Anglais.

1657 : dédicace de la cathédrale de Mexico.

1681 : publication de la *Recopilación de Indias*, code de lois pour l'ensemble de l'Amérique espagnole.

1692 : « El gran tumulto », révolte à Mexico. Disettes, épidémies à travers le continent.

1694 : découverte des mines d'or du Minas Gerais (Brésil).

1699 : colonisation de la Louisiane par les Français.

1700 : la *Gaceta de Lima*, premier périodique américain.

1717-1723 : première création de la vice-royauté du Nouveau Royaume de Grenade. (Colombie)

1725 : découverte de gisements de diamants dans le nord du Minas Gerais. (Brésil)

1737 : grande épidémie de *matlazáhuatl* (variole) à Mexico.

1739 : création définitive de la vice-royauté du Nouveau Royaume de Grenade.

1746 : les évêques proclament la Vierge de Guadalupe comme patronne de la Nouvelle-Espagne.

DES RÉFORMES COLONIALES AUX INDÉPENDANCES

1750-1770 : gestion réformatrice du marquis de Pombal au Portugal et ses possessions.

1754 : Le Saint-Siège reconnaît officiellement le culte de Notre-Dame de Guadalupe.

1759 : expulsion des jésuites de la Couronne du Portugal.

1762-1763 : occupation des Philippines et de Cuba par les Anglais.

1763 : création des « milices disciplinées » à Cuba, modèle pour la réforme militaire qui suivra dans toute l'Amérique espagnole.

1764 : création de l'intendance de Cuba.

1765-1771 : José de Gálvez exerce les fonctions de visiteur général de Nouvelle-Espagne et y promeut les réformes, dites « des Bourbons », les plus radicales.
1767 : expulsion des jésuites des possessions espagnoles. Révoltes au Michoacan (Nouvelle-Espagne).
1776 : création de la vice-royauté du Rio de la Plata (Buenos Aires).
1776-1787 : José de Gálvez devient ministre des Indes.
1778 : « liberté de commerce » entre les ports espagnols et ceux des colonies.
1780-1781 : révolte de Tupac Amaru au Pérou.
1792 : création à Mexico d'un collège des mines pour la formation d'ingénieurs spécialisés.
1804 : loi de consolidation des billets (*vales*), première forme de désamortissement des biens de l'Église, appliquée en Nouvelle-Espagne.
1806 : échec du soulèvement au Venezuela.
1807 : Le roi du Portugal s'installe à Rio de Janeiro.
1808 : Invasion de la Péninsule ibérique par Napoléon Ier.
Soulèvement des *criollos* contre le vice-roi en Nouvelle-Espagne.
1810 : juntes municipales à Buenos Aires, Caracas, Bogota. Soulèvement de la Nouvelle-Espagne centrale.
1811 : exécution des premiers insurgés de la Nouvelle-Espagne.
1814-1816 : le corps expéditionnaire espagnol reprend le Venezuela et le Nouveau Royaume de Grenade.
1816 : indépendance de l'Argentine.
1819 : fondation de la Grande-Colombie par Simon Bolivar.
**1821 : entrée de José de San Martín à Lima.
Indépendance du Mexique.**
1822 : indépendance du Brésil.
1824 : indépendance du Pérou et de la Bolivie.
Constitutions libérales du Mexique et de l'empire du Brésil.
1830 : échec de la Grande-Colombie, ancienne vice-royauté du Nouveau Royaume de Grenade.
1836 : le Texas, territoire mexicain, choisit d'être rattaché aux États-Unis.

On trouvera les généalogies des rois et des vice-rois en annexe.

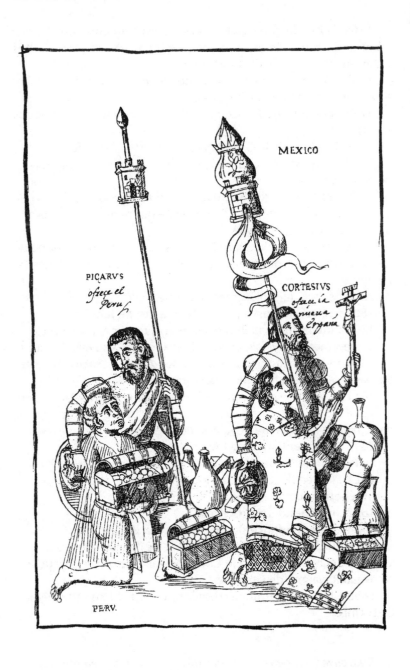

Cortés et Pizarro, (Codex de Tlaxcala, Ca. 1580)

II

LES CAPITALES D'UN EMPIRE ET D'UNE CIVILISATION

La ville est aux Indes, inexorablement, la compagne de l'empire. Seuls les empires romain et espagnol ont développé à ce point cette conception urbaine. L'Amérique ibérique s'étend sur de milliers de kilomètres au nord et au sud de l'équateur et dépasse de loin les tropiques des deux hémisphères. Cette immensité entraîne l'existence de **deux capitales qui font des Indes un territoire bicéphale. Mexico et Lima sont les sièges respectifs de chaque vice-royauté.** Leurs archevêques deviennent les principaux concurrents des vice-rois et sont parfois chargés par le roi de gouverner les royaumes par intérim. Les deux villes jouent à parts égales le rôle des capitales du pouvoir séculaire et ecclésiastique.

Les municipalités, principales interlocutrices de la Couronne, ont représenté visuellement ces deux entités. Le célèbre *codex de Tlaxcala*, la ville alliée des conquistadors de Mexico, représente une scène allégorique dans laquelle Cortés présente la Nouvelle-Espagne sous la forme d'une cacique indienne qui s'agenouille avec élégance devant un crucifix en faisant l'offrande des richesses du royaume. Derrière elle, Francisco Pizarro et le grand Inca Atahualpa offrent pour leur part les richesses légendaires du Pérou. Tout en jouant le rôle des « pères fondateurs » de chaque entité de l'empire, les deux conquistadors montrent l'envergure de leur entreprise.

Hernán Cortés décide d'établir la capitale de la Nouvelle-Espagne sur les ruines mêmes de celle des Aztèques. Située sur un haut plateau à 2 240 mètres d'altitude et à mi-chemin entre le golfe du Mexique et l'océan Pacifique, Mexico-Tenochtitlan est l'héritière d'un passé millénaire. Depuis le XVIe siècle elle est fidèle à sa nouvelle vocation : relier l'Europe avec l'Asie (cf. Le commerce, chap. IV).

41

LES CAPITALES D'UN EMPIRE

Quant au Pérou, le siège du pouvoir espagnol n'a pas pu être établi à Cuzco, la cité sacrée et impériale des Incas, placée au pied des Andes, donc fort éloignée de la côte. Lima, « *Ciudad de los Reyes* », une nouvelle ville, a dû être fondée par les conquistadors à courte distance d'un port. L'avenir de cette vice-royauté se trouva ainsi lié à ces deux villes complètement différentes.

TENOCHTITLAN / MEXICO

L'HISTOIRE

La capitale des Mexicas, que l'on a l'habitude d'appeler Aztèques car ils sont originaires d'Aztlán, un site mythique, apparaît en 1325. Il s'agit d'une des dernières peuplades arrivées dans un bassin lacustre où, selon les légendes, il ne restait qu'une espèce d'îlot à occuper. L'espace sacré de la fondation, présidée par le chef Mexi, dit assez l'étroitesse du lieu. Il s'agit d'un rocher avec des cactus, entouré d'eau, et sur lequel se pose un aigle qui dévore un serpent. **La ville ne peut s'étendre qu'en gagnant du terrain sur les lacs par des terrasses flottantes** sur lesquelles se consolide un système hydraulique complexe. De ce point de vue, **la décision de Cortés d'y installer la capitale de la Nouvelle-Espagne est lourde de conséquences**. Tout au long de son histoire, Mexico fera face aux inondations, et ce fléau déterminera également la cohabitation des mondes indien et espagnol.

Au cours du xvᵉ siècle, l'expansion et les conquêtes de Mexico-Tenochtitlan se basent sur la notion de guerre sacrée. La subordination tributaire qui en résulte permet toutefois un degré considérable d'autonomie politique régionale à de nombreuses principautés héritières d'anciennes civilisations. Cependant la confédération de Mexico, avec deux autres centres du bassin, Texcoco et Tlacopan (ou Tacuba), aussi appelée « Triple Alliance », ne parvient pas à vaincre la résistance acharnée de Tlaxcala, une principauté située à l'est sur le chemin menant à la côte du golfe, ni non plus celle des Tarasques, les habitants d'un royaume occidental que les Aztèques désignent sous le nom de Michoacán. En dépit de l'étendue de ses conquêtes jusqu'en Amérique centrale, Mexico n'aboutit pas à l'intégration d'un empire unitaire. **La conquête de la capitale par les Espagnols** en 1521 est facilitée par les alliances de ceux-ci avec les ennemis autochtones des Aztèques. Plusieurs conquêtes suivront rapidement sur le territoire. Vers les années 1540, le contrôle européen sur la Nouvelle-Espagne centrale est consolidé. Une guerre de conquête plus longue et sanglante sera menée un peu plus tard, et jusqu'à la fin du siècle, contre les peuples nomades septentrionaux dits Chichimèques, au-delà des limites des populations sédentaires soumises.

Constituée d'une municipalité dès 1524, **la capitale espagnole avait été tracée en gardant les limites de la capitale aztèque, déjà très étendue.** En raison de la conquête et des problèmes liés à la présence de l'eau, la population est cependant réduite. 1 700 Européens y demeurent vers 1570. L'installation de l'évêché et d'un tribunal royal en 1527, puis celle de la vice-royauté en 1535 et de l'université en 1551, lui donnent une impulsion qui se manifeste par la construction des palais, des églises et des couvents aussi bien que par l'aménagement des voies aquatiques reliant le centre, réservé initialement aux Espagnols, avec les quartiers indigènes environnants.

Dès le début du XVIIe siècle, cependant, les rues de quelques-uns de ces quartiers pénètrent déjà à l'intérieur du « tracé » espagnol. De son côté la population hispanique, qu'elle soit péninsulaire, créole ou sang-mêlé (appelés « les *castas* »), ne tarde pas à franchir les limites des espaces initialement destinés aux Indiens. La terrible inondation de 1629-1634 ne fait qu'augmenter l'affluence de la population autochtone dans la *traza,* ainsi que les déplacements entre les divers quartiers. Lorsque des religieux chargés de la christianisation passent chercher leurs ouailles à l'intérieur de la ville afin de les ramener dans leurs quartiers, certains Indiens se font déjà passer pour des métis et affirment par conséquent appartenir à la circonscription diocésaine de la cathédrale et non à celle dépendant des religieux des alentours. Ce brouillage des repères établis est combattu par les autorités. On en est même arrivé à interdire aux Indiens de porter la cape, de se faire pousser de longs cheveux ou de porter des souliers (cf. Le vêtement, chap. X). En effet, se faire passer pour des métis n'était que le premier pas pour tenter de devenir ensuite « espagnols » et donc être dispensé du tribut dû au monarque, que paient les Indiens. L'identité d'un individu en ville n'est jamais définitive, elle peut toujours basculer. **Le métissage apparaît** ainsi **à Mexico comme le moyen privilégié de passer d'un groupe à l'autre** (cf. Récupération et métissage, chap. III ; L'identification ethnique, chap. X). À la complexité croissante de la population qui, vers 1696, atteint le chiffre d'environ 80 000 âmes *intra muros*, s'ajoutent la cohabitation des différents groupes et une mobilité spatiale considérable. Le processus de mobilité, d'intégration et de métissage y semble encore plus marqué qu'à Lima, l'autre ville impériale éloignée de Cuzco, l'ancienne capitale indigène.

La grave inondation de 1629-1634 a fortement touché la ville, qui perd un temps sa prépondérance au profit de Puebla de los Angeles, seconde agglomération de la vice-royauté située à l'est de Mexico, sur la route qui mène au port de Veracruz. **On faillit transférer la capitale et la refonder ailleurs.** Le coût financier d'une telle opération parut cependant exorbitant, et la reprise de grands travaux de drainage des lacs finit par s'imposer. À partir du dernier tiers du XVIIe siècle, une forte volonté de reconstruction se manifeste dans l'architecture de la plupart des couvents masculins et féminins, ainsi que dans celle des collèges et de l'université. Entamée depuis 1573, la construction d'une cathédrale définitive est quasiment arrêtée pendant de longues années. La dédicace solennelle de la cathédrale de Puebla en 1649 incite pourtant le vice-roi et le clergé de Mexico à entreprendre une vigoureuse reprise, mais les travaux de la plus imposante église du continent ne seront achevés qu'au début du XIXe siècle (cf. Les cathédrales, chap. VIII).

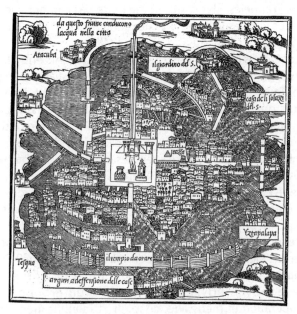

La grande cité de Tenochtitlan (1529)

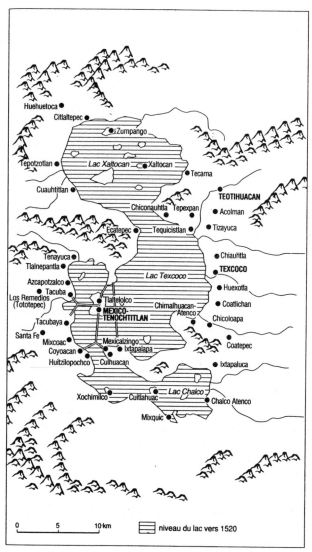

La vallée de Mexico au XVIᵉ siècle

La récupération démographique et l'essor de la production minière au XVIIIᵉ siècle font de Mexico une ville de palais et de couvents, entourée par des lacs. Vers 1760, ses 150 000 âmes habitent l'une des agglomérations les plus peuplées de la planète. Mexico est une ville très dynamique, riche de passés superposés. Toutes les époques se mêlent et se confondent aujourd'hui à l'intérieur de ses

45

patios. Les maisons que l'on parcourt à présent dans l'enceinte du « centre historique », c'est-à-dire de la vieille ville, gardent, comme à Rome, de précieux témoignages archéologiques. Jusqu'en 1900 environ, la ville ne déborde guère ses limites originelles.

L'ASPECT DE LA VILLE

Entourée par l'eau, **Mexico n'a jamais eu des murailles** malgré les dangers d'une éventuelle invasion ou des ordres royaux concernant leur construction. Des quatre chaussées la reliant à la terre ferme, celle qui mène vers l'ouest, appelée Tacuba, est conçue comme une issue de secours en cas de siège. Les maisons que s'y alignent sont les plus cotées après celles de la grand-place centrale connue sous le nom de *zocalo*.

La rapidité de l'aménagement d'une capitale espagnole est sans doute liée à la conception de **l'espace urbain en forme de damier**. Il s'agit d'un quadrillage de rues à partir d'une place centrale où se situe l'hôtel de ville, les maisons royales et la cathédrale, ainsi que les principaux marchands. Les pâtés de maisons alentour, généralement rectangulaires, correspondent peut-être aux terrasses flottantes de l'ancienne capitale aztèque. Ils sont réservés théoriquement à la population d'origine espagnole, tandis que les Indiens se situent dans les quartiers environnants, également d'origine préhispanique.

Or à Mexico **les voies ou canaux aquatiques, seules limites entre les quartiers, ne permettent pas de dégager une géométrie précise**. Ses longues rues, très droites et larges, se voient entrecoupées ici et là par des ponts sous lesquels passent des barques. Un millier de celles-ci fournissent chaque jour le marché de céréales, de fruits, de légumes et de fleurs en provenance des cultures et des vergers de la vallée. **Dans l'*alcaiceria* sont vendus des produits plus fins et exotiques, aussi bien en provenance d'Europe que d'Extrême-Orient.** L'eau que l'on boit coule des sources de Chapultepec, un bois situé à l'ouest de la ville et qui servait de lieu de repos aux rois de Mexico bien avant la conquête. Un aqueduc la relie jusqu'à l'orée du tracé espagnol où l'on trouve une grande fontaine qui sert de distributeur.

Il existe à Mexico une quinzaine de couvents des ordres de saint François, saint Dominique, saint Augustin, Notre-Dame du Carmel et la Merci ; quatre résidences et collèges de la Compagnie de Jésus ; neuf hôpitaux et une quinzaine de couvents féminins. Le siège de l'Inquisition est remplacé en 1730 par un imposant palais sur la place

Saint-Dominique. On entreprend un ravalement général du palais qui sert de cour aux vice-rois après l'incendie qui l'avait ravagé en 1692. Les plus grandes familles de la noblesse se font en outre édifier de magnifiques demeures, reflets de leur puissance (cf. L'architecture et les arts plastiques, chap. VIII).

UNE CAPITALE DES LETTRES

La capitale de la Nouvelle-Espagne, qui possède son université depuis 1551, ses imprimeurs espagnols, italiens, français, ses libraires, **n'a rien d'un désert intellectuel**. Outre la littérature mystique des œuvres de fray Luis de León et fray Luis de Granada, les rayons des libraires proposent la plupart des classiques grecs et latins (Ovide, Térence, Cicéron, Lucain, Ésope), les passionnants romans de chevalerie, des histoires du Pérou, les traités d'architecture de Serlio et d'Alberti, les *Lusiades* de Camoens, les aventures du Cid et du Grand Capitaine. Les musiciens ne sont pas oubliés, ils ont à leur disposition des traités musicaux des grands polyphonistes castillans. Les presses de Plantin à Anvers aussi bien que celles de Lyon ou de la Péninsule Ibérique envoient leur meilleure production. Les communications sont relativement rapides : le 12 juillet 1605, six mois après leur parution, 262 exemplaires de *Don Quichotte* quittent les quais de Séville sur l'*Espíritu Santo* ; trois mois plus tard ils arrivent à Veracruz. **Mexico ne cesse d'accueillir des talents venus de Castille**, au premier rang desquels l'humaniste Francisco Cervantes de Salazar, recteur de l'université (cf. Quelques auteurs majeurs, chap. VII). Des poètes, dont Gutierre de Cetina et Juan de la Cueva, y introduisent le goût italien et la musicalité des vers. Des cénacles s'y forment (cf. Orientation bibliographique, BERNAND et GRUZINSKI.)

ENTRE L'EUROPE ET L'EXTRÊME-ORIENT

La vocation de Mexico se trouve déjà bien consolidée dès la fin XVIᵉ siècle. Non seulement en raison de l'imprimerie introduite dès 1536 et donc de la circulation des livres. **Elle accueille en outre tous les missionnaires, fonctionnaires, marchands et voyageurs qui se rendent aux îles Philippines**, possessions du roi d'Espagne et principale enclave commerciale avec l'Extrême-Orient. Parmi les pays d'Asie, le Japon a des raisons particulières d'intéresser les

LES CAPITALES D'UN EMPIRE

Espagnols de la Nouvelle-Espagne : les marchands nippons fréquentent le port de Manille, leur pays est une étape éventuelle sur la route de retour du galion du Pacifique, et c'est de surcroît une terre de mission. Il n'y a donc rien d'étonnant à ce que les presses mexicaines publient en 1609 les *Événements des îles Philippines*, et en 1616 une *Relation de la persécution de l'Église du Japon*.

L'hôtel des Monnaies à Mexico, qui date de 1534, fournit une partie considérable des pièces en argent qui circulent dans les grands circuits du commerce international (cf. La monnaie, chap. IV). Le Trésor royal y occupe une place de toute première importance. **Mais cet axe, qui relie l'Asie à l'Europe** par l'intermédiaire des ports de Veracruz et Acapulco, **se voit renforcé par une route nord-sud, celle qui conduit vers les mines d'argent,** et le long de laquelle apparaît, dès les années 1570, une série de villes et de grands domaines fournisseurs d'un commerce important avec le Pérou, au moins jusqu'aux années 1635. Les propriétaires de ces domaines sont souvent membres d'une noblesse titrée prédominante parmi les offices de la municipalité de la capitale.

CUZCO / LIMA

LA VILLE ET L'EMPIRE DES INCAS

S'il est une tradition urbaine commune à l'Amérique espagnole, **le Pérou présente cependant une importante différence par rapport à la Nouvelle-Espagne.** Elle tient à la séparation entre Cuzco, ancienne capitale sacrée de l'Inca, et Lima, fondée par les Espagnols comme capitale de la vice-royauté. Il est également important de constater que **l'empire inca était une entité plus unitaire que celle des Aztèques.** Certes son administration centrale réside à Cuzco, mais la domination de l'Inca est plus directe que celle du souverain (*tlatoani*) de Mexico-Tenochtitlan. Elle s'exerce par l'intermédiaire des chefs des quatre grandes délimitations qui entourent la capitale de façon harmonieuse. Leur pouvoir repose sur les principes complémentaires de réciprocité entre les provinces et de redistribution à partir de Cuzco. **Mieux desservi** que son homologue septentrional, **l'empire des Andes regroupe les localités d'un territoire immense** allant de l'actuel Équateur jusqu'au nord du Chili.

Le Cuzco, principale cité du Pérou

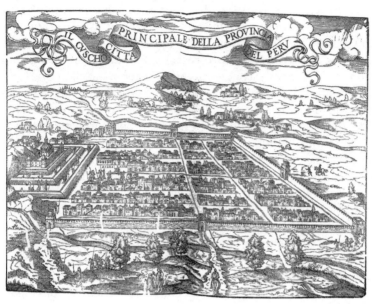

Héritière, comme Mexico, d'anciennes civilisations, **la ville sacrée de Cuzco** date du xiᵉ siècle. Située dans une vallée à 3 400 mètres d'altitude, elle est recouverte à la fois par la steppe herbeuse du haut plateau (*puna*), et par les pentes moyennes de la zone *quechua*. La cité **se trouve divisée en quatre quartiers qui portent les noms des quatre grandes provinces de l'empire.** Ils sont à la fois regroupés deux à deux pour former deux moitiés opposées, le haut Cuzco et le bas Cuzco. Cette division dualiste a une signification religieuse et règle les liens de parenté entre les principales autorités. De la ville partent quatre voies en direction des quatre parties de l'empire, à la tête desquelles se trouvent quatre dignitaires, les *apo,* proches parents de l'Inca, qui constituent une sorte de conseil pour les affaires de l'empire : au nord la province de Chinchaysuyu, c'est-à-dire le royaume de Quito (actuel Équateur) ; à l'ouest les terres basses du Cuntisuyu correspondant à la province des Aymaras, donc vers la ville d'Arequipa (actuel Pérou) ; le Collasuyu au sud, en direction du haut Pérou (La Paz, Charcas et Potosi dans l'actuelle Bolivie) ; enfin le Antisuyu, à l'est, celui de la route des Andes.

Au début du xviiᵉ siècle, Cuzco est une ville dans laquelle la municipalité, les couvents de saint François, de saint Augustin, l'église de la Compagnie de Jésus ou la cathédrale côtoient les demeures des nobles Indiens et celles ayant appartenu aux différents Incas. **Malgré les destructions** causées par les guerres de conquête, qui furent beaucoup plus longues qu'en Nouvelle-Espagne, **les chroniqueurs continuent à faire l'éloge de l'imposante enceinte de trois murailles et de plusieurs forteresses qui défendaient la ville,** au temps de son apogée. Longtemps après la conquête, alors que Lima est la capitale de la vice-royauté, Cuzco est encore considérée par les chroniqueurs Indigènes comme le centre de l'univers. Chargés de cadeaux, de nombreux Indiens rebelles rendent visite en 1567 à la princesse María Manrique, veuve de l'Inca Sairy-Tupac dans sa résidence de Cuzco en reconnaissance de sa suzeraineté. **Cuzco est en outre le théâtre des tentatives de résistance et d'instauration d'un État néo-inca**, qui, si elles échouent, fait aussi se prolonger la conquête espagnole jusqu'au moins 1572 (cf. Orientation bibliographique, WACHTEL).

Avec la conquête, la position de Cuzco change profondément. Au temps de l'empire inca, la ville était un point de convergence et de redistribution des richesses. Or l'espace se trouve désormais décentré : la capitale est établie à Lima, et les richissimes gisements miniers de Potosi constituent bientôt l'autre centre d'attraction du pays. Entre ces deux pôles, Cuzco, ancien centre du monde, ne joue plus qu'un rôle de relais (cf. Les mines, chap. IV).

COEXISTENCE DE DEUX VILLES

L'histoire

La fondation de Lima est sans doute facilitée par les divisions internes des Indiens, notamment les conflits entre deux héritiers de l'Inca qui traduisent des conflits entre les pôles régionaux pour la succession et le pouvoir de l'empire. Les alliances de quelques chefs locaux avec les conquistadors expliquent la rapidité de la première occupation espagnole. Toutefois, et malgré la prise de Cuzco en 1534, l'isolement de cette ville et sa distance par rapport à la côte du Pacifique, assez densément peuplée à ce qu'il semble, déterminent la nouvelle fondation. Sur une vallée fertile irriguée par le Rimac (toponyme quechua peut-être déformé par les Espagnols en « Lima ») et à deux lieues d'une baie propice à la navigation, **Lima est érigée** par Francisco Pizarro au nom du souverain le 18 janvier 1535 **sous le nom officiel de cité des rois [mages]** de Lima. **Elle adopte un plan quadrillé en forme de damier** avec des rues droites et des pâtés de maisons carrés que les premiers échevins tracent lors de la distribution des lots aux habitants.

Les différends entre conquistadors, très forts au Pérou et qui prolongent indéfiniment les hostilités, **jouent aussi un rôle important** dans la logique de la nouvelle agglomération. À partir de 1537, après une première incursion de conquête dans le Chili qui est un échec, une série de guerres civiles éclate entre Diego de Almagro (ancien associé de Pizarro à Panama) et ses successeurs, d'une part, et Francisco Pizarro et ses frères de l'autre. Le contrôle de Cuzco, dont le prestige impérial constitue la source de légitimité de chaque faction, devient l'objet de toutes les convoitises. Les autorités royales, chaque fois plus présentes à Lima, cherchent à mettre fin aux guerres civiles. Gonzalo Pizarro veut à tout prix défendre le système d'*encomiendas* qui donne lieu à l'exploitation démesurée des Indiens, et qui est appelé à s'éteindre légalement suite au *Leyes nuevas* (cf. Les vice-royautés, chap. I). Sa faction triomphe et finit en 1546 par s'emparer du pouvoir à Lima au détriment du premier vice-roi du Pérou qui périt entre leurs mains. L'envoi de toute une armée du roi est alors nécessaire pour mettre fin à la rébellion des conquistadors en 1548.

La coexistence des deux pôles urbains peut en partie expliquer le prolongement de la résistance et des guerres au cœur même de la vice-royauté. **La marginalité de Cuzco paraît proportionnelle à l'exaltation croissante de sa sacralité, alors que l'implantation du pouvoir royal à Lima,** consolidé sous le mandat du vice-roi Francisco de Toledo (1572-1580), **coïncide avec la grandeur matérielle de la ville.** En 1615 le vice-roi Esquilache renforce la défense du port du Callao, situé à deux lieues de la capitale, où il fait construire deux grandes forteresses. Il devient le plus grand port du littoral, avec une abondance de marchandises et d'échanges qui témoignent du réseau reliant entre eux l'isthme de Panama, le Nouveau Royaume de Grenade (actuelle Colombie), et ceux de Quito et du Chili. Si, entre 1613 et 1623, seulement six bateaux en moyenne assurent le trafic entre Valparaiso et le port de Callao, on en compte quatorze par an à la fin des années 1670 (cf. La guerre, chap. III ; Les transports, chap. IV).

LES CAPITALES D'UN EMPIRE

Caljou de Lima.

El Callao, le port de Lima

Portrait de Lima

Pendant la première moitié du XVIIᵉ siècle, Lima surpasse en grandeur et en importance Mexico. Elle est peuplée de 25 500 habitants *intra muros* en 1614, dont 9 600 Espagnols, 10 386 Africains, 1 978 Indiens, 744 mulâtres et presque 200 métis. Sa prospérité est surtout due à l'essor des gisements argentifères de Potosi dont la production en 1592 dépasse de très loin l'ensemble de celle de la Nouvelle-Espagne. Elle est en outre un point de départ de nouveaux arrivants vers des royaumes plus éloignés comme le Chili (cf. Courants migratoires, chap. III). Lima est une ville extrêmement bien tracée avec quatre places dont la principale réunit le palais du vice-roi et les maisons royales. C'est là que se trouvent le siège de l'audience, la municipalité et les écrivains publics, le trésor royal, les grands marchands, la cathédrale métropolitaine et les maisons des archevêques. Le troisième concile de 1583 y réunit les prélats et ecclésiastiques de toute l'Amérique du Sud.

Il existe à Lima une douzaine de couvents d'ordres masculins – celui de saint Dominique étant le plus somptueux – et une demi-douzaine pour religieuses (dont celui de la *Encarnación* qui abrite 400 moniales), quatre hôpitaux, l'université de San Marcos, qui accueille en 1650 quatre-vingts docteurs, ainsi que trois collèges, sans compter ceux des jésuites. Enfin le tribunal du Saint-Office de l'Inquisition, duquel dépendent deux archevêchés et treize diocèses. Les fêtes religieuses et profanes, enfin, confirment son rôle de capitale drainant les

Vue de Lima

populations des alentours lors des grands événements. Ces fêtes sont l'occasion d'un déploiement de richesse et de pouvoir de toute l'oligarchie locale : l'ostentation, signe distinctif de la qualité sociale, fait alors de la ville son principal théâtre (cf. Processions et fêtes, chap. VI).

À la différence de Mexico ou de Cuzco, villes indigènes, **plus de la moitié de la population indienne de Lima vient de l'extérieur** de l'agglomération. Le *Cercado*, principal quartier indigène, est d'ailleurs protégé par une muraille de l'autre côté du Rimac. Il s'agit, à proprement parler, de la première grande capitale espagnole des Indes. L'intégration culturelle et le métissage semblent y être des phénomènes plus tardifs qu'à Mexico. En 1636, les groupes « purs » (Espagnols, Indiens, Noirs) représentent à Lima 95 % d'une population estimée alors à 40 000 âmes.

La rue des marchands concentre **le grand commerce, activité principale de Lima**. Plus de 200 boutiques et d'entrepôts s'y succèdent. Selon les chroniqueurs du XVIIe siècle, la ville entière est un énorme marché où chacun accourt, même l'archevêque ou le vice-roi en personne. Les marchands sont des entrepreneurs associés aux grands commerçants de Séville et de Mexico par l'intermédiaire de réseaux familiaux (cf. Le commerce, chap. IV).

Sur le plan religieux, la cité andine ne tarde pas à se tailler une réputation : elle peut s'enorgueillir d'avoir abrité, à l'aube du XVIIᵉ siècle, quatre futurs saints : un archevêque, un missionnaire franciscain et deux dominicains, le mulâtre Martin de Porres et la créole Rosa de Santa María (future sainte Rose de Lima) dont la piété mystique et les pénitences éveilleront l'attention des élites de la ville, soucieuses de jouir, comme n'importe quelle grande cité catholique, de la protection surnaturelle de ces serviteurs de Dieu (cf. Les voies de la sainteté, chap. VI ; repères biographiques). C'est à l'époque du vice-roi Francisco de Toledo (1572-1580) que Pedro Sarmiento de Gamboa compose son *Historia de los Incas,* qui devait s'intégrer dans une histoire générale du Pérou commandée par le vice-roi lui-même (cf. Repères biographiques).

La richesse de Lima, alimentée par les mines de Potosi, fait de cet oasis, dressé entre les déserts côtiers et les cordillères, une seconde Byzance. Dans son *Memorial* de 1630, le franciscain Buenaventura de Salinas y Córdoba la compare à Rome pour ses sanctuaires, à Gênes pour le génie de ses habitants, à Venise pour ses richesses et à Florence pour la douceur de son climat, à Salamanque enfin pour ses collèges et son université. Celle-ci, appelée de San Marcos, côtoie deux grands collèges jésuites, San Pablo et San Martín. **Des figures marquantes de l'histoire américaine enseignent à l'université de Lima**. La plus illustre est celle de l'auteur de la *Historia natural y moral de las Indias* (1589), le père jésuite José de Acosta. Ses travaux, publiés ensuite en Espagne, serviront de référence à l'apostolat missionnaire de par le monde (cf. Repères biographiques).

Les musiciens et les peintres sont attirés par la richesse proverbiale du pays ; des juristes brillants comme Juan de Solórzano, plusieurs vice-rois mécènes et des poètes comme Juan de Mendoza y Luna font de Lima l'un des pôles incontestés de l'Amérique ibérique. « C'est pas **le Pérou** », dit-on encore en français, comme lointain souvenir du **pays synonyme d'abondance**, celui de Cocagne.

LA MONARCHIE CATHOLIQUE

Vers 1600, les capitales des vice-royautés s'inscrivent dans un réseau d'environ un demi-millier d'unités urbaines, sans compter les huit à neuf mille villages indiens qui s'organisent en *pueblos.* **Les**

possessions du roi d'Espagne, constituées d'agglomérations assez éloignées les unes des autres, **favorisent la mobilité des hommes**. Quelle est la configuration de cette réalité connue sous le nom de la « monarchie espagnole » ?

L'empire de Charles Quint (1516-1556) n'a ni centre ni périphérie. **Il s'agit d'une monarchie composite** où chaque événement survenu aux frontières les plus lointaines a des répercussions sur l'ensemble du système comme dans un vaste jeu de dominos. La compréhension de cette immensité exige le rappel des différents domaines qui la constituent. D'abord **l'héritage ibérique** qui, à l'exception du Portugal (incorporé seulement en 1580) comprend tout le reste de la Péninsule à partir de l'union dynastique des Couronnes de Castille et d'Aragon sous les Rois Catholiques (1479). Viennent ensuite **les possessions relevant du titre de duc de Bourgogne** : le Charolais et la Franche-Comté, en passant par le duché de Luxembourg, jusqu'à l'embouchure du Rhin et les Pays-Bas hollandais. Pour sa part, **l'Allemagne des Habsbourgs**, c'est-à-dire le Saint-Empire romain germanique, hérité par Charles Ier d'Espagne, apparaît comme une entité plus nominale qu'effective. **Les possessions italiennes** (le duché de Milan, le royaume de Naples, le royaume de Sicile et de Sardaigne), faisant partie de l'héritage aragonais, entrent dans le patrimoine impérial. Une Italie qui n'est alors qu'une réalité géographique et à peine une communauté de langue, mais qui néanmoins était riche de réalisations culturelles, politiques, artistiques et économiques. **Enfin les possessions américaines**, incorporées au fur et à mesure à la Couronne de Castille entre 1492 et 1540 environ, étendent l'empire sur plusieurs continents. Du vivant même de Charles Quint, la majeure partie de cet empire acquiert la forme d'une entité de nature composite sous l'égide de la Castille. À la mort de Charles Quint, son fils, Philippe II, hérite de toutes ces possessions, à l'exception du Saint-Empire germanique accordé à son frère Ferdinand.

Cet empire connaît sa plus grande étendue à partir de l'union du Portugal et de ses possessions américaines, africaines et asiatiques. Elle dure de 1580 à 1640 (cf. L'histoire, chap. I). L'indépendance du Portugal, et notamment la paix des Pyrénées (1659), rétrécissent les frontières européennes de la monarchie catholique. Toutefois **les possessions restent immenses sous les Bourbons** et ne commencent à s'effriter qu'avec les guerres d'indépendance tout au long du XIXe siècle.

Fondations urbaines espagnoles

Années	Vice-royauté de Nouvelle-Espagne	Vice-royauté du Pérou	Total
1492-1521	47	11	58
1521-1573	141	160	301
1573-1750	214	175	389
1750-1820	107	114	221
Total	509	460	969

LA NOUVELLE-ESPAGNE

Hernan Cortes choisit **cette dénomination** en 1520 pour désigner, dans une lettre à l'empereur Charles Quint, les terres qu'il vient d'occuper au nom du souverain et qu'il s'apprête à conquérir. Ce choix toponymique, il l'explique par la ressemblance entre les paysages nouvellement découverts et la Castille. C'est là un réflexe commun à bien des découvreurs : rendre compte de l'inconnu par le familier. Or, à la différence de dénominations de ce même genre tombées en désuétude, comme Nouvelle-Tolède ou Nouvelle-Castille, celle **de Nouvelle-Espagne s'est maintenue pendant trois siècles, jusqu'à l'indépendance.**

À partir de l'installation à Mexico d'un premier vice-roi en 1535, **l'expression sera employée avec deux sens. Au sens restreint**, elle se réfère à l'actuel Mexique central et du sud à l'exclusion du Chiapas – compris dans la juridiction de Guatemala – et de l'occident mexicain qui correspond au royaume de la Nouvelle-Galice. Ce sens restreint exclut également le nord de l'actuel Mexique où sont établis les royaumes de Nouvelle-Biscaye, Nouveau-León et Nouveau-Santander.

Au sens large, la vice-royauté de Nouvelle-Espagne désigne les domaines du Roi Catholique compris dans toute la partie septentrionale des Indes occidentales. Le vice-roi de Mexico y exerce sa juridiction, notamment en matière fiscale, par des allocations budgétaires appelées *situados* pour des dépenses militaires et administratives. On y peut distinguer les quatre aires suivantes : d'abord les principales îles des Caraïbes, le Venezuela et la péninsule de la Floride. Ensuite les territoires au nord de Mexico découverts, conquis et peuplés au cours des XVIe, XVIIe et XVIIIe siècles et qui s'étendent jusqu'en Californie, le Nouveau-Mexique et le Texas. Troisièmement les régions isthmiques connues à présent comme l'Amérique centrale et dont l'évolution historique est centrée sur le Guatemala avec les futurs Honduras, El Salvador, Nicaragua et Costa Rica ; enfin, les îles Philippines en Extrême-Orient.

LE PÉROU

Ce nom relèverait du hasard. Selon Gonzalo Fernández de Oviedo, qui écrit en début XVIe siècle (1526), les premiers navigateurs partant de Panama évoquent une rivière située bien avant le *Tahuantinsuyu,* ancien nom de l'empire inca, dont on leur dit qu'elle s'appelle *Biru.* **Le malentendu d'un nom géographique,** par ailleurs si fréquent dans le contexte des explorations, donne en tout cas lieu à la dénomination d'un immense territoire, celui des Indes occidentales méridionales, **qui a comme la Nouvelle-Espagne un sens restreint et un sens large.** Le premier désigne le pays des quatre quartiers ou empire des Incas, allant de l'actuel Équateur jusqu'au nord du Chili et limité par la cordillère des Andes et l'océan Pacifique. Le sens large renvoie d'abord à l'imprécision avec laquelle les Espagnols, en particulier les migrants des XVIe et début XVIIe siècles, mentionnent une vague « province du Pérou » lorsqu'ils demandent leurs permis de voyage. La distinction entre les différents royaumes compris dans la vice-royauté reste donc assez floue, même si certaines aires bénéficient aussi des allocations budgétaires envoyées de Lima.

Installée en 1543, la vice-royauté du Pérou comprend d'abord les petites Antilles et la région du golfe du Darién, avec les ports de Panama et Portobelo appelée « Terre-Ferme » depuis les voyages de Christophe Colomb. Elle s'étend ensuite, quoique de façon plus imprécise, jusqu'au Nouveau Royaume de Grenade, avec les villes de Santa Fe, la capitale, et Santa Marta, plus le port muraillé de Cartagena ; le royaume de Quito avec la ville éponyme et celles de Popayán et Guayaquil ; le Pérou central, comprenant les villes de Lima, Trujillo, Cajamarca, Arequipa, Huamanga et Cuzco ; le haut Pérou, centré sur la région de Charcas et les villes de La Paz, Potosi et La Plata ; les provinces de Tucumán, Paraguay et Buenos Aires ;

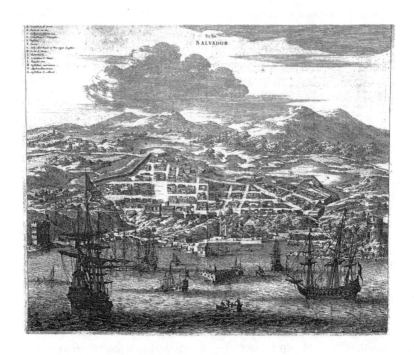

Vue de Salvador da Bahia (Brésil)

enfin le royaume du Chili (mot quechua), avec les villes de Santiago et Concepción et le port de Valparaiso.

La distinction entre ces territoires semble s'améliorer au XVIIIe siècle, surtout à partir de la création de deux nouvelles vice-royautés, celles du Nouveau Royaume de Grenade (1717/1723 ; 1739) et du Rio de La Plata (1776). Politiquement la distinction sera plus nette qu'en Nouvelle-Espagne. D'ailleurs le Nouveau Royaume de Grenade, celui de Quito, le Pérou central, le haut Pérou (actuelle Bolivie) et le royaume du Chili donneront naissance chacun, quelques siècles plus tard, à des pays différents.

Le Brésil

L'union du Portugal et de ses possessions à la Couronne d'Espagne en 1580 coïncide avec une attention nouvelle portée à **la Terre de Santa Cruz, premier nom du Brésil**. Depuis sa découverte par l'expédition de Pedro Alvares Cabral en 1500 (cf. Repères biographiques) qui se dirigeait vers l'Inde, **ces côtes, riches d'un bois de teinture portant le nom de « brésil »,** auraient été attribuées par la Couronne portugaise dès la fin des années 1520. Les bénéficiaires, seigneurs de la petite noblesse, sont censés explorer et commercer par l'intermédiaire d'une quinzaine de capitaineries. L'intervention royale reste faible, et un système largement privé de factoreries, semblable à celui des côtes africaines, se met en place. **La menace croissante des marchands français** qui ne respectent pas le partage du continent entre le Portugal et la Castille (instauré par le traité de Tordesillas de 1494) **amène la Couronne à encourager une colonisation plus étendue et permanente que celle de petites enclaves côtières.** Hormis les capitaineries de Bahia et de Pernambouc, les autres tentatives d'implantation échouent. La construction de la ville de São Salvador (Bahia), au nord-est, commence avec l'installation d'un premier gouverneur, en 1549, qui met fin au système anarchique des capitaineries. Les premiers missionnaires jésuites, arrivés la même année, deviennent les principaux assistants des autorités royales, et on leur doit en partie la fondation de São Paulo en 1557. De nouvelles mesures incluent le contrôle fiscal aussi bien que la défense militaire, ce qui aboutit à la défaite d'une colonie française, celle commandée par Jean de Léry et André Thevet, alliée aux Indiens dans le sud du Brésil. Elle est suivie, entre 1565 et 1567, par l'établissement de la ville portugaise de São Sebastião do Rio de Janeiro.

Les années 1550-1570 ayant marqué le déclin du commerce des épices portugaises, **l'incorporation à la monarchie espagnole fournit** alors aux élites et aux marchands **des conditions sûres qui permettent leur entrée dans l'immense monopole commercial espagnol de l'Atlantique.** L'arrivée des esclaves noirs à partir des années 1570 renforce encore l'intérêt porté au Brésil par le Roi Catholique, qui connaît mal l'océan Indien. **La création de la société brésilienne restera liée à l'immigration des esclaves d'Afrique** et à une économie basée sur l'exploitation de la canne à sucre qui permettra une fusion culturelle euro-africaine semblable à celle des Caraïbes au XVIIIe siècle (cf. Les esclaves, chap. III ; La canne à sucre, chap. IV). L'intégration géographique et religieuse au Brésil est moindre en comparaison avec les vice-royautés espagnoles, surtout en raison de l'ensemble des institutions portugaises pour le reste des possessions africaines et asiatiques. Il n'existe qu'un diocèse, celui de Bahia. **Plus directement convoitée que les possessions du Pérou et de la Nouvelle-Espagne, plus fragile et moins stable, l'immensité du**

Brésil exige une administration plus fluide. En 1608, deux administrations, nord et sud, sont érigées et, comme pour les possessions espagnoles, l'esclavage des Indiens est interdit. L'État du Maranhão est créé en 1621 dans le nord, et reste indépendant du gouverneur général (connu plus tard comme vice-roi) jusqu'en 1774. En temps de parcours, le Maranhão est en fait plus proche de Lisbonne que de São Salvador, la capitale du gouverneur. Le sud du pays prend progressivement de l'importance au XVIIᵉ siècle (cf. Orientation bibliographique, Calvo 1).

La révolte aristocratique de décembre 1640 restaure l'indépendance portugaise en déclarant roi le duc de Bragance, sous le nom de João IV (cf. L'histoire, chap. I). Les conditions sont alors très différentes de ce qu'elles étaient soixante ans auparavant, les capitaineries du centre et du nord s'étant transformées en de riches plantations sucrières qui fournissent les marchés européens. Si la sécession du Portugal constitue une source de contentement pour les marchands de Séville, soucieux des avantages tirés par les Portugais du grand commerce espagnol, paradoxalement la rupture entre Madrid et Lisboa a pour effet, dans quelques régions méridionales du Brésil, une dislocation économique des secteurs jadis complémentaires.

L'empire portugais, basé pour l'essentiel sur de nombreux comptoirs et entrepôts le long des côtes brésiliennes, africaines et asiatiques, était devenu le bouc émissaire des attaques protestantes contre le commerce maritime. Ainsi les positions portugaises en Orient et au Brésil étaient-elles de plus en plus vulnérables face aux ambitions hollandaises. L'indépendance par rapport à la monarchie espagnole semblait par conséquent propice à un traité de paix avec les Hollandais et à une récupération du Brésil, envahi depuis 1625.

III

L'ORGANISATION POLITIQUE ET SOCIALE

Les Indes font partie d'un empire dont la tête, le roi, est à Madrid. **Aucun roi d'Espagne n'a jamais foulé le sol de ses domaines américains. Il s'y fait donc représenter.**

La fiction de la présence du roi à Mexico et à Lima est alimentée par le fait qu'aucun magistrat ni aucun corps ne concentre jamais tout le pouvoir. **Le contrôle politique depuis Madrid s'appuie sur un système d'informations à distance** fait d'équilibres mutuels et de contrepoids entre diverses autorités. **Son efficacité est due à la circulation des hommes**, la réalité qui confère son unité à l'espace dans la monarchie catholique. Cette mobilité est à la base des réseaux familiaux, politiques et commerciaux élargis qui soudent les deux rives de l'Atlantique. L'impact des **courants migratoires**, aussi bien que les tendances ibériques à la **mobilité et** à l'**ascension sociale, contribuent à expliquer la complexité et la rapidité des transformations des nouvelles sociétés.** Les frontières ethniques s'estompent, et le métissage devient le moyen privilégié de passer d'un groupe à l'autre.

LE NOMBRE DES HOMMES

La compréhension de la société de l'Amérique espagnole n'est pas possible sans une évaluation, même sommaire, du nombre d'hommes et de sa répartition dans l'immensité des espaces. Trois aspects sont essentiels : la crise démographique des masses indigènes, les courants migratoires européens et africains vers les Indes, et les tendances des sociétés à l'intégration culturelle et au métissage.

CRISE DÉMOGRAPHIQUE

Dès leur arrivée, les conquistadors constatent des phénomènes de concentration aussi bien autour du bassin de Mexico que dans les Andes centrales : 50 millions d'habitants environ (dont 17,5 en Nouvelle-Espagne centrale et du Nord ; 5 en Amérique centrale ; 12 dans les Andes ; 4 en Amazonie ; 5 aux Caraïbes ; 1 au Chili et 4 pour d'autres périphéries) auraient vécu sur plusieurs millions de kilomètres carrés, ce qui suppose une organisation sociale déjà fortement hiérarchisée, mais aussi des risques réels de rupture. Ce sont des sociétés fragiles nées de la domestication de plantes providentielles : le maïs en Mésoamérique, les tubercules (pommes de terre) au Pérou, le manioc au Brésil. Vers 1600 la population de l'ancien empire inca n'est plus que d'un million ; vers 1650, la Nouvelle-Espagne ne compte plus que 1,5 million d'indigènes. **Dans le premier siècle suivant la conquête les 9/10 de la population amérindienne auraient ainsi disparu.** L'envergure de cette hécatombe n'est pas due à la seule « tyrannie des chrétiens », comme le dénonce à l'époque *fray* Bartolomé de Las Casas (cf. Quelques auteurs majeurs). À l'absence d'immunité aux maladies contagieuses européennes (rougeole, variole, pneumonie et typhus), il faut ajouter la méconnaissance de toute thérapeutique contre ces maladies et les dysfonctionnements socio-économiques qui s'ensuivent, surtout la déstructuration rapide des sociétés et des repères traditionnels. Entre 1493 et 1525, l'île Hispaniola affronte 8 pandémies ; de 1524 à 1591, les hautes terres autour de Quito subissent 6 assauts infectieux ; entre 1520 et 1621, les historiens relèvent 25 fléaux épidémiques dans le bassin de Mexico ; pour le Pérou, ils en alignent 25 (1524-1635). Les conséquences de ces atteintes répétées sont incalculables. Monde « plein » jusqu'en 1492, l'Amérique devient le terrain d'un monde nouveau, de plus en plus métis, et dont la population indigène reste cependant la plus nombreuse (cf. Orientation bibliographique, CALVO 3).

COURANTS MIGRATOIRES

Entre 1492 et 1650, quelque 350 000 Espagnols – à 70 % de sexe masculin – franchissent l'Atlantique. Ces mouvements suscitent l'alarme parmi les économistes du temps appelés *arbitristas*, mais ce n'est qu'à partir de 1590 qu'ils se conjuguent avec le déclin démographique de l'Espagne. S'agissant des « Indes de Castille », la

Couronne d'Aragon est au départ exclue de l'émigration, alors que **l'Andalousie fournit à elle seule presque 40 % du total des migrants, suivie de l'Estrémadure et de la Vieille-Castille.** Quelques étrangers s'y glissent souvent, originaires des autres territoires de la Couronne. Ce sont des Flamands et surtout des Portugais dont le nombre augmente après 1580 (cf. La monarchie catholique, chap. II).

Entre 1670 et la fin du siècle suivant, **l'émigration méridionale et castillane des premiers temps cède la place à celle des régions septentrionales** (Galice, Asturies, Cantabrie, Pays basque et Navarre) et orientale (Catalogne), même si l'Andalousie maintient sa prépondérance initiale. Quant aux destinations, **les villes de deux principaux foyers, la Nouvelle-Espagne centrale et le Pérou, concentrent à parts égales un peu plus de 60 % des arrivées** entre 1520 et 1620. Ils restent en tête au XVIIIe siècle, malgré le déclin du Pérou, tandis que d'autres zones perdent leur ancienne importance (la Terre-Ferme correspondant au Panama ainsi que le Nouveau Royaume de Grenade, actuelle Colombie). Les Antilles récupèrent leur position de la première heure, cependant que le Venezuela confirme son dynamisme tout récent. Enfin, le Río de la Plata se montre attractif à la veille des indépendances. Une autre immigration reprend au XVIIIe siècle, celle des zones frontalières, à travers de nouvelles implantations parfois sous forme de colonies comme au Texas, en Californie et en Patagonie. En gros, **on recense un peu plus d'un demi-million d'immigrés espagnols pour l'ensemble des trois siècles de la domination ibérique.** C'est un chiffre important si l'on tient compte des 6 millions d'habitants des royaumes péninsulaires à la fin du XVIe siècle. Mais il ne l'est pas par rapport à l'immensité des territoires des Indes, ni à l'immigration des 5 millions d'Espagnols attestée pour les XIXe et XXe siècles.

Le Portugal, avec une population réduite (1,1 million en 1580), en proie à la peste, **peut difficilement soutenir un grand effort d'émigration**. Au Brésil, à la même époque, l'immigration européenne est faible : il n'y a guère plus de 25 000 Blancs. Elle reprend entre 1700 et 1820 en faisant appel surtout aux habitants des Açores. L'empire portugais se distingue, on l'a vu, par ses enclaves d'entrepôts établis sur les côtes africaines et asiatiques. L'ampleur du peuplement n'y est pas du tout la même (cf. Le Brésil, chap. II).

Avec l'expansion de l'économie sucrière, l'appel aux établissements portugais devient habituel après 1570, pour faire face à la pénurie de main-d'œuvre issue de la chute de la population indienne des côtes américaines. Au XVIᵉ siècle, le Brésil espagnol reçoit quelque 50 000 Africains ; de 1600 à 1650, le recours à la main-d'œuvre noire joue à plein son rôle de substitution, et l'on enregistre au total 200 000 entrées. Aux Indes de Castille, la présence des Noirs est attestée dès les premiers temps de la conquête. Entre 1595 et 1640, on estime entre 200 000 et 350 000 le nombre de Noirs *bozales* (natifs d'Afrique). Au bas mot, jusque vers 1650 **on doit compter au moins un demi-million d'esclaves noirs d'Afrique**, notamment en provenance d'Angola, soit autant que la population espagnole migrante pour les trois siècles. Les esclaves sont employés non seulement dans les mines, mais aussi dans les plantations sucrières, dans les ateliers de tissage (*obrajes*) et comme domestiques en ville (cf. Les esclaves).

RÉCUPÉRATION ET MÉTISSAGE

À partir de 1650, de nouvelles tendances se dégagent, quoique de façon irrégulière, dans les territoires : la population autochtone montre les premiers signes de récupération, surtout en Nouvelle-Espagne ; celle qui n'est pas indigène consolide son essor par l'intermédiaire du métissage et de l'urbanisation.

Vers 1800, les Indes forment l'ensemble le plus urbanisé de la planète. Pour toute l'Amérique ibérique, il y a en 1650 de 6 à 7 millions d'habitants ; 11 à 12 vers 1700, et 20 à 21 en 1800, ce qui signifie toutefois que l'Amérique n'aurait jamais récupéré la population qu'elle avait avant l'arrivée des Européens, estimée à 50 millions.

Deux véritables foyers d'expansion démographique ont vu le jour **au XVIIIᵉ siècle : l'actuel Mexique central**, dont la population double, **et le Brésil du littoral**, où elle triple. La fortune minière des deux régions est sans doute un facteur explicatif. Pourtant l'expansion mexicaine s'appuie sur son métissage intérieur, alors que la brésilienne est associée à l'accélération de la traite d'esclaves africains. Sur les 10 millions d'esclaves en provenance des côtes africaines pendant les quatre siècles de traite (1492-1870 environ), le Brésil en emploie le tiers (cf. Les mines, chap. IV).

LES DIVISIONS SOCIALES

Des liens assez puissants et permanents donnent lieu à une forte porosité entre les univers indien et hispanique (incluant les populations métissées), et ce dès les années 1570 dans les régions les plus urbanisées. **La société de l'Amérique ibérique est née de divers mélanges, incorporations et appropriations.** Elle n'est pas uniforme et, en dépit des mariages ou de possibilités d'ascension sociale, les clivages restent forts en son sein : des Espagnols qui monopolisent le pouvoir politique et économique aux esclaves d'origine indigène ou africaine. **Le brassage des individus donne donc très tôt naissance à une société multiraciale** au sein de laquelle s'opère une subtile division en « *castas* » (mot désignant des catégories ethniques) dont les frontières ne sont pourtant jamais infranchissables. Nous aborderons d'abord les Espagnols, qu'ils soient nés en Espagne ou aux Indes, ceux-ci appelés *criollos*. L'avenir même de l'empire en Amérique dépendra des rôles exercés par eux selon leurs différentes capacités juridiques. Viennent ensuite les Indiens dont la population reste toujours, on l'a vu, la plus nombreuse. Elle n'est ni homogène ni uniforme. Les autochtones ont des droits juridiques et sont considérés comme des païens qu'il faut christianiser. Ils reçoivent une éducation espagnole tout en gardant le plus souvent leur langue. De par leur nombre et leur diversité, les sang-mêlé, ou les métis, constituent la population la plus frappante et la plus originale aux yeux des Européens. Elle relève surtout de l'attitude favorable des Espagnols au métissage, dont les différentes composantes donnent lieu à des métis d'Européens, d'Africains et d'Indiens selon des combinaisons et degrés de parenté que reflètent au XVIIIe siècle les « *pinturas de castas* » (cf. L'identification ethnique, chap. X). Les esclaves constituent, enfin, le dernier groupe social. Il s'agit d'un monde divers et hétérogène dont le nombre d'individus diminue au cours des trois siècles.

ESPAGNOLS D'ESPAGNE ET D'OUTRE-MER

Les déplacements répétés au long des siècles à l'intérieur de la Péninsule ibérique habituent les hommes à concevoir un monde dont les horizons sont toujours plus larges que ceux de leurs communautés d'origine. D'où l'**importance essentielle de la mobilité et des liens de parenté dans le déplacement des Espagnols aux Indes**. Les Espagnols se dirigent parfois vers les Indes parce que leur pays ne leur permet plus de faire valoir leurs capacités et vertus. La carrière de nombreux individus se trouve entravée dans la Péninsule par l'introduction des statuts de pureté de sang qui exigent que les candidats démontrent leur noblesse, ce qui suppose qu'ils ne sont pas des convertis (*conversos*), c'est-à-dire de « nouveaux » chrétiens.

Une logique commune préside aux déplacements des Espagnols à l'intérieur des Indes. Elle consiste à vouloir préserver leurs acquis afin d'accroître les patrimoines familiaux, ce qui s'exprime par **une forte affirmation du lignage**, étendu à tous les membres de la parenté élargie aux deux côtés de l'Atlantique. À la différence de l'Espagne, ce qui compte dans l'ensemble des relations sociales aux Indes n'est pas tant la pureté de sang que le mérite, la volonté de « valoir plus », de vivre noblement. Les vertus et l'ostentation des richesses comme attitudes renvoient à la noblesse comme une ancienne catégorie morale et sociale. Une fois en Amérique, tous les Espagnols veulent se transformer en « *don* » et se comportent comme des gentilshommes, même si en Espagne ils étaient d'humbles artisans. **La noblesse constitue** donc **l'idéal et le but recherché par les populations espagnoles en Amérique**, aussi bien péninsulaires que créoles. Héritiers de l'aristocratie issue de la conquête, ces derniers vont très tôt développer une forte conscience américaine en même temps qu'une extrême sensibilité aux droits que la Couronne leur octroie en tant que sujets *naturales de las Indias* (natifs des Indes) (cf. Orientation bibliographique, Zúñiga).

La Couronne n'attribue que rarement la charge de vice-roi aux Espagnols nés en Amérique. Les prélats sont aussi pour la plupart des péninsulaires. Cette préférence relève du statut légal des vice-royautés américaines, considérées comme extensions de la Couronne de Castille, ainsi que d'un certain mépris pour les créoles, tenus parfois pour moins compétents. Elle relève aussi de la pratique de Madrid de nommer presque toujours des Castillans dans tous les domaines de la monarchie. Pourtant, **dès le dernier tiers du** xviie **siècle**, et jusqu'aux années 1760, **une majorité de créoles trouve place** dans les audiences, les municipalités, les caisses du Trésor, les chapitres de cathédrales et les paroisses diocésaines. Cette tendance vers l'américanisation est complexe et oblige à nuancer le principe de la prééminence péninsulaire. D'abord il faut considérer l'affaiblissement du gouvernement de Madrid après 1660. La diminution de la présence et des engagements militaires de la Couronne semble propice à une relative autonomie des royaumes les plus éloignés, et donc aux intérêts des groupes locaux. Ensuite il faut garder à l'esprit l'une des préoccupations les plus pressantes des cercles du pouvoir à Madrid : **la loyauté des aristocraties régionales non péninsulaires se doit avant tout à leur « patrie », à leur terre, et seulement après à la Couronne.** Au fur et à mesure que les groupes économiquement les plus puissants de la Nouvelle-Espagne et du Pérou se consolident, ils exercent, par exemple, une influence décisive notamment sur la nomination des prélats. Certes la plupart de ceux-ci est d'origine péninsulaire, mais une partie de leur famille réside depuis au moins un demi-siècle aux Indes et entretient d'importants contacts trans-atlantiques par l'intermédiaire des réseaux familiaux et commerciaux (cf. La famille, chap. X).

L'**« américanisation » des vice-royautés connaît cependant un brusque coup d'arrêt à partir des années 1760.** À la recherche d'un meilleur rendement fiscal, les réformes centralisatrices des Bourbons mettent en place un certain nombre de monopoles directement administrés par la Couronne. Une nouvelle bureaucratie péninsulaire s'installe aux dépens des groupes locaux chargés jusqu'alors du recouvrement des impôts. Les créoles ne sont alors plus privilégiés pour la nomination des membres des audiences et des chapitres cathédraux, ni pour les charges d'officiers d'armée ou des finances. Une sorte de seconde conquête à caractère bureaucratique a lieu pendant la seconde moitié du XVIIIe siècle. La frustration des *criollos* qui se sentent écartés du pouvoir et leur haine envers les Espagnols d'Espagne, qu'ils appellent *gachupines* en Nouvelle-Espagne et *chapetones* au Pérou, sera l'un des facteurs à l'origine des guerres d'indépendance (cf. Des réformes coloniales à l'indépendance, chap. I).

LES INDIENS

Dispersés sur tout le continent, **les Indiens appartiennent à plusieurs centaines de peuples dont les niveaux de vie et de culture sont extrêmement variés et qui peuvent être sédentaires, semi-sédentaires ou nomades.** Certains traits communs linguistiques et religieux permettent de les classer. En Nouvelle-Espagne, les groupes indigènes les plus importants sont les Nahuas (parmi eux les anciens Aztèques ou Mexicas), les Otomis, les Tarasques, les Mayas, les Zapotèques et les Mixtèques. Les Quechuas, les Aymaras, les Nazca et les Mochica prédominent dans les Andes. On trouve les Chibchas et les Tupinambas au Nouveau Royaume de Grenade et dans la région amazonienne ; enfin les Tupi, les Paraná et les Guarani au Paraguay et dans le sud du Brésil. Les groupes dotés d'une organisation sociale et d'une technologie complexes se situent sur les aires correspondant à la Mésoamérique et aux Andes. **Certains groupes indigènes ne sont jamais soumis** (Araucans en Amérique du Sud et Chichimèques en Amérique du Nord), d'autres se révoltent ici et là, d'aucuns collaborent avec le conquérant.

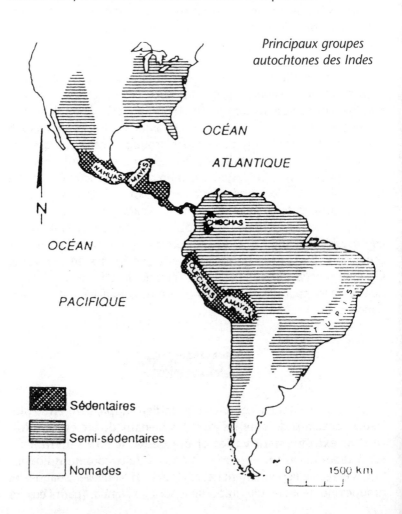

Principaux groupes autochtones des Indes

66

Les Indiens ont des droits juridiques et sont considérés comme des *naturales* du royaume, des sujets de la même façon que l'est le Castillan en Castille, ou le Napolitain à Naples. Ils conservent également leur condition nobiliaire, le cas échéant, ou peuvent y accéder. Dans leurs villages, ils exercent le pouvoir au niveau local. Face aux Espagnols, ils font de nombreuses appels au défenseur des Indiens, un juge dont la charge existe dès la fin du XVIᵉ siècle, ou en appeler au Conseil des Indes à Madrid.

Aux yeux de l'Église, les Indiens sont des personnes qu'il faut convertir, mais en même temps des êtres qu'il faut protéger de la corruption des Européens. **Ils reçoivent une instruction « espagnole » généralement rattachée à leur évangélisation, mais conservent l'usage de leurs langues** en grande partie parce que les religieux et les clercs les ont apprises et les ont codifiées au moyen de grammaires et de dictionnaires (cf. Les langues, chap. VII). L'irrationalité des Indiens et leur incapacité à adopter le catholicisme sont souvent avancées à l'époque pour justifier la conquête et la domination espagnole. Cependant peu d'auteurs contredisent la doctrine officielle de la Couronne et de l'Église romaine, qui interdisent de considérer les Indiens comme des infidèles. La désignation qui semble le mieux leur convenir est celle de « gentils » ou de « païens ». Ces termes les ramènent aux gentils, devenus catholiques primitifs sous l'évangélisation des premiers apôtres, et non à celle des juifs et des musulmans, récalcitrants à accepter la Bonne Nouvelle. D'ailleurs, il est bon de le rappeler, **les autochtones ne sont jamais sujets à la juridiction de l'Inquisition** (cf. L'Inquisition, chap. VI).

Mesurant l'intérêt qu'il y avait à préserver le sommet de la hiérarchie préhispanique dans les anciens grands empires, **les Espagnols reconnaissent les aristocraties des sociétés indigènes de la Nouvelle-Espagne et du Pérou.** Les édits royaux entendent préserver celles-ci en les homologuant à l'*hidalguía* castillane. Telle est la situation des Indiens nobles vers 1650 aussi bien à Mexico qu'à Lima. Ils bénéficient d'un grand prestige, mais vivent déjà pour la plupart en marge de leurs villages (*pueblos*). Les charges de cacique (héréditaire) ou de *gobernador* (élective, sous un contrôle hispanique) sont de plus en plus dissociées, même si certaines familles de caciques essaient encore de les cumuler. La mobilité et l'ascension sociale de l'*hidalgo* castillan se trouvent aussi reflétées dans le nombre d'Indiens du commun (*macehuales*) qui, après avoir occupé des postes municipaux, finissent par devenir nobles (*princi-*

pales). Dépossédée de ses anciennes fonctions, l'aristocratie autochtone conforte son assise territoriale. Ses membres deviennent des *hacendados* comme n'importe quel grand propriétaire espagnol. Ils s'appliquent d'ailleurs à mener le style de vie de ceux-ci en s'habillant à l'espagnole, en habitant des châteaux ou en obtenant des licences de la Couronne pour monter à cheval et porter des armes. **Toutefois l'opinion la plus courante ne reconnaît pas aux Indiens les mêmes capacités de raisonnement que les Espagnols et fait d'eux des enfants ayant besoin d'une tutelle permanente.** La plupart des sources privées, administratives et littéraires reflètent l'opinion selon laquelle l'Indien accomplit les besognes indignes de l'Espagnol.

LES SANG-MÊLÉ

La nouvelle société se transforme trop rapidement pour que les hommes du temps puissent en appréhender les changements. Dès le XVIe siècle, **les Ibériques sont confrontés à une complexité sociale très mouvante et donc au métissage et à l'intégration culturelle.** Certaines régions sont plus métissées que d'autres en raison de l'ampleur du peuplement espagnol, mais surtout d'un plus haut degré de civilisation indigène. En gros, vers 1810 les *castas* atteignent presque 30 % de la population dans la vice-royauté du Pérou, et presque 40 % en Nouvelle-Espagne. Les sang-mêlé sont des sujets du roi d'Espagne et, comme les Indiens, doivent acquitter un tribut annuel.

Les Espagnols, tout comme le législateur, semblent avoir choisi d'éviter autant que possible de nommer le phénomène du métissage. Avant 1660, les occurrences du mot « métis » sont assez rares, contrairement à celles du mot « mulâtre ». D'où une certaine hésitation lors de la classification d'un individu, moins aisée à établir pour un « sang-mêlé » que pour un Indien ou un Noir esclave. À partir de la seconde moitié du XVIIe siècle, la situation change sensiblement. **Le besoin de classer et de définir les personnes se fait de plus en plus pressant,** probablement du fait de l'étendue du métissage au sein d'une population en essor démographique. De nouvelles catégories, plus subtiles, apparaissent. Par exemple, là où le mot « mulâtre » avait suffi pour désigner tous ceux dont les ancêtres sont des Africains, le mot « zambo » sert maintenant à désigner des personnes moitié indiennes, moitié africaines, « mulâtre » étant exclusivement utilisé pour ceux qui étaient issus de parents espagnols et africains. Des termes encore plus spécialisés apparaissent pour des distinctions plus fines dans la continuité espagnole-africaine. Ainsi le mot *pardo* se situe vers l'extrême espagnol de l'échelle. Il y a ainsi tout un système de dénomination qui tient compte du patrimoine ethnique des ascendants (1/4 de sang indien, 1/8 de sang noir, etc.). Mais ces vocables hauts en couleur n'ont jamais atteint le statut des cinq catégories principales : Espagnols, Indiens, Noirs, mulâtres et métis.

Dans la réalité, les frontières ethniques deviennent de plus en plus difficiles à appréhender. Ce caractère vague s'accentue, et c'est la catégorie d'Espagnol qui finit par imposer son caractère unitaire. Certains Indiens des quartiers de Mexico et de Lima se font passer pour des métis. Cela n'est qu'une première étape pour ensuite devenir « Espagnol » et donc réclamer l'exemption du tribut dû au monarque. En d'autres mots, le nombre croissant de la population métisse originaire des Indes, aussi bien que celle en provenance d'outre-mer (soit africaine ou européenne) a fait que c'est le secteur hispanique qui augmente en quantité et en complexité. Il est vrai que le caractère mouvant des étiquettes est plus courant entre métis et Espagnols, mais le phénomène est comparable pour toutes les autres catégories. Un mulâtre clair peut être classé selon le contexte comme métis ou comme Espagnol ; un Noir libre comme mulâtre, et un Indien libre, sans communauté d'attache, s'habillant à l'espagnole et s'exprimant en castillan est le plus souvent désigné comme *mestizo* (cf. L'identification ethnique, chap. X ; Orientation bibliographique, ZÚÑIGA).

Certaines catégories désignant les différents types de métis de la fin du XVIIIᵉ siècle donnent l'impression d'être des surnoms populaires et comiques. *Tente en el aire* (suspend-toi en l'air) se réfère, par exemple, à des personnes de généalogies très complexes dont il est extrêmement difficile de classer le statut ethnique, alors que *salta atrás* (saute en arrière) est censé décrire une personne dont la lignée se rapprochait de la catégorie d'Espagnol jusqu'à un moment de « perte du terrain » en raison d'un mariage avec quelqu'un dont le mélange du sang noir est décelé dans la génération suivante. Ainsi un aïeul fait qu'un jour un couple blanc ou métis peut avoir un enfant noir.

Les jugements portés sur des individus que l'on définit comme *mestizos* ne sont pas unanimes et varient fortement selon le contexte. Les mariages d'Espagnols avec des femmes indiennes étant rares, l'illégitimité n'est une souillure que pour les métis de la première génération. En fait **le sang espagnol assimile d'autres sangs** « à la manière du mercure qui purifie l'argent », selon l'expression du chroniqueur fray Juan de Meléndez. Donc les Espagnols lavent par leur sang les tares « naturelles » des indigènes. C'est là une grande différence avec les Anglo-Saxons qui s'établissent à la même époque au nord du continent, puisqu'aux Indes une seule goutte de sang « blanc » vous rend blanc.

LES ESCLAVES

Certains Indiens d'Amérique sont mis en esclavage suite à leur capture lors des guerres **en raison de leur résistance acharnée à la conquête** ou selon la pratique préhispanique d'un esclavage, réel ou supposé. Celle-ci trouve cependant bientôt ses limites légales. De nouveaux chrétiens ne pouvant normalement pas être réduits en esclavage, la première réaction officielle est l'opposition de la reine Isabelle la Catholique au principe de l'esclavage des Indiens. En la matière, la politique de la Couronne restera fluctuante pendant plusieurs décennies. Or **l'esclavage le plus commun aux Indes est celui des groupes de travailleurs des plantations et des mines**. Une dernière forme, héritée des sociétés méditerranéennes, est celle qui regroupe **des esclaves parmi les domestiques, les artisans et leurs apprentis dans les villes.** Un processus d'affranchissement semble s'intensifier pendant le XVIIIᵉ siècle, surtout en Nouvelle-Espagne. Il faut distinguer l'esclavage indigène, largement compromis dans le monde hispanique après les « Lois nouvelles » de 1542-1543, de celui du Brésil, où les premières mesures contre l'esclavage des Indiens sont édictées en 1609. Ici l'économie sucrière, en pleine expansion après 1570, exige un nombre grandissant d'esclaves noirs alors que la population indienne décline. Dans les deux cas, l'appel aux comptoirs portugais établis depuis le XVᵉ siècle devient habituel. Surtout après l'union de deux Couronnes en 1580, les négriers portugais passent des contrats (*asientos*) avec la Couronne d'Espagne. La révolte du Portugal en 1640 portera un coup très dur au système en Amérique espagnole (cf. Le Brésil, chap. II). Dans le monde brésilien, l'esclave est concentré dans les grandes unités de production sucrières, les *engenhos* (cf. La canne à sucre..., chap. IV). Dans le cadre espagnol, où l'économie des plantations est moins omniprésente, et où la main-d'œuvre indienne est plus accessible, la présence de l'esclave noir est plus diffuse, disséminée entre les mines, l'agriculture, l'élevage et les tâches domestiques en ville.

LE ROI ET SES INSTITUTIONS

Roi des Espagnes et des Indes (*Rex hispaniarum et indiarum*) est un titre qui aide à comprendre le statut des territoires américains. Depuis le Moyen Âge le concept du pouvoir dans la Péninsule ibérique évolue dans le sens de la monarchie composite, c'est-à-dire d'une juxtaposition de royaumes divers au sein de la même Couronne. Il est diverses façons d'incorporer cet ensemble de domaines : par alliance dynastique (Castille avec l'Aragon), par succession (les Pays-Bas et la Franche-Comté), ou par conquête (Naples, Sicile, Grenade ou les Indes occidentales). **Les domaines d'Amérique se trouvent incorporés directement à la Castille**, et leur statut juridique relève donc des lois castillanes.

Comment est-il possible que des territoires aussi vastes soient restés au sein de la monarchie espagnole pendant trois siècles ? Parmi les hypothèses avancées par les historiens, il faut certainement tenir compte de la présence d'**un même cadre d'institutions** sous des latitudes aussi distinctes que le royaume de Naples et la Nouvelle-Espagne. Or ce cadre permet **la circulation des fonctionnaires** les plus compétents entre plusieurs domaines tels que, par exemple, le Chili ou les Pays-Bas. **L'existence de réseaux familiaux, politiques et commerciaux** de deux côtés de l'Atlantique fournit des hypothèses supplémentaires (cf. Espagnols d'Espagne et d'outre-mer ;

Écusson de la Couronne d'Espagne sous les Habsbourg

L'AMÉRIQUE ESPAGNOLE

La famille et la parenté spirituelle, chap. X). Enfin nous devons aussi garder à l'esprit **le système d'information** auquel donne lieu le gouvernement civil et ecclésiastique des différents royaumes. Un empire, donc, gouverné par écrit et à distance.

Gouverner cet ensemble immense et dispersé en assurant la fiction d'une présence permanente du souverain dans chaque royaume est le principal défi de l'organisation politique. Le gouvernement des Indes est ainsi dédoublé entre Madrid et les territoires américains. **À Madrid se trouve l'instance suprême d'un Conseil pour chaque ensemble de royaumes.** Il s'agit d'un haut tribunal résidant à la cour du monarque. Érigé formellement en 1524, le Conseil des Indes exerce une triple fonction : il prépare par des avis écrits (*consultas*) les décisions du monarque, il a la haute main sur l'administration, et enfin il sert de tribunal d'appel en dernière instance pour les cours de justice des Indes.

Toutefois, dès la fin du XVIe siècle une seconde modalité de gouvernement central prend forme. Il s'agit d'une part d'une série de juntes extraordinaires où interviennent différentes factions, dans le but d'expédier les affaires les plus urgentes. D'autre part la présence d'un favori du roi (*valido*), espèce de premier ministre, se dessine de mieux en mieux parmi ces factions, et il finit par présider les juntes. En clair, une structure extraordinaire mais permanente à caractère autocratique s'installe parallèlement au système conventionnel. Le favori et les juntes agissent tout en concurrençant les facultés des Conseils et s'insèrent même dans leur sein. Au XVIIIe siècle, sous les Bourbons, des ministères sont érigés selon une politique de centralisation et d'uniformisation au détriment de l'ancien système de Conseils, dont les facultés se voient considérablement diminuées.

LE VICE-ROI ET L'AUDIENCE ROYALE

En Amérique, **les vastes territoires sont gouvernés, au nom du roi, à la fois par un vice-roi et par l'*audiencia* ou tribunal de haute instance (audience).** La Couronne nomme des vice-rois depuis le XIVe siècle. Celui-ci est généralement choisi parmi la haute noblesse. Doté de pouvoirs étendus, il représente le roi et s'entoure d'une cour. Le vice-roi dispose du pouvoir exécutif, et ses pouvoirs, comme ceux du roi, s'exercent dans les domaines militaire, fiscal et ecclésiastique. De plus il préside l'audience. Aux XVIe et XVIIe siècles, le passage des vice-rois de Mexico à Lima est considéré comme une promotion. Toutefois l'apparition de nouvelles vice-royautés (Nouveau Royaume de Grenade et Río de la Plata), au siècle suivant, inverse la situation au profit de Mexico.

Les pouvoirs fort étendus du vice-roi se trouvent cependant limités dans les faits. Sa gestion ne dure pas au-delà de trois à six ans en moyenne. Il est en outre soumis à un jugement de résidence en fin de mandat (*juicio de residencia*) où il est rendu compte de sa gestion. De temps en temps la Couronne appointe un juge et lui confie la visite (*visita*) des tribunaux et des fonctionnaires – vice-roi inclus – dans chaque vice-royauté.

Garante du sceau royal et chargée, en l'absence du vice-roi lui-même, des plus hautes fonctions, les pouvoirs de l'*audiencia* s'étendent aux domaines militaire, administratif et fiscal. Nommée directement par le Conseil des Indes, elle contribue à affirmer ou, dans le cas contraire, à infirmer les décisions du vice-roi limitant et équilibrant, par conséquent, les pouvoirs de celui-ci. Composé de douze juristes professionnels (*oidores letrados*) et de trois Chambres – deux en charge des affaires générales et de la justice, une troisième pour la justice criminelle –, ce cadre juridictionnel, géographiquement défini, nécessite plusieurs audiences. Un président « gouverneur », capitaine général chargé des affaires militaires, est nommé pour chaque audience en dehors de celle des capitales de chaque vice-royauté (cf. Orientation bibliographique, Lavallé).

La vice-royauté de Nouvelle Espagne : audiences

OCÉAN PACIFIQUE

OCÉAN ATLANTIQUE

Mississippi

Rio Grande

Saint Augustin

Monterrey

Durango Saltillo

Zacatecas

AUDIENCE DE LA NOUVELLE GALICE 1547

Guadalajara

San Luis Potosí

Tampico

Mérida

La Havane

Saint-Domingue

Guanajuato

Valladolid

México

Veracruz

Campeche

Santiago

San Juan

AUDIENCE DE MÉXICO 1527

Acapulco

Oaxaca

D DE SAINT DOMINGUE 1511

Guatemala

AUDIENCE DU GUATEMALA 1542

Granada

Maracaibo

Coro

Caracas

Cumana

Mérida

Orinoco

— Frontières de la vice-royauté de la Nouvelle-Espagne

● Capitales d'audience

■ Villes minières

• **Villes principales**

L'AMÉRIQUE ESPAGNOLE

AUDIENCE DE
PANAMA
1538 et 1567
Carthagène
Portobelo
Panamá
Antioquía
Buenaventura
Cali
Popayán
Pasto
Quito   AUDIENCE
Guayaquil *DE QUITO*
Tumbes
1563
Piura
Cajamarca
Trujillo
AUDIENCE
DE LIMA
1542
Lima
Callao
Cuzco
Arequipa
La Paz

Vénézuela
juridiction de la
Nouvelle-
Espagne
Tunja
Bogotá   AUDIENCE DE SANTA FÉ
1547
Orinoco
Territoires inconnus
Amazonas

Territoires inconnus

OCÉAN ATLANTIQUE

Belem
São Luis

TRAITÉ DE TORDESILLAS, 1494

La Plata
Potosí

AUDIENCE DE CHARCAS
1558

OCÉAN PACIFIQUE

Salta
Tucumán
Córdoba

Asunción
Corrientes

Rio de Janeiro
São Paulo

Paraná

Valparaíso   Mendoza
AUDIENCE DU CHILI
1565 et 1609
Concepción
Santiago

Buenos
Aires

Colônia do Sacramento

AUDIENCE DE
BUENOS AIRES 1661

——— Frontières de la vice-royauté
du Pérou

⊙ Capitales d'audience

▨ Missions jésuites au Paraguay

La vice-royauté du Pérou : audiences

Organisation civile : les Hauts Tribunaux

Vice-royauté de Nouvelle-Espagne (1535)	Audience de Saint Domingue (1511) Audience de Mexico (1527) Capitainerie et audience de Guatemala (1542) Audience de Guadalajara (1547) Audience de Manille (1583) Capitainerie de Cuba (1764) Capitainerie de Louisiane/Floride (1783)
Vice-royauté du Pérou (1543)	Audience de Lima (1542) Audience de Quito (1563) Capitainerie et audience du Chili (1565) Audience de Cuzco (1787)
Vice-royauté du Nouveau Royaume de Grenade (1717-1723 ; 1739 séparée du Pérou)	Audience de Santa Fe de Bogotá (1547)
Vice-royauté du Río de la Plata (1776 séparée du Pérou))	Audience de Charcas (1558) Audience de Buenos Aires (1661)

L'ÉGLISE

Vicaires de Dieu dans leurs royaumes, **les monarques ibériques sont,** depuis le haut Moyen Âge, **à la fois les défenseurs de la foi et les défenseurs de leur clergé.** Ils obtiennent du pape la reconnaissance de leur droit de patronage ecclésiastique qui légitime leur souveraineté sur les Indes en confirmant leur direction, le financement et le contrôle de l'évangélisation des Indiens. Le roi gouverne ses territoires grâce au « personnel » ecclésiastique. Malgré les privilèges accordés par la papauté aux ordres mendiants (notamment à ceux de saint François, saint Dominique et saint Augustin) pour la christianisation des nouvelles terres conquises, **l'Église ne consti-**

tue pas un « **pouvoir autonome** ». Tout document pontifical est soumis à la surveillance et à l'approbation du Conseil des Indes (cf. La religion du roi, chap. VI).

L'action missionnaire des ordres suit de près les progrès de la conquête. Ils deviennent les protecteurs attitrés des Indiens et assurent la création des premières paroisses (*doctrinas*). Pourtant les diocèses conventionnels érigés n'exercent de fait, dans les premiers temps, aucune autorité sur ces paroisses tenues par les ordres. **Deux systèmes d'administration ecclésiastique fonctionnent donc en parallèle.** Les religieux prédominent sur le clergé séculier jusqu'en 1640 environ, surtout en Nouvelle-Espagne, ce qui donne à la première Église des Indes son caractère original. Vers 1650, les *doctrinas* ont tendance à dépasser leur fonction originale comme bases pour l'évangélisation des Indiens. Elles deviennent des unités socio-économiques relativement efficaces qui requièrent des terres et de la main-d'œuvre autochtone. Leurs domaines fonciers étant exemptés du paiement de la dîme sur leurs produits, les religieux sont l'objet de plaintes croissantes de la part des prélats et de certains laïcs.

Quant aux évêques, ils héritent d'une longue tradition ibérique qui fait d'eux des conseillers du souverain dans la préservation de la foi et la santé spirituelle de son peuple. Une conséquence directe de cette situation aboutit à une compétition entre prélats et vice-rois, surtout au cours du premier siècle (1530-1640), ce qui contribue à équilibrer en quelque sorte leurs pouvoirs respectifs. Généralement les prélats favorisent les intérêts des créoles en soutenant leur promotion aux principales charges du gouvernement ; les vice-rois veillent sur les intérêts de la Couronne – fiscaux notamment – et s'appuient la plupart du temps sur leurs propres clientèles qu'ils amènent d'Espagne dans leur suite (cf. Espagnols d'Espagne et d'outre-mer).

Huit archevêchés et trente-six diocèses, sur un total de quarante-trois pour l'ensemble de la période espagnole, ont été érigés aux Indes vers 1580. **Unité intermédiaire entre les gouvernements locaux et les audiences, le diocèse est le cadre privilégié de la vie culturelle et sociale.** Dans une seconde étape qui s'étend jusqu'en 1760 environ, les évêques atteignent le sommet de leur pouvoir, et les cathédrales exercent une influence considérable dans l'ordre social. Sous l'égide des Bourbons, un processus de sécularisation se consolide, à partir de 1750, consistant à remplacer les religieux par des curés diocésains dans l'administration paroissiale.

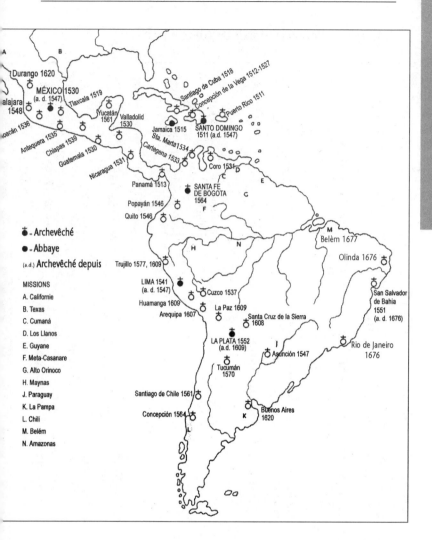

Les diocèses des Indes

On inclue les principaux Territoires des missions, archidiocèses, diocèses et leurs dates de fandation.

Organisation ecclésiastique (diocésaine)

(3 pays)	(1 pays)	(6 pays)	(1 pays)	(1 pays)	(4 pays)	(4 pays)
Saint-Domingue* (1511, 1546)	Mexico* (1530, 1546)	Guatemala* (1534, 1743)	Santa Fe de Bogotá* (1564)	Caracas* (1531, 1803)	Lima* (1541, 1546)	Charcas* (1552, 1609)
Santiago de Cuba* (1517, 1803)	Tlaxcala-Puebla (1519)	Comayagua (1531)	Santa Marta (1534)	Mérida (1711)	Panamá (1513)	Asunción (1547)
Puerto Rico (1511)	Oaxaca (1535)	Nicaragua (1531)	Cartagena (1534)	Guayana (1803)	Cuzco (1537)	Córdoba del Tucumán (1570)
La Havane (1787)	Michoacan (1536)	Chiapas (1539)	Popayán (1546)		Quito (1546)	La Paz (1605)
	Guadalajara (1548)		Antioquia (1804)		Santiago du Chili (1561)	Santa Cruz (1605)
	Yucatan (1561)				Concepción (1564)	Buenos Aires (1620)
	Durango (1620)				Trujillo (1577)	Salta (1806)
	Linares (1777)				Arequipa (1577)	
	Sonora (1779)				Huamanga (1609)	
					Cuenca (1786)	
					Maynas (1803)	

Légendes :

Pays : il s'agit des actuelles républiques latino-américaines.

* Archidiocèse : deux dates différentes apparaissent : celle de la fondation du diocèse, et celle de sa promotion au rang d'archidiocèse.

Au Brésil, un premier diocèse fut érigé à Bahia en 1551, subordonné à celui de Funchal sur l'île de Madeira. Les fondations des diocèses de Rio de Janeiro et d'Olinda suivirent cent ans plus tard (1676) lorsque Bahia devint archidiocèse. En 1677 et 1720 deux autres sièges diocésains furent érigés : São Luis et Belém – les deux subordonnés à l'archevêché de Lisbonne. Enfin, ceux de São Paulo et Mariana (mais en tant que prélatures de Goiás et Cuiabá) furent fondés en 1754.

LE GOUVERNEMENT DES INDIENS

Au Pérou comme en Nouvelle-Espagne, les conquistadors sont amenés à gouverner des populations autochtones très denses. Se sachant en petit nombre, ils décident de faire subsister les institutions et l'autonomie des principautés indigènes aussi nombreuses que diverses. Par ce moyen, d'ailleurs, les Espagnols aboutissent à consolider des alliances afin d'étendre leurs conquêtes. **La soumission au roi catholique permet en outre aux chefs indigènes d'établir certaines formes de continuité en échange d'une certaine quantité de produits et de services dus aux nouveaux maîtres.** L'un des principaux traits de l'ancienne organisation des principautés autochtones était, depuis déjà des siècles, le paiement des tributs – en produits ou en travail – soit aux seigneurs locaux, soit au souverain aztèque ou inca. Les nouveaux bénéficiaires autres que la Couronne elle-même sont les titulaires des *encomiendas*. Rappelons que, par l'intermédiaire de celles-ci, le roi transfère aux conquérants qui ont le plus de mérite les devoirs de protection et d'évangélisation lui incombant, en échange du paiement d'un tribut et d'un certain nombre de corvées. Dans des milliers de villages, les caciques en Nouvelle-Espagne (appelés *curacas* au Pérou), les *encomenderos* et les religieux constituent la clé d'un système de domination indirecte dont l'efficacité repose sur l'intermédiation entre les populations indigènes et les autorités espagnoles. Hernán Cortés (cf. Repères biographiques) désigne un Espagnol pour chaque principauté ou village. Quelque cinq cents *encomenderos* sont ainsi nommés en Nouvelle-Espagne et un peu plus d'un millier au Pérou.

Au bout de quelques décennies, la dispersion spatiale des *encomenderos* – jadis membres des expéditions de conquête – et la chute démographique des populations autochtones mènent à un regroupement des villages à l'initiative des autorités royales. Tous les *curacas* ne se rallient pas à cette politique d'urbanisation, mais dans la partie du Pérou soumise aux Espagnols leur collaboration est généralement acquise. Ils gardent un statut favorable, et on leur octroie certains privilèges qui confirment leur condition nobiliaire. **Toutefois le pouvoir des chefs indigènes semble s'affaiblir.** Par rapport aux temps préhispaniques, leur autorité est à la fois plus fragile et plus despotique.

Le Cabildo

À partir des années 1570, les vice-rois entreprennent une série de transformations bureaucratiques, dont le regroupement en villages dont il vient d'être question. **Inspirée des municipalités castillanes, la principale mesure est la création des *Cabildos* ou conseils municipaux** indigènes dans les *pueblos*. Élus une fois par an, ils comprennent un gouverneur (*gobernador*), un ou deux alcades, des échevins (*regidores,* quatre au maximum) et un nombre variable de personnes, elles aussi chargées pendant un an des fonctions d'intérêt général : sacristain, majordome, garde-champêtre, etc. Tous ces personnages se distinguent par leur bâton de commandement (*vara*) de taille variable et différemment décoré selon l'importance de la fonction comme symbole de la justice du roi. Celui du premier alcade se voit orné d'argent. Par ailleurs, afin de préserver les fonds et documents municipaux, les autorités royales, selon la coutume castillane, ordonnent l'utilisation d'une caisse communautaire avec trois serrures nécessitant trois clefs différentes devant être utilisées ensemble pour permettre l'ouverture de celle-ci. C'est ainsi que devaient opérer les trois détenteurs (le premier alcade, le majordome et le cacique, ou *curaca*) à l'ouverture du coffre. La caisse est alimentée par le versement annuel de deux réaux par tributaire, par diverses ressources (rentes, droits, dépenses des voyageurs), et surtout par la vente du maïs et du blé du « champ » (*sementera*) de la communauté (cf. Orientation bibliographique, Lavallé). Le travail administratif au niveau local est également assuré par les caciques qui organisent les corvées ou le recouvrement du tribut prélevé sur les Indiens. Viennent enfin les protecteurs des autochtones (*protectores de naturales*), qui n'existent pas dans toutes les régions. Ils servent d'avocats et de conseillers juridiques aux indi-

Seigneur indien pourvu d'un bâton de commandement

gènes qui se plaignent des abus dont ils sont victimes (cf. La justice et les finances).

Dans les zones centrales de chaque vice-royauté, la chute démographique indigène, entre autres, entraîne le déplacement progressif des *encomenderos* **vers la fin du** XVIe **siècle**. C'est alors que **la présence des autorités royales se voit renforcée**. L'administration, à l'échelon des contrées, est assurée **par les** *corregidores*. Ils sont nommés soit depuis l'Espagne par la Couronne, pour cinq ans, soit par les vice-rois, pour trois ans, à partir des années 1560. L'introduction de cette institution aux Indes marque l'étape confirmant la suprématie définitive de la Couronne sur les conquistadors. En Nouvelle-Espagne on trouve aussi des *alcaldes mayores* qui, à l'origine, sont au-dessus des *corregidores,* mais les deux fonctions tendent à se confondre (cf. Le commerce intérieur, chap. IV). Ces fonctionnaires assurent aussi l'application des textes réglementaires, veillent au paiement des tributs, exercent des fonctions de police, et sont des juges de première instance. Enfin ils exercent un rôle important au sein des conseils municipaux. Parfois, lorsque leur territoire est très étendu, des lieutenants les représentent dans des villages d'une certaine importance.

Le nombre des *corregidores* et *alcaldes mayores* est estimé à 500 pour toute l'Amérique espagnole. Ils ont juridiction soit sur une ville peuplée d'Espagnols et ses abords immédiats (*corregidores de españoles*), soit sur un territoire géographique plus important, parfois très vaste, rassemblant plusieurs villages indigènes. Leurs fonctions sont complexes et n'échappent pas aux pratiques de corruption. En tant que charge vénale désignée par les vice-rois, les traitements sont bas. Mais la rentabilité de la charge est assurée par la possibilité d'associer des activités commerciales aux fonctions administratives. Dans le cadre des *corregimientos* d'Indiens, cette activité prend la forme de l'écoulement (*repartimientos*) de marchandises. Pendant les cinq années de sa charge, le *corregidor* n'est autorisé qu'une seule fois à écouler certains articles auprès des populations. Cependant la pratique se prête à de nombreux abus. Elle ne porte pas seulement préjudice aux Indiens. Dans la mesure où les alcaldes financent leurs aventures commerciales avec au moins une partie des tributs dont ils assurent le recouvrement, parfois ils détournent les revenus du fisc royal

LE GOUVERNEMENT DES ESPAGNOLS

Au fil des courants migratoires, **des royaumes en quelque sorte semblables à ceux de la Péninsule ibérique se mettent en place aux Indes.** La plupart des institutions péninsulaires sont transplantées. Rapidement les Espagnols se scindent en trois groupes : les *vecinos* (nobles, propriétaires nantis de droits municipaux), les *habitantes* (de rang social inférieur ou arrivés tardivement) et les *estantes* (gens de passage, soldats, compagnons, marchands ambulants…). **L'organisation du pouvoir municipal, élaborée selon le modèle castillan, comprend un conseil (*cabildo*)** élu annuellement par les *vecinos*, mais, en cas d'évènement majeur (catastrophes naturelles, épidémies), un conseil exceptionnel, ouvert aux habitants de la ville, existe (*cabildo abierto*). Deux alcaldes ou maires élus pour deux ans président le Conseil (le second aux fonctions de premier adjoint). Ils assurent les fonctions de justice en première instance et sont responsables de l'administration locale. Six échevins (« *regidores* », ou davantage selon l'importance de la ville), sont élus tous les ans, mais, vers la fin du XVIe siècle, ils peuvent devenir propriétaires de leur charge dès lors que la Couronne, en raison de difficultés financières, met en vente un certain nombre de charges.

À cela s'ajoute un grand nombre de fonctions qui sont, selon les cas, électives, vénales ou obtenues par désignation. Les plus importantes sont l'*alférez real* chargé de la bannière royale, symbole de la loyauté des habitants envers la Couronne ; le *procurador* à qui l'on confie la défense des intérêts municipaux face aux autorités supérieures ; l'*escribano* ou notaire qui tient le livre des actes du conseil (*libro becerro*) ainsi que les archives ; le *mayordomo*, enfin, est l'administrateur des biens de la ville (cf. Orientation bibliographique, LAVALLÉ).

Principal noyau de l'organisation politique espagnole locale, et par la suite des intérêts créoles, **le *cabildo* est à la fois une cellule d'autonomie et de résistance à l'échelle continentale.** Dans les territoires les plus éloignés des capitales vice-royales, comme le Venezuela, les villes doivent se suffire à elles-mêmes pour conquérir et pacifier les territoires alentour, aussi bien que pour assurer la défense des côtes contre les attaques des corsaires (cf. La guerre). Divers groupes s'affrontent au sein du *cabildo*, car il réunit les principaux protagonistes de la vie économique. Ses nombreuses attributions ne laissent pas indifférents les grands propriétaires fonciers (*hacendados*). Les intérêts du clergé diocésain, issu des familles locales et chargé de l'administration spirituelle des villes, y exercent une certaine pression, notamment par rapport à la perception de la dîme, principal revenu ecclésiastique prélevé sur la production agricole. De ce fait, les *cabildos* des cités épiscopales comme Puebla et Valladolid (Nouvelle-Espagne) ou Trujillo et Popayán (Pérou) jouissent normalement du soutien politique de leurs évêques lorsqu'ils doivent négocier avec les autorités centrales de chaque vice-royauté. Leur pouvoir politique est, on le voit, considérable, mais il comporte d'importantes limites.

Le pouvoir municipal, trop souvent lié aux intérêts personnels des patriciens de familles organisées en clans, se répartit les charges électives. Ainsi le *cabildo* apparaît comme l'enjeu et le terrain privilégié de rivalités. La Couronne mettra provisoirement fin, aux périodes de guerres intestines aux Andes en 1540, dans certaines villes, à la possibilité d'élire elles-mêmes le Conseil.

D'autre part les **villes en Amérique ne participent pas aux** *Cortes* **de Castille** qui, sur convocation du roi, autorisent le prélèvement des impôts. **Leurs contacts directs avec la Couronne se font par l'intermédiaire des procureurs** individuels **envoyés à Madrid** pour les représenter auprès du Conseil des Indes. **Les *corregidores*** (*alcaldes mayores* en Nouvelle-Espagne) **veillent et contrô-**

lent l'action du conseil municipal. C'est à eux que reviennent les décisions finales, ils jugent en appel et décident en dernière instance de la validité des élections auxquelles ils assistent (cf. La justice). Lorsqu'une ville ne peut élire ses alcaldes ou maires ordinaires, c'est le corregidor qui en prend la charge, assurant à lui seul l'ensemble des fonctions d'une administration à présent soumise de façon directe à la Couronne. Les pouvoirs des corregidores et alcaldes mayores sur les villages indigènes sont aussi considérables, au point qu'ils peuvent détourner la main-d'œuvre au détriment des villes d'Espagnols.

Malgré ses faiblesses et limites, **le *cabildo* est l'élément corporatif le plus sensible aux intérêts locaux, suivi sans doute par l'église diocésaine.** Ses aspirations à plus de justice de la part de la Couronne restreignent de fait la marge de manœuvre du vice-roi. Ce sont d'ailleurs les municipalités et le clergé qui se manifestent avec une vigueur redoublée à la fin du XVIIIe siècle pour faire face aux réformes des Bourbons. Ils jouent également un rôle fondamental lors des guerres d'indépendance.

En synthèse, au XVIIe siècle les autorités royales entretiennent deux systèmes de pouvoir, juxtaposés à l'origine mais de plus en plus enchevêtrés en raison de la coexistence croissante entre différents groupes d'une nouvelle société. Le premier système s'organise autour des populations indigènes. Les caciques restent une pièce hiérarchique importante mais leur position change. Les formes de travail rétribué forcé entraînent les déplacements des populations, leur urbanisation et la désintégration des anciennes chefferies ou principautés. Le second système de pouvoir repose sur la construction des royaumes des Indes comme les homologues des royaumes péninsulaires. Cela suppose l'impact des courants migratoires européens et africains aussi bien que des liens de plus en plus puissants entre les sociétés indigènes et le reste des groupes ethniques et sociaux. Autrement dit, le dynamisme croissant des populations de sang-mêlé, aussi bien que les différences entre les Espagnols péninsulaires et leurs compatriotes nés aux Indes, exercent une influence chaque fois plus puissante sur l'organisation et la mobilité des autochtones.

LE DROIT

Le droit est la base de toute la vie sociale et politique. La création du droit est aux Indes incessante et donne lieu à de nombreux juridictions et fors (*fueros*) garantis par le souverain. Le roi d'Espagne est l'héritier d'**une riche tradition méditerranéenne** qui depuis des siècles **lie le pouvoir à un savoir essentiellement juridique qui fait de la justice l'attribut essentiel de la royauté.** Dès les premiers temps, la législation des Indes a une forte dimension judiciaire et contentieuse en raison des dénonciations vis-à-vis des populations autochtones, ce qui constitue une autre différence avec les pratiques des Anglo-Saxons au nord du continent. Au fil du temps, des mesures spécifiques sont prises qui concernent à la fois les modalités de découverte et de prise de possession, le traitement des indigènes ou les manières de les convertir au christianisme. En raison de ce profil contentieux, **toute loi se doit d'être obéie, mais pas nécessairement mise en exécution** (« *se obedece pero no se cumple* »). **Le roi prévoit toujours la possibilité de faire appel aux tribunaux afin de rendre la justice.**

Basé sur une tradition riche en matière d'élaboration de codes législatifs, le droit des Indes naît pour ainsi dire « au coup par coup », au gré des réalités mouvantes que la conquête rencontre au fil de son expansion, lorsque surviennent des situations conflictuelles exigeant des réponses officielles. Les conseillers de la Couronne sont alors convoqués pour débattre au sein de juntes, dont la première date de 1504. Les plus connues sont celle qui précède les Lois de Burgos (1512-1513) par lesquelles le travail des indigènes se trouve régulé et modéré, puis celle de Valladolid, dont sont issues les *Leyes Nuevas* de 1542-1543 (Lois nouvelles) qui abolissent les *encomiendas*. L'extinction de celles-ci et leur retour à la Couronne y est prévue à la mort des titulaires. La mesure heurte de plein fouet les intérêts des Espagnols, mais aussi des corporations bénéficiaires d'*encomiendas*, telles que les couvents des ordres religieux. L'application des Lois nouvelles est suspendue, alors qu'au Pérou le vice-roi tente d'en forcer l'application au milieu d'une guerre civile (cf. L'histoire, chap. I).

Faire la loi et la faire respecter à deux mille lieues au-delà des mers est un défi. Les Espagnols de la Péninsule aussi bien que ceux des Indes sont les seuls à avoir été confrontés à une entreprise de cette envergure. **Diverses autorités font la loi au nom du roi : les** *audiencias* (audiences) et le vice-roi au niveau local ; le Conseil des Indes en tant qu'instance suprême de gouvernement et de justice à la cour du monarque. La réglementation tente de contrecarrer le peu de fiabilité de lointaines autorités subordonnées. La **méfiance est d'ailleurs systématique à l'égard des fonctionnaires**, ainsi qu'en témoignent des institutions comme le *juicio de residencia* (jugement de résidence), la *visita*, espèce d'inspection conduite par un visiteur envoyé depuis Madrid et pourvu des pouvoirs extraordinaires, ou l'insistance de la Couronne pour que chacun puisse, sans censure aucune, lui faire parvenir directement tout courrier (cf. Le roi et ses institutions).

Les ordonnances royales produites aux Indes comme à la cour du roi intègrent des compilations (*cedularios*) qui servent à la fois à la pratique juridique elle-même et à la constitution d'un corpus législatif. Il suffit de consulter ces *cedularios*, comme celui de Vasco de Puga (1563), celui plus général pour l'ensemble des royaumes de Diego de Encinas (1596), ou encore les *Ordenaçoes Filipinas*, publiées en 1603 pour le Portugal et ses possessions, pour s'en apercevoir. La répétition des ordonnances est souvent réitérée à quelques années d'intervalle, ce qui révèle bien qu'elles devaient souvent tarder à être suivies d'effet.

Depuis 1570 environ, **il existe le projet d'élaborer un grand code de lois,** entreprise à laquelle travaillent des juristes du Conseil des Indes. L'un de ses auteurs les plus actifs est don Juan de Solórzano Pereyra, ancien membre de l'audience de Lima, devenu conseiller du roi (cf. Quelques auteurs majeurs). Il fait publier un traité savant, la *Política Indiana* (1647), basé sur des textes précédents rédigés en latin *De Indiarum iure* (1629) (Le droit des Indes). Organisé en six livres, cet ouvrage expose les principaux critères de l'ordre social des Indes. D'abord les titres qui justifient la découverte et l'appropriation des territoires dans le but de la christianisation des Indiens ; ensuite le principe de la liberté de ces derniers et en conséquent les limites imposées par la législation aux services personnels et aux différents impôts versés par les autochtones, sans oublier les privilèges dont ils bénéficient. Solórzano réfléchit également sur le régime des *encomiendas,* leur justification, et les problèmes d'usufruit et de succession qu'elles posent. Solórzano aborde également les pouvoirs et institutions des Indes : l'Église d'abord, en mettant l'accent sur le patronage du roi et sur la juridiction diocésaine à la tête des évêques. Le gouvernement civil fait l'objet de sa cinquième partie, dans laquelle il insiste sur les municipalités, noyau politique de la nouvelle société auquel devrait être subordonné le mandat des vice-rois ainsi que la gestion des audiences. L'ouvrage s'achève avec le thème du fisc royal et les différentes sources des revenus de l'Amérique ibérique.

Le projet d'une grande compilation, avancé enfin entre les décennies de 1610 et 1630, **doit pourtant attendre l'année 1681 pour sortir des presses** de Madrid (*Recopilación de leyes de los reinos de las Indias*). Cet ouvrage ne recueille pas les lois elles-mêmes, mais plutôt l'ensemble des dispositions en matière de gouvernement pour chacun des royaumes et provinces, ce qui représente vers 1636 déjà plus de 600 gros volumes. Les dispositions en vigueur sont organisées par livres, à la façon des grands corpus romains (Théodose, Justinien), wisigothiques comme le *Liber Iudicum*, ou des grandes compilations du XIIIe siècle sous Alphonse X le Sage. De milliers d'ordonnances promulguées pour les différents domaines s'y trouvent répertoriées, depuis l'époque de la conquête. L'ouvrage est organisé en 9 livres et 193 titres dont : l'Église et ses institutions ; le gouvernement civil et ses corps ; la découverte et le peuplement des Indes ; le gouvernement des Indiens ; les institutions judiciaires ; le fisc royal et la *Casa de Contratación* de Séville, chargée de régler le monopole du commerce atlantique. Le code n'est pas conçu comme un traité de jurisprudence à la manière du droit positif des sociétés modernes qui suppose l'égalité de tous devant la loi. Comme dans les lois castillanes du Moyen Âge, notamment *Les Partidas* d'Alphonse X, le livre initial est consacré à la foi catholique, principe et fondement du pouvoir.

LA JUSTICE

Manifestation par excellence du pouvoir que le droit confère au souverain, **faire appel à la justice constitue un acte quotidien en Amérique ibérique** auprès de très diverses instances et cours d'appel, selon l'affaire dont il s'agit et les individus ou corporations mis en cause. **Les principaux fonctionnaires** royaux, laïcs aussi bien qu'ecclésiastiques, **sont des juges**. Dans les villes, la juridiction ordinaire revient aux *alcaldes* ordinaires, élus par les *cabildos* (conseils), et dont les charges échappent à la vénalité. Ils siègent régulièrement pour entendre les procès, mais leurs pouvoirs se trouvent limités par les *corregidores* ou *alcaldes mayores* qui ont la haute main sur

89

la police et exercent les fonctions de juges en première instance. Les *audiencias* sont des tribunaux d'appel en deuxième instance. Elles disposent de trois chambres, deux pour les affaires générales et la justice civile, une troisième pour la justice criminelle. Enfin le Conseil des Indes est le tribunal suprême qui juge les procès en dernière instance (cf. Le roi et ses institutions).

L'administration de justice

Il existe des juridictions particulières qui ont leurs propres tribunaux et leurs compétences. La juridiction ecclésiastique que possède l'évêque dans son diocèse couvre des causes religieuses – conflits concernant les clercs, les affaires matrimoniales, l'usure, la dîme, etc. La fonction de juge ecclésiastique en première instance est exercée, au nom de l'évêque, par le curé titulaire de chaque paroisse. **Les Indiens**, objet d'une législation extrêmement abondante, **deviennent très tôt des plaideurs acharnés**, et ils sont dotés d'un tribunal spécialisé dès les années 1580 (*Juzgado de indios*). Le tribunal du Saint-Office enfin, chargé d'assurer l'orthodoxie de la foi, est pourvu d'une juridiction extraordinaire qu'il exerce également au nom du roi (cf. L'Inquisition, chap. VI).

Les habitants des Indes sont volontiers procéduriers, ils aiment recourir à la justice pour régler leurs conflits avec leurs voisins. La multiplication des juridictions permet en outre d'échapper à celle qui vous poursuit. Avocats, procureurs, notaires, juges et greffiers pullulent dans les villes, et la durée des procès s'allonge au fil des décennies.

LA GUERRE

Qu'il s'agisse des Espagnols, des Aztèques ou des Incas, les sociétés qui s'affrontent et coexistent en Amérique espagnole à partir du XVIe siècle sont depuis longtemps organisées pour la guerre. Or les populations autochtones se révèlent fragiles devant la conquête espagnole. Ce qui distingue les Espagnols des autres Européens de l'époque est sans doute que, traditionnellement, ils cherchent à conquérir des territoires peuplés plutôt qu'à tuer les habitants. Ils agissent donc de préférence par capitulations, ce qui veut dire par traités de paix assortis de conditions diverses. Lorsque les populations résistent les armes à la main, on « fait un exemple » (on massacre les combattants et on vend comme esclaves les non-combattants) ; on obtient ainsi la reddition des autres villes ou populations qui signent des capitulations. **La conquête des Indiens**, qui ne sont pas des « infidèles » mais plutôt « nouveaux venus dans la foi », **est caractérisée par le degré de leur résistance à l'acceptation de la souveraineté du roi catholique**. Depuis la conquête des Antilles, le refus du christianisme et la pratique, réelle ou supposée, du cannibalisme, entraînent l'esclavage et la réduction des Indiens à la vie urbaine.

La guerre est toujours associée à un débat juridique qui amène ses défenseurs ou ses détracteurs à s'interroger sur la nature même des Indiens. Les conquêtes se suivent sans se ressembler, et elles donnent lieu à d'intenses discussions sur l'esclavage, la servitude, les formes d'alliance, la subsistance des coutumes et institutions préhispaniques, le travail forcé ou le paiement des tributs (cf. Le droit).

La conquête des noyaux des civilisations précolombiennes prend la forme de la capture du principal chef indien ainsi que **d'une occupation rapide des territoires** qui suppose la substitution des autorités centrales et la mise en valeur immédiate des ressources au profit des occupants. Cela concerne des populations autochtones dotées d'une organisation politique préexistante complexe et qui doivent tout de suite affronter un long processus d'hispanisation.

En revanche, **la guerre frontalière ou sur les marges de l'empire est différente**, son rythme est beaucoup plus lent en raison de la résistance acharnée et permanente des populations nomades, beaucoup plus difficiles à contrôler. L'état de guerre s'étend parfois au-delà de 1620. En l'absence de hiérarchies autochtones préexistantes qu'il suffirait de décapiter et de remplacer, les Européens se font accompagner de leur côté par des contingents d'Indiens sédentaires déjà en voie d'hispanisation. Ce type de guerre suppose un peuplement espagnol simultané qui se traduit par l'émergence d'une série de villes qui assurent les moyens d'une défense permanente contre les Indiens rebelles. Elle ne peut pas reposer sur un système indirect de domination s'appuyant sur les anciennes chefferies indigènes et doit donc procéder à l'établissement direct des institutions espagnoles. La guerre contre les Araucans dans le Chili et celle contre les Chichimèques dans le centre nord de la Nouvelle-Espagne en sont les meilleurs exemples.

Les troupes des conquistadors ne constituent pas une armée régulière mais plutôt une association des habitants du lieu (*pobladores*) qui élit leur capitaine. Les instruments et les techniques de guerre des peuples indigènes sédentaires ne peuvent pas endommager ceux pourvus d'épées, de casques et des boucliers en acier. Le cheval joue également un rôle essentiel, dans la mesure où il est tenu au début pour une espèce de monstre meurtrier. Les Espagnols ou Portugais qui en possèdent sont en outre les chefs des expéditions. Une poignée de vingt cavaliers (*caballeros*) munie d'arque-

Scène de guerre de conquête (Nouvelle-Espagne, Ca. 1525)

buses peut abattre toute une armée indigène. La mortalité parmi les Espagnols est due aux maladies et à des guerres intestines. Les Européens au xvie siècle possèdent un avantage technique implacable sur les populations sédentaires.

Les longues années de *pax hispanica* doivent d'autant plus être valorisées lorsqu'on réalise que **les Indes occidentales sont l'objet de la convoitise d'autres puissances européennes dès la seconde moitié du** xvie **siècle.** Les attaques des pirates et des corsaires sur les côtes du continent, certes peu fréquentes, hantent cependant les esprits et alimentent la crainte permanente d'une invasion. Elles suscitent en outre la construction de forteresses et le ravitaillement des ports, surtout à partir de la fin de la trêve avec les Hollandais en 1621. Les attaques contre les îles des Caraïbes, les plus dévastatrices, représentent le danger principal. De même la présence permanente de l'ennemi dans le détroit entre La Havane et la côte de Floride, le lieu de passage par excellence, cherche à perturber le système des flottes, moyen unique et essentiel de communication avec la cour du roi (cf. Le commerce, chap. IV). L'envoi d'une armée régulière à Santiago du Chili pour lutter contre les Araucans vise en outre à éviter que les puissances européennes ennemies obtiennent une alliance avec les Indiens.

Aucun pirate n'a jamais attaqué une flotte chargée d'argent. Sans patrie fixe, il ne dispose que de deux ou trois navires, il est donc suicidaire d'attaquer une flotte armée de quinze ou vingt unités. Tout au plus les pirates s'emparent-ils des bateaux égarés des flottes, isolés en conséquence. **Les vrais ennemis sont les corsaires** dont les navires de combat sont financés par les ennemis du roi d'Espagne, notamment les Hollandais, les Français et les Anglais. Jusqu'à leur fin, au début du xviiie siècle, les corsaires réussissent à affaiblir la monarchie espagnole dont les dépenses en matière de défense sont énormes. Un galion dit « d'argent » est chargé de protéger la flotte du Roi Catholique. Il dispose d'une structure renforcée de plomb ainsi que d'une trentaine de « bouches de feu ». **La défense est** en outre **confiée à des flottes subsidiaires** dont celle des galères consacrées à surveiller les côtes ibériques lors des retours des Indes, les *armadas* des Caraïbes basées à Cartagena de Indias, enfin l'*armada* de Barlovento, constituée formellement en Nouvelle-Espagne à partir de 1636. La sécession du Portugal et de ses domaines d'outre-mer en 1640 donne une importance accrue au port de Buenos Aires dont les possibilités défensives se voient renforcées (cf. Les transports, chap. IV).

Seuls 25 à 30 % des navires traversant l'océan entre 1561 et 1700 n'ont subi ni des attaques ni les effets dévastateurs des tempêtes. Ces accidents de la navigation transatlantique portent préjudice notamment à la correspondance. Soumis à un état de guerre presque permanent sur l'Atlantique, les habitants des Indes se trouvent confrontés à une distance qui dépend beaucoup plus des circonstances imprévues que du nombre de lieues que les navires doivent parcourir. Les années 1625 à 1634 correspondent à une augmentation des activités guerrières sur l'océan. La flotte de 11 navires qui quitte Veracruz, l'été 1628, est interceptée, le 8 septembre, par les corsaires hollandais à quelque distance de la baie cubaine de Matanzas. Les deux navires du trésor, chargés de 800 000 livres simplement en argent, sont capturés. C'est la perte la plus considérable de la « course des Indes » (*la carrera de Indias*). **Pourtant les sinistres et les attaques corsaires sont relativement rares face aux attaques des flottes de guerre anglaises ou françaises.** En 1656 et 1657, les Anglais détruisent deux flottes espagnoles, celle de *Tierra Firme* devant Cadix et celle de Nouvelle-Espagne face au port de Tenerife.

La création et ravitaillement des escadres pour garder les côtes des ennemis sont parallèles à la construction et au renforcement des forteresses, des bastions et des remparts sur les ports. Le vieux fort de San Diego, à Acapulco, est renforcé entre 1616 et 1624 pour résister aux attaques des Hollandais. Suite à l'occupation de la Jamaïque en 1655 par les Anglais, ainsi qu'à l'assaut et au pillage des ports de Portobelo et Panama, on entreprend vers 1660 la reconstruction en totalité du vieux port de Buenos Aires.

En dépit de l'importance de la guerre, **la société armée issue de la conquête s'organise en milices municipales** à caractère honorifique. Elle ne peut pas compter sur des soldats professionnels qui, eux, se trouvent éparpillés sur quelques garnisons portuaires ou dans les postes frontaliers. Ces milices, dont l'importance est moindre, permettent cependant à quelques groupes dont les sang-mêlé d'aspirer à une certaine reconnaissance sociale.

Au XVIIIe siècle, **sous les Bourbons, le système inopérant des milices municipales est abandonné lorsque la Couronne envisage la défense de l'empire.** En 1763, celles de Cuba sont totalement réorganisées et serviront de modèle à d'autres colonies. Une double hiérarchie est instaurée avec des officiers et sous-officiers. Parallèlement l'obligation du service est élargie. Dans une société de plus en plus métissée, les compagnies de milices deviennent de plus

La forteresse et le port d'Acapulco

en plus colorées. Le système ne peut fonctionner qu'à deux conditions. D'abord trouver un encadrement vétéran suffisant en faisant appel à l'armée d'Espagne ; ensuite pouvoir compter sur l'accord des élites créoles. Avides de prestige et des privilèges, celles-ci jouent le jeu. Les caisses royales les plus riches, celles de Lima et Mexico, doivent financer l'effort. Cette organisation s'avère essentielle pour comprendre les guerres d'indépendance. Toutes les milices ne se rallient pas nécessairement au camp de la Couronne, et quelques officiers participent aux premiers gouvernements des nouveaux pays.

LES ORDRES MILITAIRES

Comme la plupart des institutions péninsulaires, les ordres de chevalerie hispaniques d'origine médiévale sont transplantés aux Indes. Cependant ils n'exercent aucune activité guerrière mais proposent un idéal de vie aristocratique et chevaleresque. Sous un strict contrôle de la Couronne, l'admission dans les ordres de Calatrava, Santiago et Alcantara constitue, comme dans l'Espagne ou le Portugal de l'époque, un critère de noblesse. Au Brésil, l'ordre du Christ est le plus célèbre. L'entrée dans l'un de ces ordres constitue en effet une consécration sociale. Néanmoins l'exigence de l'*hidalguía* des quatre grands-parents du candidat est parfois un handicap pour les personnes nées sur le sol américain, notamment dans les villes de moindre importance. En dehors des capitales vice-royales, Mexico et Lima, les entrées dans les ordres sont prononcées avec parcimonie par le roi. Faute de l'*hidalguía* requise, certaines familles font valoir leurs services à la Couronne. Ils doivent en outre recourir soit à la falsification des généalogies, soit à la dispense. Sur l'ensemble de 865 chevaliers nés aux Indes, nommés pendant toute la période des vice-royautés, 503 sont des créoles de la juridiction relevant du tribunal royal (*audiencia*) de Mexico ou de celui de Lima. Neuf audiences se partagent ainsi les 362 nominations restantes (cf. L'honneur et la réputation, chap. X).

Des conditions autres que l'*hidalguía* semblent avoir également joué un rôle important, notamment au Brésil. Ainsi l'Indien Arariboia a été investi du titre de chevalier de l'ordre du Christ aussi bien que de la charge de « capitaine de mer » en raison de son commandement contre les Français à Rio de Janeiro dans les années 1560. Mais des métis et des Noirs, s'étant signalés au XVIIe siècle par leur action défensive contre les Hollandais, méritèrent également le titre de chevaliers.

Admission dans les ordres militaires en Amérique espagnole, XVIᵉ-XIXᵉ siècles

	Santiago	Calatrava	Alcántara	Total
Total de chevaliers admis durant la période	9788	4251	2383	16422
Nombre total des créoles	569	198	98	865

LES FINANCES

L'Amérique espagnole hérite la notion de « fisc », c'est-à-dire de trésor public, qui se consolide au fur et à mesure de l'instauration des autorités royales. **Les impôts directs sont perçus sous forme des tributs spécifiques** dus par les non-Européens, notamment par les Indiens, **ainsi que du cinquième du butin de guerre et de l'extraction du métal précieux.** Dès la conquête, la Couronne bénéficie de l'entreprise par le moyen des accords (*capitulaciones*) qui lui réservent une partie du butin. Les écrits des conquérants nous décrivent les Indes mais font aussi l'inventaire de leurs ressources, avérées ou potentielles, et témoignent donc d'un regard comptable (cf. Chroniques et histoires, chap. VII). De façon peu contrôlée avant 1540, les officiers de la Couronne prélèvent le quint royal (équivalent au cinquième des biens de conquête) et se font assister par les caciques pour le recouvrement du tribut acquitté annuellement par chaque chef de famille des masses indigènes. Les Lois nouvelles (*Leyes Nuevas*) (1542-1543) prévoient que les tributs ne doivent excéder ceux des temps préhispaniques et désignent les *audiencias* pour déterminer le montant de la taxation. Elles mettent bon ordre aux abus administratifs et comptables des officiers du Trésor. Cependant il faut attendre les décennies de 1560 et 1570 pour que soient adoptées des mesures qui rationalisent et accroissent la rentabilité des tributs (cf. Le gouvernement des Indiens).

En tant que taxe directe, le tribut est un élément essentiel d'intégration sociale. Il fournit des revenus aux *encomenderos* et aux élites autochtones. Il instaure le maillage pour l'instruction religieuse des Indiens, même si ceux-ci sont exemptés de la dîme pour les produits américains. Mais le tribut représente également une arme économique. Au XVIᵉ siècle, on exige son paiement en nature, de façon à assurer l'adaptation de l'économie indigène aux produits européens, comme le blé, ou exportés, comme la cochenille. Plus tard l'impôt monétaire est généralisé, avec l'intégration de l'économie autochtone aux marchés. L'Indien vend sa production de maïs et contribue au ravitaillement des villes et des mines, il devient muletier ou se fait embaucher pour un salaire.

Pour les catégories plus touchées par l'impôt au Pérou, le tribut représente de 10 à 12 pesos par an, alors que le salaire mensuel d'un muletier à Cuzco en 1680 est de 5 à 11 pesos (cf. La monnaie, chap. IV). Avec les charges ecclésiastiques (rétributions aux ministres pour l'administration des sacrements), un Indien péruvien doit s'acquitter de deux à trois mois de salaire. Il semble y avoir des charges fiscales plus lourdes dans le monde andin. En Nouvelle-Espagne centrale, le tribut oscille entre 2 pesos et 2,5 pesos, alors que les travailleurs libres des *haciendas* reçoivent un salaire de 4 pesos par mois. Un mois de salaire leur suffit pour régler le tribut annuel. Une richesse supérieure et les conditions plus diversifiées de la Nouvelle-Espagne expliquent sans doute cette différence. Entre 1701 et 1720, le tribut rapporte 6 200 000 pesos et représente près de 14 % des rentrées fiscales de la vice-royauté. Dans les mêmes années, la caisse de Cuzco ne rapporte que 400 000 pesos, mais représente 25 % des recettes (cf. Orientation bibliographique, CALVO 1).

Mais, comme en Espagne, la majeure partie des revenus de la Couronne provient des impôts indirects qui grèvent le commerce, c'est-à-dire l'*alcabala* ou taxe *ad valorem* sur les douanes et la circulation des marchandises. Le roi bénéficie en outre d'une partie des ressources ecclésiastiques, dont la dîme, perçue annuellement sur tous les chrétiens, soit 1/10 de la production agricole et de l'élevage. 2/9 de la dîme vont chaque année aux caisses royales pour l'entretien des missions ou la guerre contre les infidèles. La Couronne perçoit en outre le produit des bulles de croisade et des emprunts forcés.

Un système fiscal rappelant celui de l'Espagne, mais plus simple avec de nombreuses exemptions et concessions, se met ainsi peu à peu en place. Vers la fin du XVIᵉ siècle, devant les difficultés grandissantes de ses finances européennes, la Couronne entreprend d'aligner la fiscalité des Indes sur celle d'Espagne. C'est en 1591 que l'*alcabala* s'élève à 2 % sur les transactions commerciales. L'impopularité de la mesure suscite des mécontentements, dont une longue série de troubles à Quito en 1592 et 1593.

Dans toute région susceptible de contenir des richesses soumises aux prélèvements fiscaux **existe une caisse royale** (*caja real*) confiée à trois fonctionnaires – le trésorier, le comptable (*contador*) et le *factor* – par le Conseil des Indes. Un observateur (*veedor*), chargé de contrôler les métaux précieux et de prélever la part du roi, qui s'élevait à 20 %, peut être nommé essentiellement dans les régions minières, alors que des officiers du fisc (*oficiales reales*) ont en responsabilité les coffres renfermant des fonds. Ici encore il s'agit de coffres munis de trois serrures à ouverture simultanée (*caja de tres llaves*). Dans chaque capitale vice-royale, des caisses centrales recueillent les fonds des caisses royales disposées en grand nombre sur l'ensemble des Indes. Les comptes des fermiers remontent ainsi pour vérification auprès des cours de comptes ou tribunaux fiscaux (*tribunales de cuentas*) installés en 1605 à Mexico, Santa Fe de Bogotá et Lima, et chargés de vérifier les documents en provenance des *cajas*. L'ensemble de la politique et des problèmes fiscaux est enfin examiné par les *juntas de hacienda* (juntes du trésor), réunies sous la présence des vice-rois ou de présidents d'*audiencia*.

Les officiers des finances, très majoritairement espagnols péninsulaires de naissance, **se transforment en véritables représentants des intérêts créoles** auprès de diverses instances du pouvoir dans les vice-royautés. Profitant de leurs responsabilités, ils font bénéficier de leur pouvoir tous ceux qui, aussitôt après leur débarquement, leur offrent leur appui. Garanties, alliances matrimoniales, amitiés et partenariat économique transforment bien vite ces immigrants en créoles par intérêt autant que par attachement (cf. La famille et la parenté spirituelle, chap. X).

Le roi perçoit jusqu'à 34 % de la valeur des cargaisons de retour des flottes, qui incluent la part de la production des métaux précieux qui lui revient ainsi que des donations, des tributs et d'autres droits fiscaux. Tout cela ne représente qu'un tiers de ses revenus totaux, mais lui offre deux avantages, malgré les impondérables de la production minière ou du retard des flottes : d'abord la disponibilité immédiate d'argent liquide dès l'arrivée des convois et son affectation à des dépenses militaires en Europe ; ensuite la solidité de l'aval vis-à-vis des créanciers allemands et génois dont dépend en grande partie la situation financière de la Couronne (cf. Orientation bibliographique, Berthe).

Celle-ci cependant ne parvient pas à équilibrer recettes et dépenses. D'où la nécessité de recourir à l'emprunt. **Les véritables maîtres des finances sont aussi ceux dont les entreprises s'éten-**

dent hors des Indes, de Manille à Cadix : les grands marchands de Mexico et de Lima (cf. Le commerce, chap. IV). Ils sont les fournisseurs et les banquiers des mineurs et tiennent la position clé d'intermédiaires entre les mines et les hôtels de monnaie ; sans leur entremise, pas d'argent liquide. La Couronne elle-même ne peut engager de grosses dépenses que grâce à leurs avances. Le fruit du prélèvement fiscal pour l'envoi de métaux précieux en Espagne – pour la plupart des barres d'argent et les « pièces de huit » (cf. La monnaie, chap. IV) ou principales pièces de monnaie qui animent les circuits de l'économie européenne – ne représente guère, comme on l'a vu, que 20 à 30 % de la valeur des métaux officiellement enregistrés au nom des marchands. Plus déterminant, surtout pour la seconde partie du XVIIe siècle, est le soutien de la Couronne qui allège sa pression fiscale pour venir en aide aux secteurs miniers en difficulté. Dès 1711, Zacatecas (Nouvelle-Espagne) bénéficie ainsi d'un abaissement des droits fiscaux (du quint à la dîme) étendu à l'ensemble des mines des Indes en 1723. En 1781, ces mines bénéficieront d'une exemption des impôts indirects (cf. Les mines, chap. IV).

Une partie des revenus fiscaux reste aux Indes. Elle sert aux besoins de l'administration et à la défense des vice-royautés ; à la circulation toujours rare d'argent liquide et à l'accumulation de métaux précieux sous ses formes les plus diverses : l'ornementation et l'orfèvrerie des églises (cf. Les arts, chap. VIII), les fortunes des vice-rois et d'autres autorités. De façon générale, à partir des années 1680 on constate une augmentation considérable et sans précédent des montants de la dîme dans les principales cathédrales suite à la décision du Conseil des Indes de faire payer cette taxe aux ordres religieux qui en avaient été jusqu'alors exemptés. Les excédents qui en résultent sont prêtés par les cathédrales aux grands propriétaires fonciers.

Comme pour le reste de l'économie et de la société, **les réformes des Bourbons visent aussi les finances royales à partir de la seconde moitié du XVIIIe siècle.** Les premières mesures, sous Philippe V, concernent les hôtels des monnaies et l'approvisionnement de mercure, essentiel à l'exploitation des mines. Mais, comme dans le domaine administratif, c'est sous Charles III (1759-1788) que s'affirme une politique d'ensemble qui tend à moderniser l'administration financière, les méthodes comptables, et à accroître le rendement des impôts au profit de la métropole, notamment à travers l'augmentation des tributs et d'une gestion plus efficace des monopoles fiscaux de la Couronne tels que le tabac, le papier timbré ou les cartes à jouer (*naipes*).

IV

LA VIE ÉCONOMIQUE

Malgré l'inégalité des échanges due à l'extrême importance des métaux, **le grand commerce est l'aspect primordial de l'économie** des Indes. Il est à la fois le support et le véhicule de la mobilité des sociétés dans l'immensité des espaces, et il relie les pôles de la première économie internationale. Le commerce s'avère en outre essentiel à la constitution des réseaux familiaux et politiques liant les territoires à la Péninsule Ibérique. **La production minière est le moteur principal du commerce** mondial et le secteur responsable d'une politique de plus en plus dirigiste de la Couronne en matière économique. **L'agriculture et l'élevage**, dont la production est la plus abondante, **façonnent enfin**, comme nulle autre composante, **les sociétés et les paysages** de l'Amérique ibérique.

LE COMMERCE

L'économie des Indes est une gigantesque entreprise qui met en rapport de multiples intérêts par un système maritime de communications connu sous le nom de la *Carrera de Indias,* la course des Indes. Il s'agit d'un immense réseau, le premier vraiment à échelle du monde. Un grand commerce s'inscrit dans ce contexte et relie entre elles les possessions européennes, américaines et asiatiques. Mal connu, le commerce intérieur s'appuie sur les rapports entre les autorités royales et les populations indigènes, mais les autres groupes y participent également par l'intermédiaire des réseaux dérivés du grand commerce.

Les intérêts de la Couronne, pour la plupart fiscaux et financiers, sont représentés à Séville par la *Casa de Contratación* pendant les XVIe

LA VIE ÉCONOMIQUE

Le port de Séville

et XVIIᵉ siècles, puis à Cadix à partir du début du XVIIIᵉ. Cette institution organise les convois des galions, contrôle l'état des navires et les rôles d'équipage, vérifie les capacités des pilotes et les listes de passagers, perçoit les droits de douane au départ et à l'arrivée. Elle travaille également en relation avec d'autres organismes, notamment les consulats des marchands de Séville et de Cadix, qui sont très puissants. Elle est enfin aussi liée à la *Universidad de mareantes*, une association de pilotes et de propriétaires de vaisseaux qui jouissent d'un certain nombre de pouvoirs. À partir des années 1560, **la Couronne instaure un monopole sur tout le trafic, qui** privilégie le réseau marchand installé à Séville et en même temps **cherche à empêcher le trafic commercial et la concurrence des autres puissances européennes** (cf. La guerre, chap. III). **Il exerce également un contrôle sur les produits des Indes et sur les échanges entre les possessions américaines.**

Derrière les consulats de marchands, qui sont à la fois des chambres et des tribunaux de commerce, on devine la pression des banquiers (génois et allemands pour la plupart) ainsi que des négociants étrangers et des secteurs de l'économie européenne liés au vaste marché des Indes occidentales. De l'autre côté de l'Atlantique, les consulats de Mexico et de Lima, fondés respectivement en 1593 et 1627 sur les modèles de ceux de Burgos et Séville, constituent les représentants des consommateurs. Les organes centraux comme le Conseil des Indes, celui des Finances ou la *Companhia Portuguesa das Indias Orientais* (créée en 1587) ont souvent de la peine à arbitrer entre tant d'intérêts divergents. Malgré les nombreuses imperfections de ce système, sa lenteur et son coût énorme, il se montre solide et dure assez longtemps. Les accidents de mer, la piraterie et la guerre maritime ne coupent jamais complètement les communications. Lorsque la crise financière et le marasme économique ralentissent le rythme des convois, après 1630, les Indes ne cessent pas de recevoir les marchandises, le mercure, les dépêches, les livres et les hommes grâce auxquels elles participent de la vie et de la civilisation de l'Espagne (cf. Orientation bibliographique, BERTHE).

Mexico et Lima sont les destinations d'un double réseau de liaisons maritimes. Après avoir fait une escale aux îles Canaries, les flottes de la Nouvelle-Espagne (*flotas*) et les *armadas* de Terre-Ferme (*galeones de Tierra Firme*) divergent leur route dans les Petites Antilles. Les premières doublent la pointe occidentale de Cuba pour atteindre Veracruz après un arrêt à La Havane. Les galions gagnent Cartagena et le relais de l'isthme à Puerto Belo. Ensuite, et à dos de mule, caisses et ballots arrivent à Panama pour repartir vers le Callao sur le Pacifique. **La rade de La Havane est le point de concentration des convois au retour vers l'Europe.** Par la voie des Bermudes et des Açores, ils affrontent le dangereux passage souvent infesté

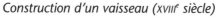

Construction d'un vaisseau (XVIIIᵉ siècle)

LA VIE ÉCONOMIQUE

d'ennemis. **Le trafic du Pacifique, entre Acapulco et Manille, est plus limité**, malgré son importance commerciale. Dans le but de restreindre les arrivages de métal blanc en Extrême-Orient et d'interdire la réexpédition de marchandises de Chine vers le Pérou – sans succès –, il est réduit à deux navires par an. La rotation des grands galions, appelés *Naos de China*, prend une année dans les cas les plus favorables. **Sur ce trafic à longue distance se greffe une liaison Acapulco-Callao**, sans cesse remise en question par le consulat de Séville jusqu'à son interdiction à partir de 1634, l'accusant de détourner vers la Chine l'argent du Pérou. La contrebande reprend toutefois cette liaison.

En dehors des métaux précieux, il n'y a pas de véritable contrepartie aux produits manufacturés européens qui inondent les Indes : vins et eaux-de-vie d'Espagne et de France ; huile d'olive, safran ; papier de Gênes et de France ; fer de Biscaye ; caisses de livres, de tableaux et de gravures ; et surtout d'étoffes : toiles de Rouen, de Bretagne et de Hollande, velours d'Italie (cf. Les livres, chap. VII ; Centres et régions artistiques, chap. VIII ; Le vêtement, chap. X). Quelles marchandises les Indes offrent-elles en échange ? Essentiellement des produits agricoles ou des matières premières : des cuirs, du sucre, du tabac, du cacao ; des produits de teinture comme la cochenille, l'indigo, le bois brésil ou campêche ; les plantes médicinales. Cependant l'or et surtout l'argent représentent plus de 95 % de l'expédition des marchandises vers l'Europe, même si sucres, cuirs et cochenille progressent. Dans la seconde moitié du XVIIIe siècle, lorsque l'économie de la Nouvelle-Espagne est en voie de diversification, les métaux représentent encore 75 % des exportations, la cochenille 12 %, le sucre 3 %. Les chargements en conséquence ne suffisent pas à équilibrer les importations de produits fabriqués. Ce déficit des échanges se solde donc par l'envoi de métaux précieux, barres d'argent, pièces de huit (cf. La monnaie) qui, à Séville, animent les circuits de l'économie européenne. **L'industrie espagnole ne peut fournir les produits dont les Indes ont besoin.** Sur la flotte de 1686, à destination de Veracruz, les produits espagnols ne représentent que 5,5 % de la cargaison totale, contre 35 % pour les français, 15 % pour les anglais, 12 % pour les hollandais. En contrepartie, sur les 23 millions de pesos débarqués à Cadix en 1682, 13 sont destinés à l'étranger.

Cette hémorragie est forte aux moments d'extrême faiblesse de l'Espagne, surtout entre 1650 et 1720. Elle se manifeste par l'intervention étrangère dans les parties les plus éloignées des Indes, dans

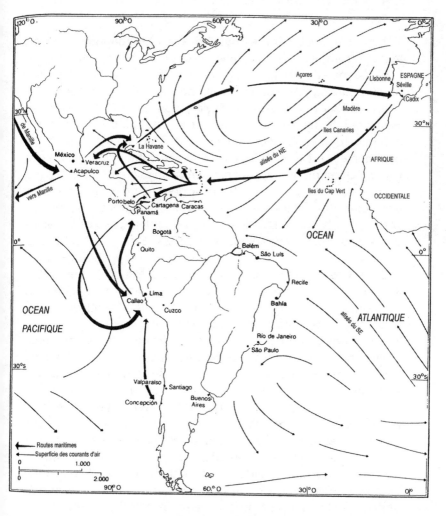

Routes maritimes du grand commerce

un commerce semi-légal ainsi que par la contrebande. De 1648 à 1702 au moins, une centaine de navires « non autorisés » entrent dans le Rio de la Plata, 13 à peine étant espagnols, 62 étant hollandais et 30 portugais. Ils amènent 10 000 à 12 000 Noirs, sans compter le sucre, les épices et autres produits comme le fer et les textiles. L'essentiel de ce trafic ne s'arrête pas à Buenos Aires, une ville encore dépourvue d'arrière-pays en 1680, mais remonte vers le haut Pérou ou atteint les marchés intérieurs du Brésil.

Une espèce de révolution a lieu à partir de **l'arrivée des Bourbons sur le trône d'Espagne**. La guerre de Succession (1701- 105

LA VIE ÉCONOMIQUE

1713) **ouvre les territoires des Indes aux compagnies de commerce étrangères** afin de limiter la contrebande au profit fiscal de la Couronne et d'encadrer le commerce dans les régions périphériques : Caraïbes, Amazonie, Philippines. Toutefois la mesure heurte les marchands de Cadix, de Séville, mais surtout les intérêts des Espagnols d'outre-mer, les créoles. À partir de 1769, les interdits sur le commerce inter-colonial sont assouplis, et **en 1778 la « liberté de commerce » est introduite** dans l'empire espagnol. Il s'agit de la généralisation du monopole commercial andalou à l'ensemble des ports espagnols, ce qui confirme la présence des Galiciens, des Basques et des Catalans dans la *Carrera* (cf. Courants migratoires, chap. III). La Nouvelle-Espagne n'accède pourtant pas à cette « liberté » du commerce hispanique avant 1789. Enfin, c'est probablement un sentiment d'impuissance, combiné à l'appât du gain, qui oblige la Couronne à ouvrir les ports des Indes aux neutres, en 1797, avec la reprise du conflit hispano-anglais. À partir de cette date on trouve des commerçants des États-Unis partout, à la cour vice-royale de Mexico, ou résidant à Buenos Aires.

La consolidation des économies des vice-royautés **est marquée par une émancipation progressive** vis-à-vis de la Péninsule **des deux consulats des marchands de Mexico et de Lima**, sans que jamais leurs intérêts soient antagonistes. Une explication peut être trouvée dans les groupes sociaux qui les associent à travers des liens familiaux. En vertu d'une grande mobilité, les hommes prennent les mêmes routes que les marchandises, surtout celles qui mènent à Séville, port principal de départ où la tentation des Indes devient irrésistible. **Certains migrants consolident de véritables groupes de pouvoir** à Zacatecas, à Puebla ou à Potosi, où l'on peut constater leur volonté de préserver les biens d'une famille **de deux côtés de l'Atlantique** (cf. La famille, chap. X). En ce sens la distance ne change rien aux pratiques inhérentes à cette conception. La création des vastes enclaves commerciales et maritimes basques dans les villes d'Andalousie orientale n'est que le premier épisode de leur succès ultérieur en Amérique espagnole. Par ailleurs, certains de ces groupes ont une tête en Espagne.

LE COMMERCE INTÉRIEUR

Le commerce des Indes est beaucoup moins bien connu que le grand trafic maritime international. Les activités des marchands ambulants et des propriétaires de boutiques, l'écoulement des étoffes, des vins et du chocolat n'est pas une matière facile à saisir, surtout en raison du monopole exercé sur de nombreuses marchandises et dont bénéficient les *alcaldes mayores* et les *corregidores* (cf. Le gouvernement des Indiens, chap. III). Ces fonctionnaires mettent en continuité les villages indiens et le grand commerce à travers la vente et l'achat forcés de marchandises. Par cette pratique permanente, on écoule pêle-mêle mules, cochenille, textiles et tout ce qui peut être commercialisé. Toutefois certaines institutions ecclésiastiques participent en Nouvelle-Espagne et au Pérou aux activités commerciales : les hôpitaux dans des villages sont souvent des auberges. De même les confréries sont à la fois des grands propriétaires terriens, des éleveurs et surtout des entreprises commerciales. Au Yucatan, elles organisent deux fois par an des expéditions fluviales dans le Tabasco pour aller chercher le cacao de la région (cf. Orientation bibliographique, CALVO 1).

Héritiers de la tradition médiévale du petit commerce exercé dans les marchés hebdomadaires, les Espagnols le favorisent aux Indes. Cette institution est d'ailleurs vivace, avant la conquête, parmi les Aztèques sous le nom de *tianguis*, et elle connaît une grande fortune à travers le continent, surtout au cœur de l'empire incaïque où le commerce privé était réduit. À Mexico, à tous les coins de rue, vendeuses de fruits, d'ail ou de cacao proposent leurs marchandises au passant, malgré les règlements qui les contraignent à s'installer dans les marchés et sur les places. Les mesures prises pour les retirer des rues n'ont pas eu plus d'effet qu'elles n'en ont actuellement. **Le commerce indigène se révèle si nécessaire à l'approvisionnement des grandes villes** qu'on encourage les Indiens à venir y vendre leur maïs et leurs dindes (Les capitales, chap. II).

Presque partout **le marché reste, aujourd'hui encore, un élément essentiel de la vie municipale et régionale.** Les grands villages et leurs agglomérations subordonnées (*cabeceras* et *sujetos*) se répartissent les jours de marché. Le troc et les produits indigènes y sont prédominants, mais on peut y commercialiser aussi du pain, de la viande, de produits imités de la production européenne. Les riches boutiques des orfèvres d'une capitale comme Mexico servent d'ornement à la rue de *La Platería* à cause des beaux ouvrages que l'on y voit. Celle de Saint-Augustin est remarquable par les marchands de soie, enfin sur la rue *Tacuba*, la plus longue, sont installés en 1630 les marchands de fer, d'acier et de cuivre.

Cependant les véritables maîtres du commerce intérieur sont aussi ceux dont les entreprises s'étendent de Manille à Cadix. **La**

reprise de la production minière à la fin du XVIIe **siècle sera** d'ailleurs **possible grâce à une accumulation des capitaux d'origine commerciale.** Ces marchands monopolisent les cargaisons de galions et des flottes à Acapulco, à Veracruz, au Callao. Ils sont également les fournisseurs et les banquiers des mineurs et tiennent la position clé d'intermédiaires entre les mines et les hôtels des monnaies (*mercaderes de plata*). Ils exercent des charges dans les *cabildos* de Lima, du Potosi, de Mexico, de Puebla, et recouvrent les impôts royaux. Leur prééminence est consacrée par l'achat de terres et d'offices, la concession de titres nobiliaires et de grades dans les milices locales, ainsi que par la fondation d'églises et de couvents.

LES MINES

La forte emprise du commerce dans l'économie des Indes repose essentiellement sur l'aventure minière. Les métaux précieux, exportés massivement, soutiennent la politique impériale espagnole et assurent la défense de l'empire encore à la fin du XVIIIe siècle. Aucun autre secteur ne manifeste de façon aussi évidente que la production minière l'exploitation dirigiste et spécialisée de la Couronne en matière économique.

La production d'or ainsi que l'exploitation d'argent basée sur des procédés indigènes caractérisent une première étape. Jusqu'en 1540, l'Espagne a reçu 33 tonnes d'or et 86 tonnes d'argent, de quoi assurer la réputation de la richesse du Pérou. **La deuxième étape s'ouvre avec la relance de l'extraction de l'argent grâce au procédé de l'amalgame au mercure** mis au point en Nouvelle-Espagne en 1555-1556. La découverte, en 1564, des mines de mercure à Huancavelica permet au Pérou l'adaptation de cette nouvelle technique à partir de 1572. L'amalgame n'est par la suite pas remis en cause, d'autant moins que l'Espagne possède les mines d'Almaden en Andalousie. Cela permet ainsi l'extraordinaire essor du minerai de Potosi dont la production monte en flèche à partir de 1575. À son apogée, 200 tonnes sont produites par an. À la même époque, dans leur ensemble, les mines de la Nouvelle-Espagne (Zacatecas, San Luis Potosi, Pachuca et Guanajuato) en fournissent à peu près 150 tonnes.

L'activité minière met en mouvement un large volant économique : sel, mercure, mules et main-d'œuvre en sont les élé-

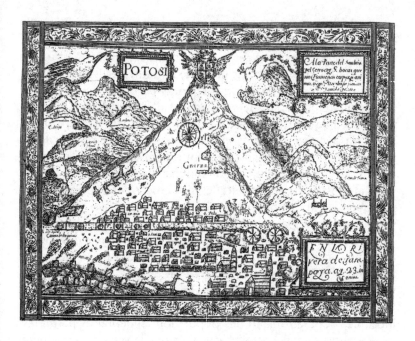

Vues de Potosi (Ca. 1632-1634)

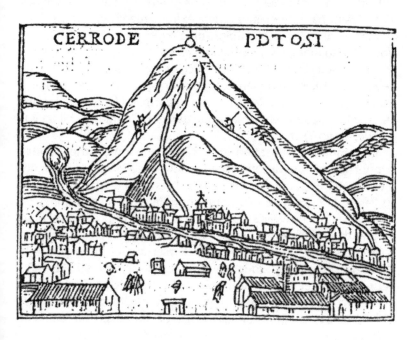

ments de base. Les deux derniers supposent que toute une partie du secteur rural soit liée aux mines comme assise du ravitaillement, comme cela semble être le cas à Potosi : situé à plus de 4 000 mètres d'altitude, sur un plateau battu par les vents, sans autres ressources que quelques champs de pommes de terre, il n'offre guère au départ de perspectives d'autosuffisance. **La relation avec l'agriculture n'est pas partout pareille.** Dans d'autres zones, la découverte des filons se fait en même temps qu'apparaissent des enclaves de peuplement espagnol, dans un climat de guerre permanente où un degré minimal d'autodéfense et d'autosuffisance est indispensable. Ici l'enracinement des populations hispaniques a d'abord besoin de l'agriculture intensive (cf. Le gouvernement des Espagnols, chap. III).

Les besoins des centres miniers mettent en évidence des contradictions sociales et marquent les différences entre la Nouvelle-Espagne et le Pérou. **Le travail forcé est associé aux mines péruviennes et non à celles de la Nouvelle-Espagne.** L'axe Huncavelica-Potosi se trouve au cœur de l'ancien domaine impérial incaïque, donc au milieu des populations sédentaires parmi lesquelles le travail forcé est efficace, alors que la veine argentifère au nord de Mexico se trouve sur le terrain de parcours des Chichimèques nomades sur le pied de guerre. Du fait que les mines n'emploient pas une main-d'œuvre extrêmement nombreuse, l'organisation du travail obligatoire (*mita* au Pérou ; *repartimiento* en Nouvelle-Espagne), les hauts salaires consentis aux travailleurs libres et un appoint limité d'esclaves africains assurent les contingents nécessaires. Mais l'abondance et l'approvisionnement en mercure tiennent probablement le premier rang parmi les facteurs qui commandent le mouvement de la production (cf. Orientation bibliographique, CALVO 1).

Le commerce transatlantique a aussi une importance capitale pour les mines, surtout dans le cadre de la Nouvelle-Espagne. Mercure, fer et poudre viennent pour l'essentiel d'Espagne. Quant au Pérou, la Couronne exerce un contrôle étroit sur les mines de mercure de Huancavelica. Pourtant le transport jusqu'à Potosi pose de grands problèmes en raison de la distance, et surtout entraîne d'énormes frais. C'est d'ailleurs ce dernier aspect qui explique la chute durable de la production de métal blanc, après 1618-1620 pour le Potosi, et à partir de 1632-1636 pour la Nouvelle-Espagne. La production de Huancavelica diminue pour des raisons techniques, et le Pérou devient importateur de mercure européen au détriment

110

LA VIE ÉCONOMIQUE

de l'approvisionnement de la Nouvelle-Espagne. Le ravitaillement de mercure, les débuts de la reprise démographique et l'utilisation de la poudre dans les galeries, baissant les coûts de l'extraction, permettent une reprise de l'activité minière dès 1670 environ. Même lorsque Potosi retrouve une part de sa splendeur, **le xviiie siècle est celui de l'argent de Guanajuato (Nouvelle-Espagne), dont la production est multipliée par huit, et de l'or de Minas Gerais (Brésil)**, dont la valeur est pratiquement égale à la production aurifère de l'Amérique espagnole entre 1493 et 1850. Le hasard des découvertes géologiques y a une part de responsabilité, mais le fait déterminant, surtout pour la seconde moitié du siècle, réside dans le soutien de la Couronne qui allège sa pression fiscale. Elle vient aussi en aide aux mineurs lorsqu'en 1768-1777 le prix du mercure est abaissé de moitié et celui de la poudre d'un quart (cf. Les finances, chap. III).

La soif des métaux précieux et la crainte de les voir disparaître dans les vastes espaces conduit à la création des maisons des monnaies à Mexico, Lima, Potosi. Les barres d'argent convergent vers elles, déjà estampillées et acquittés de leurs droits. Le système péruvien permet au mineur de disposer rapidement de monnaie, donc de capitaux, alors que les mineurs du nord de la Nouvelle-Espagne doivent attendre jusqu'à six mois. Le despotisme éclairé des Bourbons fournit l'industrie minière d'instruments institutionnels dont l'importance est plus sociale qu'économique, car ils rehaussent le statut des mineurs au niveau de celui des grands commerçants. En 1777 à Mexico, en 1785 à Lima, **Charles III fonde deux tribunaux des mines à la tête des corporations de mineurs chargés d'améliorer les connaissances et les techniques minières.** C'est le prélude de la fondation de deux collèges des mines, celui de Mexico en 1792 et un peu plus tard à Lima.

De façon parallèle à sa récupération démographique, pour le Brésil de la première moitié du xviiie siècle nous avons évoqué l'essor des mines d'or au point de devenir la possession la plus estimée de l'empire portugais. La découverte des mines à Minas Gerais est la cause de la splendeur artistique de la ville d'Ouro Preto, aussi bien que de la consolidation de la route des minerais à partir de Rio de Janeiro dont la prééminence a fait de cette ville la capitale du Brésil, se substituant à Bahia (cf. Les arts, chap. VIII).

L'ÉCONOMIE AGRICOLE

L'un des phénomènes majeurs des Indes au XVIIᵉ siècle **est la consolidation des grands domaines fonciers.** Même lorsqu'ils s'étendent sur des superficies chaque fois plus considérables, **ils ne sont pas pourtant les seules unités cultivables.** Les lois royales octroient un certain nombre d'hectares à chacune des agglomérations indigènes, les célèbres *pueblos de indios,* connus sous le nom de *tierras del común* (terres du commun). En outre le roi accorde des terres aux municipalités des villes et des villages d'Espagnols, aussi bien pour les labours que pour l'élevage (*propios*). Toutefois l'augmentation des domaines, les hypothèques et l'affermage des terres provoquent des affrontements entre villages et éleveurs, entre propriétaires moyens et *pueblos de indios,* entre villes et corporations. Les ordres religieux, enfin, deviennent des grands propriétaires fonciers, et font, des primitives *doctrinas* pour la christianisation des Indiens, de vraies unités socio-économiques. En même temps que les jésuites répandent leurs missions, ils développent aussi une exploitation rationnelle de l'élevage, ce qui provoque des conflits avec les éleveurs privés. **Les jésuites sont,** au XVIIIᵉ siècle, **les plus grands propriétaires terriens d'Amérique.** Au Brésil, ils possèdent 13 *fazendas* sucrières, en plus de nombreuses unités d'élevage appelées *estancias.* Au Pérou, leur fortune foncière, incluant les immeubles urbains, est estimée à 6,6 millions de pesos. En Nouvelle-Espagne, les biens fonciers des jésuites sont estimés à 8 millions de pesos, se répartissant entre 81 propriétés.

À partir de la seconde moitié du XVIᵉ siècle, la structure économique se met en place, une fois que l'*encomienda* perd de son importance et que le rendement général des tributs contribue à leur chute en raison de la baisse de la population indigène. Rappelons que, par l'intermédiaire de l'*encomienda,* le roi octroyait, aux plus méritants des conquistadors, des Indiens qui leur serviraient de main-d'œuvre, à charge pour eux de les protéger et de les instruire (cf. La conquête, chap. I). Or, après 1570, ce sont les entreprises agricoles qui prennent le dessus. Elles profitent d'une hausse générale des prix ainsi que d'une réorganisation des modalités du travail. C'est alors que l'on voit les paysages se façonner sur le grand domaine foncier connu sous le nom d'*hacienda* en Nouvelle-Espagne, de *chacra* au Pérou, de *fazenda* au Brésil. Leur apparition est due à l'octroi des donations (*mercedes*) par les autorités royales, notamment par les vice-rois, mais elle tient également à des achats opportuns et à des empiétements sur les terres des villages indiens.

L'*HACIENDA*

Il s'agit d'un terme moyen, car **le complexe de plusieurs *haciendas* est un *latifundium*** entre les mains d'une même famille, parfois constitué en « majorat », et donc inaliénable. Un de ces complexes, comme celui de Ciénega de Mata dans le centre nord de l'actuel Mexique, peut bien atteindre une superficie de 60 à 75 km². À l'autre bout, la *labor* (notamment au Pérou) constitue un domaine agricole modeste. L'*hacienda* joue sur un triple registre : l'emprise sur les ressources naturelles (terres, eaux), sur la main-d'œuvre, et sur le marché local ou régional. Sa partie centrale est constituée par un château et une chapelle, éléments essentiels autour desquels s'ordonnent granges, silos à grains, étables et maisons des travailleurs. S'y adjoignent des ateliers de transformation de la matière première. Le Pérou offre une grande diversité de « fabriques » associées aux *haciendas*, souvent des manufactures textiles.

En plus de leur importance économique et financière – changeante selon les régions et les marchés –, **les grands domaines fonciers sont une source notable de prestige.** Comme les grands marchands et les grands miniers, les *hacendados* authentiques couronnent leur ascension sociale par un titre de noblesse. Les restaurations impressionnantes des enceintes (*cascos*) des grandes *haciendas* reflètent un art de vivre aristocratique qui rappelle les modèles péninsulaires et surtout la puissance de leur maître. **Elle comporte aussi une façon d'organiser la vie rurale qui rappelle celle de la villa romaine. L'*hacienda* est souvent une ville autarcique** authentique. Cependant, comme les autres membres de l'élite, leurs maîtres sont des citadins dont les hôtels particuliers constituent encore la parure de maintes villes de l'Amérique ibérique (cf. Les arts, chap. VIII ; L'honneur…, la maison, chap. X).

Le démantèlement des *encomiendas* et la chute démographique autochtone donnent lieu à des modalités de travail forcé rétribué. La *mita* est au Pérou une institution préhispanique rétablie surtout pour répondre aux besoins des mines, mais l'agriculture espagnole et les villes en bénéficient. En Nouvelle-Espagne, le système s'appelle *repartimiento* et se généralise après 1550 : un juge de répartition fixe le quota de travailleurs pour chaque village d'Indiens, chaque

LA VIE ÉCONOMIQUE

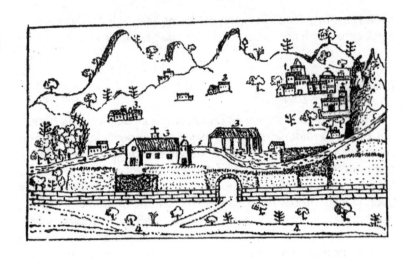

Vue d'une hacienda (Nouvelle-Espagne, Ca. 1764)

journalier devant aller labourer trois fois par an en moyenne (tous les quatre mois une semaine). La main-d'œuvre des plusieurs villages est ainsi distribuée entre les personnes qui ont des terres à labourer, pour un salaire de 4 réaux par semaine (cf. La monnaie, chap. IV). Mais en outre, **dès les années 1580, beaucoup d'Indiens s'en vont vivre dans les domaines d'Espagnols pour être exonérés des travaux publics, des services personnels et des tributs.** Ils constituent une main-d'œuvre permanente dont l'organisation sera de plus en plus complexe au fur et à mesure de l'apparition de nouvelles *haciendas* et surtout des formes de travail liées à l'affermage de la terre dont les métis, chaque fois plus nombreux, bénéficieront également. D'ailleurs les abus de la *mita* et du *repartimiento,* ainsi que l'hostilité de la Couronne et l'expansion de la propriété moyenne, donnent lieu à la suppression de ce dernier en Nouvelle-Espagne en 1632. Il subsistera pour encore un siècle dans le nord de la vice-royauté septentrionale en raison du déficit permanent de main-d'œuvre. Au Pérou, le système est encore plus contraignant en raison des quotas plus élevés (1/7 de la population tributaire).

LA CANNE À SUCRE ET LA PRODUCTION AGRICOLE

En dépit de ses débuts méditerranéens et sur les îles Canaries, la culture de la canne à sucre se consolide au cours du XVIIe siècle au

Brésil, dans les terres basses de Nouvelle-Espagne et aux Caraïbes. **Les plantations sucrières, connues sous le nom d'***ingenios***, sont des complexes de terres, main-d'œuvre et techniques.** Ils constituent également d'importants noyaux de peuplement, surtout au long des côtes brésiliennes. Un grand *ingenio* (*engheno* au Brésil) est à la fois moulin à broyer la canne et ensemble de l'exploitation sucrière. Il dispose de 150 à 200 « pièces » d'esclaves, et certains, comme celui de Xochimancas en Nouvelle-Espagne, en ont plus. Des Indiens journaliers des villages des alentours s'y adjoignent. Pour la plupart, les plantations s'établissent dans les plaines et collines de la côte nord-ouest de la Nouvelle-Espagne, au Sud brésilien (Rio), c'est-à-dire dans des vastes espaces où l'Indien disparaît rapidement et où la main-d'œuvre africaine prend le relais. Le sucre est un produit principalement d'exportation, qui atteint un niveau important d'industrialisation à partir de la seconde moitié du XVIIIe siècle, notamment au Brésil et dans l'aire antillaise. Néanmoins il ne contribue pas moins à offrir aux marchés des Indes un produit qui marque les habitudes alimentaires et sociales du Nouveau Monde (cf. L'alimentation, chap. X).

La production agricole, bien plus importante que celle des mines, est cependant surtout orientée vers les marchés intérieurs. Vers 1790-1800, l'agriculture de la Nouvelle-Espagne rapporte quelque 200 millions de pesos par an, les mines seulement 25 millions. Sauf pour quelques rares produits (cuir, cochenille), elle enrichit les économies locales et en particulier l'Église au travers de la dîme. La consolidation des cathédrales et du clergé séculier, alliés depuis toujours des grands propriétaires de la terre, s'appuie sur un recouvrement de cette taxe, renforcé à partir des années 1680. Une partie importante de la production agricole des Indes se trouve subordonnée principalement au réseau urbain et au commerce maritime. Les *haciendas* produisent du blé et du maïs pour le ravitaillement des villes, des centres miniers et des flottes. Elles produisent aussi du sucre dans les *ingenios* pour la consommation urbaine et l'exportation. Les *estancias* d'élevage fournissent des animaux de travail et de bât, des tissages locaux et de la viande dont le commerce bon marché permet une consommation exceptionnellement élevée. Une certaine spécialisation régionale se dessine : les Antilles et le Brésil sont les principaux producteurs de sucre et de tabac ; en Nouvelle-Espagne sont produits les cuirs, farines et biscuits pour les flottes ; l'Amérique centrale et le Yucatan fournissent l'indigo ; le Pérou est riche en vins et en huiles ; le Chili fournit du blé ; Guayaquil

LA VIE ÉCONOMIQUE

(dans l'actuel Équateur), Maracaibo (dans l'actuel Venezuela) et le Guatemala sont connus pour l'excellence de leurs cacaos. En Nouvelle-Espagne centrale, une maturité est atteinte en tout début du XVIIIᵉ siècle, lorsque l'espace se peuple. Le passage de l'élevage à une agriculture extrêmement intense est le signe d'une nouvelle étape. La population se multiplie par 2,5 au cours du siècle, et la grande *hacienda* régionale voit évoluer ses techniques ; la surface du blé irriguée étant multipliée par 7 (cf. Récupération et métissage, chap. III).

L'ÉLEVAGE

Cette activité est nouvelle en Amérique car, sauf pour les troupeaux de lamas aux Andes, elle est entièrement importée. Alors que la propriété de la terre est assez rapidement reconnue, celle des pâturages suscite de nombreuses oppositions de la Couronne et des municipalités fidèles à la tradition médiévale castillane de la liberté des parcours du bétail. Néanmoins les maîtres des troupeaux parviennent en général à se faire reconnaître la propriété de leurs pâtures. L'*estancia* est le premier maillon de l'élevage qui s'impose dans l'ensemble du Nouveau Monde. Vers 1550, les *estancias,* aussi appelées *sitios* de gros bétail, sont limitées à un quart de lieue de côté (1 750 ha), celles du petit bétail à la moitié de ce dernier. En fait l'*estancia* reste toujours à la limite du nomadisme. Il y a même des *estancias* sans terre, le seigneur des troupeaux louant aux villages des terres pour y envoyer paître son bétail.

Très vite **développé avec une grande intensité, l'élevage crée une économie assez complexe avec des cycles de transhumance précis, comme en Espagne.** L'élevage est destiné à l'alimentation des villes et des centres miniers, aux produits de première nécessité, comme le cuir ou le textile. Ces derniers sont fabriqués selon des méthodes artisanales dans des ateliers de tissage parfois très importants (*obrajes*). Ils ont aussi des proportions plus modestes et appartiennent soit aux *estancieros* ou aux *hacendados*, soit à des entrepreneurs espagnols. Quelquefois, comme dans la région de Quito, ils dépendent des villages indigènes. Mais l'élevage est lié aussi à l'approvisionnement en bêtes de somme, car l'essentiel du transport terrestre est effectué à travers le continent par des caravanes de mules.

La transhumance d'ovins permet de coupler la périphérie de la Nouvelle-Espagne centrale (Querétaro) avec des zones lointaines d'hivernage (Nouveau-Leon, sud de la Nouvelle-Galice). À la fin du XVIIe siècle, plus d'un million de moutons de Querétaro se dispersent vers le nord. Mais il existe des spécialisations plus fines entre pays producteurs, pays d'embouche et centres de consommation, le tout sur une distance de 600 à 800 kilomètres. Le troupeau d'ovins s'étend dans tout le sud : dans les grandes plaines de la pampa, où vers 1700 paissent déjà 50 millions de bovins sauvages. Il s'agit d'une région frontalière qui se développe économiquement. En marge du vacher et de l'employé, apparaît au XVIIIe siècle le *gaucho* (cf. Les transports).

LA MONNAIE

Ni les Aztèques ni les Incas n'avaient de monnaie frappée. Pourtant le commerce des premiers ne se limite pas au troc. En guise de monnaie ils utilisent des produits considérés comme précieux, dont la poudre d'or ou de petits lingots, des plumes, du maïs, du cacao ou des pièces de coton de qualité et grandeur variable. Les Indiens des Andes troquent la laine de lama contre le maïs ou les produits de montagne contre ceux des pays chauds.

Lorsque les conquistadors s'établissent, ils ont quelques pièces de monnaie espagnoles avec eux, mais ils n'en font pas venir davantage. Ils conservent les dénominations et les valeurs qui leur sont familières (maravédis, ducats, *castellanos*, etc.), et qui leur servent à mesurer la valeur de la poudre en or, de petits lingots, de petites cotonnades ou des fèves de cacao.

Dépourvus de monnaie, **les Espagnols utilisent aux Indes de l'or et de l'argent en morceaux pour le règlement des dettes ou l'acquisition d'objets.** Par conséquent, à la place des pièces **ils rendent le poids (*peso*) de la monnaie en or ou en argent**, comme par exemple le poids et la finesse d'un *castellano*. Le poids d'une même monnaie augmentant ou diminuant en proportion de la finesse du métal, une unité a dû être choisie afin de comparer par rapport à elle l'or ou l'argent de son espèce. **Il est alors courant de ne pas désigner la monnaie pour l'achat d'un certain objet, mais plutôt le *peso* que l'on propose en échange.** La coutume étant consolidée lorsque la Couronne intervient, la monnaie devient réelle, et le *peso* apparaît aux environs de 1535 avec une nouvelle acception et muni de plusieurs valeurs, divisions et subdivisions spécifiques. Pour la Nouvelle-Espagne, l'on connaît le *peso de oro fino de minas*, valant 450 maravédis (devenus en Espagne une monnaie de compte), et le *peso de oro común* ou *peso* de *tepuzque* valant 272 maravédis. Au Pérou, on parle de *peso de oro ensayado* ou « vérifié », équivalant à 450 maravédis.

À partir de l'ouverture des hôtels des monnaies à Mexico (1534), à Lima (1568), qui ne dure pas longtemps – même si elle rouvre ses portes en 1683 – à cause de l'ouverture de celui de Potosi (1574), **les pièces ou réaux d'argent de 8, 4, 2, 1 et 0,5 réal sont frappées**. L'équivalence du réal en monnaie de compte est de 34 maravédis, ce qui donne au « real de a ocho », **le *peso* ou pièce de huit**, l'équivalence de 272 maravédis. Ce peso **frappé en argent**, dit de *tepuzque* en Nouvelle-Espagne et *patacón* au Pérou, **est donc le seul à devenir réel.**

Cette monnaie a libre cours dans les marchés internationaux. Les *patacones* frappés à Potosi fournissent en numéraire le Chili, le royaume de Quito, le Panama, la région de Buenos Aires ainsi que les circuits du commerce portugais au Brésil. Le peso mexicain abonde sur la route du galion de Manille, c'est-à-dire dans les marchés d'Extrême-Orient. Mais on le trouve également en Amérique centrale, dans le Venezuela, dans le Nouveau Royaume de Grenade et aux Antilles. Il sera même accepté aux États-Unis jusqu'à la guerre de Sécession. Le réal de huit est appelé « *peso* », on appelle « *tostón* » la pièce de quatre réaux, et enfin « *peseta* » celle de deux réaux.

La monnaie d'or ne sera frappée que plus tard, notamment au Brésil (on parle des *cruzados*), à Santa Fe de Bogotá (1622) et dans une moindre mesure à Mexico (à partir de 1675). C'est surtout au XVIIIe siècle que les frappes de monnaie sont les plus abondantes, surtout à Mexico. Les Indes présentent le paradoxe **d'une énorme production minière** qui **ne suffit pas à leur fournir le volume d'espèces monnayées indispensable** à leurs échanges intérieurs. Le manque de petite monnaie pour les petites transactions introduit donc

Pièce d'argent de huit réaux, Philippe II (1589)

Pièces provisoires émises par des boutiquiers à Mexico

une coutume qui devient permanente. À Mexico, chaque commerçant frappe à ses frais sa propre monnaie courante, sorte de jetons, surtout au XVIIIe siècle. Le *cuartillo*, que le peuple appelle *cuartilla*, est divisé en deux parties, chacune appelée *tlaco* (mot nahuatl pour « moitié ») divisé ensuite en deux *pilones*. Or *tlacos* et *pilones* sont fabriqués en bois, en semelle, en savon, en plomb ou en cuivre. On ne peut s'en servir que dans la boutique qui les a émis, à moins que le boutiquier soit associé à d'autres établissements. Ces pièces provisoires ont duré jusqu'en 1828 dans l'ensemble de l'Amérique espagnole.

La balance commerciale des vice-royautés américaines étant structurellement déficitaire, elle est soldée par des envois massifs d'argent en barres ou monnayé vers les pays semi-industrialisés de l'Europe qui réutilisent l'argent des Indes pour leur commerce avec l'Extrême-Orient où l'appréciation du métal précieux est la plus élevée du monde. Après le départ de chaque flotte, on ne trouve plus

119

de réal. **Cette raréfaction des réaux aux Indes est surtout sensible lors des périodes d'expansion économique et de haut niveau du trafic maritime.** C'est à partir de 1565, suite aux établissements espagnols aux Philippines et à la « découverte » du monde chinois, que l'argent de Nouvelle-Espagne s'embarque vers l'Extrême-Orient. Les Chinois n'ayant qu'une monnaie de mauvaise qualité, la pièce d'argent de huit réaux, d'une grande stabilité et pureté, y est très recherchée. **Inversement, pendant les périodes de crise, l'Amérique ibérique semble retenir plus efficacement les métaux précieux** dans les réseaux de son économie interne, soit entre 1680 et 1735 environ (cf. Orientation bibliographique, BERTHE).

Après l'interdiction lancée en 1634 contre le commerce entre les deux vice-royautés – ce qui représente un coup dur pour l'économie de Manille –, le Pérou trouve un autre exutoire. Buenos Aires devient son Acapulco, et le Brésil sa Chine. Le souvenir de cet autre torrent d'argent dure jusqu'à nos jours à travers la toponymie (Rio de la Plata, « fleuve d'argent »). À l'apogée des échanges, on peut estimer que 40 % de l'argent de Potosi échappe aux statistiques officielles. La moitié prend la route de la Plata et le reste s'enfouit sur place.

POIDS ET MESURES

Les mesures sont nombreuses et varient selon les régions ; elles sont fixées et garanties par la Couronne ; des fonctionnaires spécifiques se chargent de vérifier que les poids et les mesures correspondent aux normes.

Unités de mesure :
- Pour les grains, la fanègue (*fanega*), environ 55-56 litres.
- Pour les longueurs, la *vara*, 84 cm environ, divisée en 3 pieds.
- Pour les liquides, l'*arroba*, environ 16 litres, de 8 *azumbres*.
- Pour les chemins, la lieue (*legua*) commune de 5,5 kilomètres.
- Pour les poids, l'*arroba*, environ 11,5 kilogrammes.
- Pour les surfaces agraires, la fanègue, très variable, de 25 à 65 ares.

LES TRANSPORTS

L'Amérique ibérique est un immense continent où **une géographie très accidentée donne lieu à l'isolement de grands ensembles** : la « Méditerranée » américaine, formée du golfe du Mexique et de la mer Caraïbe ; la région isthmique de l'Amérique centrale ; le Brésil colonisé ; toute une partie du Chili. Le Pérou et la Nouvelle-Espagne communiquent – mal à ce qu'il semble après 1634 – par l'intermédiaire d'Acapulco tout comme avec Manille. **D'où l'importance des moyens de communication**, qu'il s'agisse des galions et flottes de la *Carrera de Indias* ; de la barque qui remonte le Magdalena (Nouveau Royaume de Grenade, actuelle Colombie), du « char forteresse » qui s'enfonce dans la poussière infinie du nord de la Nouvelle-Espagne (cf. Orientation bibliographique, CALVO 1).

L'univers des transports est celui où il y a peut-être un plus grand enrichissement mutuel entre Indiens et Ibériques. Les premiers, qui disposent de moins d'outils, connaissent profondément le milieu. L'empire aztèque avait ouvert deux grandes voies : l'une vers la côte du golfe, l'autre vers le sud-est (Oaxaca et le pays maya). Les Espagnols les reprendront, mais celle du sud deviendra secondaire par rapport à la route impériale Mexico-Veracruz qui intéresse extrêmement la Couronne et qui est complétée vers le sud par la section Mexico-Acapulco, porte de l'Asie. La poursuite des gisements argentifères vers le nord donne lieu à une grande voie de pénétration, le *camino real de tierra adentro,* fermement accroché au sol jusqu'à Zacatecas, s'égarant de point d'eau en point d'eau, toujours plus loin, et finissant par rejoindre Santa Fe, dans le sud-ouest des actuels États-Unis (cf. La Nouvelle-Espagne, chap. II).

Le cas du Pérou est plus complexe. L'ancien empire des Incas offrait un remarquable réseau de chemins essentiellement stratégiques et rassembleurs. Il s'étirait du nord au sud en deux lignes parallèles : l'une qui longeait la côte depuis Túmbez, au Chili, jusqu'à Arequipa au Pérou ; l'autre empruntait le haut plateau de Quito à Tucuman (Argentine) et passait par Cuzco. Grâce à un système efficace de relais (*tambos*), avec des courriers rapides, les nouvelles parcouraient 2 000 kilomètres en moins d'une semaine. Le réseau est largement déstructuré avec la conquête (cf. Le Pérou, chap. II). À partir des années 1570, tout est remis en place, mais les orientations changent, car il faut produire l'argent de Potosi et l'exporter par

Lima-Callao. Les axes de communication s'appuient sur deux piliers : celui du mercure de Huancavelica qui descend au port de Chincha et s'embarque pour Arica où il croise l'argent qui descend de Potosi. L'autre axe important est celui de la *yerba mate*, un arbuste aux effets digestifs qui sert à compenser les effets d'une alimentation trop riche en protéines. Elle est produite au Paraguay, autour d'Asunción, et son itinéraire se greffe sur la grande route de Buenos Aires à Potosi, par Córdoba, Tucumán et Salta. Le cœur de l'ensemble – la région lacustre du haut plateau – reste marqué par le transport pratiqué par les indigènes, appelé *trajín* par les Espagnols. Celui-ci consiste en une centaine d'Indiens qui, sous l'ordre d'un *corregidor* et à l'aide d'un troupeau de lamas, assurent le transport de la coca entre Arequipa et Potosi. Car **la coca, comme le cacao en Nouvelle-Espagne, fait office de monnaie et constitue l'étalon des transactions.**

Au sud, dans la pampa, l'agriculture et l'élevage intensif soutiennent les longues routes de la contrebande, ainsi que le ravitaillement de razzias contre des Indiens sur le pied de guerre. Cet espace immense compris dans les actuels Argentine, Uruguay, Paraguay et sud du Brésil est à peine peuplé de 15 000 habitants en 1630, concentrés en gros dans les villes de Buenos Aires, Córdoba, Tucumán et Santiago del Estero. L'organisation de la route qui relie Potosí avec le Río de la Plata, au travers du Paraguay, exige une bonne connaissance des contrées et des chemins. Dès la fin du XVIIe siècle, les vachers qui assurent le dressage du bétail sauvage et leur transport jusqu'au port de Buenos Aires sont appelés *gauchos*. Il s'agit pour la plupart de métis issus d'une société organisée pour l'exportation de la viande et des cuirs, que les autorités tentent de maintenir en paix. Dans la seconde moitié du XVIIIe siècle, la situation change. La population est en plein essor démographique, et les *gauchos* sont recrutés pour travailler dans de nombreuses haciendas où ils ne se consacrent plus exclusivement à la contrebande d'argent. Ils participent également à la défense de la côte contre les Anglais.

Pour les transports terrestres, le seul animal résistant est la mule, qui règne en maître jusqu'à son remplacement par le camion. Il lui faut cependant de l'eau et de l'herbe, si bien qu'elle s'aventure difficilement sur les marges de l'empire et son activité décline en saison sèche. Puisqu'il s'agit d'un être hybride, elle demande en outre d'être l'objet d'une sélection attentive. **Nombreux sont les métis, mulâtres et Indiens qui pratiquent le métier de muletier.** On divise les troupeaux ou *recuas* en plusieurs *piaras* de 10 mules chacune, sous la conduite de deux hommes, qui assurent quelque-fois des journées de 30 à 40 kilomètres de hautes montagnes sans eau ni pâturage. Des mules de rechange doublent souvent les *pia-ras*, mais, malgré cette précaution, une grande quantité d'animaux périt sur les chemins du Pérou. En conséquence, on est obligé de faire venir tous les ans quatre-vingts ou cent mille mules de Tucuman et du Chili pour en compenser la perte. La Nouvelle-Espagne n'est pas en reste : de 50 à 60 000 bêtes parcourent le *camino real de Tierra Adentro*. En 1807, 200 000 mules seraient entrées et sorties de Veracruz.

Les chariots, quant à eux, **ne sont la plupart du temps utilisés que ponctuellement**, pour de brefs parcours, et dans le cadre d'économies régionales. En Nouvelle-Biscaye, au nord de l'actuel Mexique, de grands chariots à deux roues, traînés par 6 à 8 mules ou bœufs, transportent jusqu'à 160 arrobes de charge. Pour mieux résister aux attaques, ils se regroupent en flottilles d'un coût élevé : en 1634, six chariots avec leur équipement de 60 mules valent 4 000 pesos, soit le prix d'une exploitation foncière de taille moyen-ne. De Buenos Aires à Santa Fe, en route vers Potosi, un jésuite décrit en 1718 ces mêmes véhicules qui servent à échapper aux fondrières.

En Amérique ibérique, le cabotage est ponctuel. Il entraîne cependant l'étouffement des transports terrestres. Pour trente navires chiliens portant chacun 450 tonnes de blé au Pérou, il faut un convoi de 3 000 mules par navire, sans compter les relèves. En conséquent il fallait aligner un troupeau de 90 000 bêtes. Les prix des transports sont multipliés par huit ou par dix, d'autant plus qu'avec le système de flottes s'ajoutent des phénomènes de raré-faction des frets. Au début du XVIIe siècle, le prix du fret de Potosi à la province de Santa Cruz (à quelque 300 kilomètres à vol d'oiseau, mais sur un parcours très accidenté) représente 20 % du coût final, contre 8 à 9 % vers 1680. C'est ce même chiffre qu'il faut retenir pour une distance un peu plus longue, 580 kilomètres, mais avec de meilleures conditions d'acheminement, entre Guadalajara et Mexico. Pour les frets maritimes, vers 1800, une fanègue de cacao de Guayaquil (Équateur), vendue à Madrid de 25 à 30 pesos, coûte, au transport, de 7 à 8 pesos. Soit entre 20 et 32 %. Pour la traver-sée de Séville à Veracruz, on calcule des taux de 12 à 13 %, en 1785, sur le prix au départ.

L'HOMME HISPANO-AMÉRICAIN

V

LE TEMPS

Plusieurs temporalités coexistent en Amérique espagnole, pendant toute la période des vice-royautés : celle qui dépend des cycles sidéraux et dont les traces remontent à l'époque préhispanique ; celle liée à l'introduction du calendrier officiel européen ; une autre qui s'efforce de traduire ce dernier en termes indigènes. Il y a enfin un temps quotidien de l'Église qui se distingue de celui qui décompte le temps en heures égales.

LA MESURE DU TEMPS

Parmi les Aztèques, les Mayas et les Incas, la mesure du temps a un rôle fondamental qui a survécu à la conquête espagnole. Ils possédaient des calendriers solaires qui régissaient leur vision du cosmos. Leur histoire trouve d'ailleurs une explication basée sur l'existence de quatre âges précédents, chacun présidé par un soleil différent, ayant disparu en raison de cataclysmes d'ordre naturel. Or le cinquième soleil de l'existence, celui qui a précédé la conquête, met en avant la proximité de sa fin par une série de présages. L'actuel Mexique, de même que les Andes, connaissaient le mythe du dieu civilisateur qui, après un règne bienfaisant, disparaît mystérieusement en promettant aux hommes de revenir un jour. C'est le cas de Quetzcalcoatl en Nouvelle-Espagne, qui part en direction de l'Orient, et de Viracocha au Pérou, qui disparaît dans les eaux de la mer d'Occident. Quetzalcoatl devait revenir lors d'une année *ce-acatl* (c'est-à-dire une année « Un-Roseau », date qui revenait au bout d'un cycle de cinquante-deux ans) tandis que l'empire inca devait prendre fin sous le douzième empereur. Or, en Mésoamérique, les Espagnols

127

viennent de l'est, et 1519 correspond précisément à une année *ce-acatl*. Au Pérou, ils viennent de l'ouest, et le règne d'Atahualpa (ou de Huáscar) correspond à celui du douzième Inca. Les Indiens perçoivent les événements à travers une grille mythique et conçoivent l'apparition des conquistadors comme un retour des dieux. Mais cette interprétation n'est pas générale ni ne dura longtemps.

Les autochtones élaborent une remarquable rationalisation de la conquête fondée sur la représentation cyclique du temps. Les chroniques indigènes du début du XVIIᵉ siècle à Mexico et à Lima illustrent le même souci de précision temporelle et notent avec un soin méticuleux la date exacte des événements. Elles le font encore, munies de la nomenclature préhispanique des jours, mois et années que des savants comme Chimalpahin (Nouvelle-Espagne) et Guamán Poma (Pérou) traduisent en termes du calendrier chrétien (cf. Quelques auteurs majeurs).

La mesure du temps des Ibériques arrivés aux Indes occidentales est celle qui prend pour origine la naissance du Christ ou sa passion, « l'année du Seigneur » ou « année de l'Incarnation ». Ce « temps de l'Église » **prolonge une tradition agricole millénaire dans laquelle le travail et l'activité de l'homme se mesurent aussi en fonction de repères sidéraux**, le lever et coucher du soleil, douze heures de durée variable selon les saisons, rythmées par la solennité liturgique des cloches. Le temps de l'Église est donc liturgique. Il permet de scander l'année par une série de rites dont le déroulement s'écoule à deux rythmes, l'un présidé par le cycle de la lune et l'autre par la roue du soleil. Le premier atteint son climax à Pâques, lors de la quatrième pleine lune de l'année, au printemps ; le second atteint sa hauteur à Noël, vers l'équinoxe d'hiver. Le cycle pascal commande la succession des fêtes mobiles ; celui de Noël préside et régule le calendrier des dates fixes.

Pourtant **la volonté des autorités municipales de posséder des horloges** aux Indes, aussi bien à Mexico ou Tlaxcala qu'à Lima, **atteste la juxtaposition entre les heures liturgiques et les heures mécaniques**, c'est-à-dire le décompte du temps en heures égales. Toutefois la tradition agraire, l'intuition du temps et l'heure des cloches s'imposent. La remarque des nobles indigènes de Tlaxcala (Nouvelle-Espagne) en 1550, selon laquelle l'horloge publique ne devrait servir qu'à agrandir l'honneur de l'empereur, est assez révélatrice de cette prééminence.

La réforme apportée au calendrier romain par Jules César, en l'an 45 avant J.C., basée sur le calcul de 365,25 jours par an et non sur

L'HISPANO-AMÉRICAIN

celle plus réelle de 365,24219879 jours, entraîne un décalage important au cours des siècles. L'arrivée de l'équinoxe du printemps avec dix jours d'avance suscite **la réforme due au pape Grégoire XIII en 1582, et dont le roi d'Espagne ordonne l'exécution** dans ses royaumes des Indes. En raison de la grande distance des territoires américains par rapport à la cour de Philippe II, la suppression de dix jours au mois d'octobre doit s'effectuer dans l'année correspondant à la réception de l'ordonnance royale. Celle-ci, accompagnée du nouveau calendrier liturgique visant à ajuster les fêtes, **est appliquée en Nouvelle-Espagne en 1583 et l'année d'après au Pérou.** La question est importante, car le calendrier peut déterminer le choix du prénom de quelqu'un, du saint patron d'un village ou le nom patronymique d'une ville nouvelle par rapport au jour même de sa découverte. Le nom de Veracruz relève de la veille d'un vendredi saint (cf. Le nom, chap. X).

À notre époque, les moyens technologiques rapprochent de plus en plus le monde, et le cours du temps acquiert une vitesse foudroyante. La perception des habitants de l'Amérique ibérique du XVIIe siècle est tout autre, pour qui **le facteur déterminant du temps, plus que sa stricte quantification, est la distance.** Pour leurs nombreux déplacements, aussi bien sur terre que sur l'océan, ces gens se trouvent confrontés à des distances beaucoup plus conditionnées par les circonstances imprévues que par le nombre de lieues que les bêtes de somme ou les navires doivent parcourir ; d'où leur extrême sensibilité aux aléas des voyages ; d'où également une perception malléable du temps, dans laquelle ce qui est conçu comme court à un moment donné peut paraître long à un autre. En raison du climat, des vents ou des attaques corsaires, le seul trajet entre Veracruz et La Havane peut parfois prendre 21 jours, soit un peu plus d'un tiers de tout le voyage transatlantique (cf. La guerre, chap. III ; Les transports, chap. IV).

L'on connaît aussi une sorte d'heure personnelle mesurée par des procédés populaires qui ne sont pas étrangers au culte puisqu'on se réfère, par exemple, à la durée de certaines oraisons. Un tremblement de terre au Chili en 1647 est estimé avoir duré « trois crédos », la cuisson d'un œuf est mesurée et sanctifiée par un Ave Maria dit à haute voix, et un bon accouchement se doit de durer un rosaire complet, soit quinze dizaines d'Ave, précédées chacune d'un Pater.

L'HISPANO-AMÉRICAIN

L'HISPANO-AMÉRICAIN

Le cadran solaire reste le moyen le plus simple de calculer les heures du jour. Il est gravé sur pierre, et on peut encore le voir sur les terrasses de certains collèges ou d'anciens cloîtres de couvents. Certains particuliers ne sont pas mal pourvus. Dès la fin XVIIe siècle, **les hautes classes de la société possèdent des montres de poche, des horloges de table et des pendules.** Ces instruments deviennent parfois des bijoux ; ils sont portés à la ceinture, de manière ostensible afin de faire admirer leur richesse et leur beauté. Ils sont aussi d'indiscutables marques d'élégance. Les ecclésiastiques sont particulièrement amateurs de ces nouveautés.

La journée sonore commence dès l'aube par la volée des *Trois Maries*, qui déversent sur la ville endormie les innombrables indulgences concédées par un décret pontifical. La nuit est annoncée à huit heures du soir par la sévérité de la sonnerie pour les âmes du purgatoire, accompagnée d'histoires lugubres de fantômes qui troublent les petits enfants. Entre ces deux pôles s'accumulent dans la journée les dix pulsations de la sonnerie pour les moribonds. Il faut compter aussi les trente coups de cloche indispensables pour attirer l'attention et rassembler le public à assister au sermon quotidien. À ce carillon incessant s'ajoutent, dans les occasions solennelles mais régulières, les neuf volées longues, lentes et amples qui annoncent l'arrivée du courrier d'Espagne et sa distribution sur la place d'Armes d'une ville comme Santiago du Chili. Et encore, très solennels, les deux cents coups espacés qui rendent compte de la santé du souverain en cas de maladie. À ce long catalogue de sonneries diurnes, il faut ajouter le tintement au milieu de la nuit des couvents des nonnes appelant à matines et, chaque année, l'extraordinaire concert des cérémonies de la semaine sainte, avec ses processions nocturnes dont celle de la Croix qui commence le jeudi saint à 2 heures du matin.

La journée de travail commence à six heures avec la levée du jour, bien avant même dans les champs, et elle s'arrête douze heures plus tard au coucher du soleil. La plupart des territoires s'étendent sous les tropiques, l'expression *de sol a sol* (de soleil à soleil) est courante. **La semaine ouvrable se comprend du lundi au samedi inclus**, car s'arrêter le samedi donne lieu à des soupçons de pratiques judaïsantes. Le rythme de travail est également marqué par la saison humide, aux pluies torrentielles en fin de journée, qui peut durer entre quatre et six mois selon la région, et la saison sèche du reste de l'année. Les contrastes entre l'hiver et l'été ne sont remarquables qu'au-delà des tropiques, c'est-à-dire dans les confins nord et sud des Indes. L'année est enfin aussi scandée, notamment par les activités commerciales, par le départ et l'arrivée des navires d'Espagne et du galion appelé de « Manille » qui assure les communications avec l'Extrême-Orient une fois par an.

Le régime alimentaire privilégie un repas principal appelé *comida* qui se sert entre 13 et 14 heures ; les autres se distribuent en un *almuerzo* (déjeuner léger) lors d'une première pause vers 9 ou 10 heures, notamment dans les champs ou les mines, une *merienda* (goûter) pour le chocolat, servie surtout dans les couvents et collèges, et la *cena* (dîner). Ce dernier repas n'est jamais important, car sous les tropiques les gens n'ont pas besoin de se restaurer outre mesure avant de se coucher. En revanche, après la *comida* il est habituel de faire une sieste.

LES ÂGES DE LA VIE

Le temps qui s'écoule laisse ses traces dans la mémoire des individus au fur et à mesure que leurs vies passent de l'enfance à la jeunesse et de l'âge mûr à la vieillesse. Les âges de la vie sont individuels, mais ils sont vécus dans une communauté dans laquelle coïncident divers moments.

L'enfance est une étape difficile à cause des maladies et de l'insalubrité. Les enfants non voulus, la plupart illégitimes, sont souvent déposés devant les couvents. La vie semble reprendre son cours une fois franchi le seuil des sept premières années, où l'enfant acquiert une personnalité. Garçons et filles reçoivent des bases morales et sociales au sein de leurs foyers parentaux où ils apprennent souvent à lire et à écrire. Cependant les relations affectives s'établissent en dehors du foyer, dans un cercle étendu de voisins, amis et serviteurs (cf. La famille, chap. X). Entre neuf et dix ans, les garçons sont envoyés étudier la grammaire dans des collèges tenus par des ordres religieux ou par le clergé séculier. Au tout début du xviie siècle, des garçons indiens de Potosi apprennent un métier chez les dominicains, mais la plupart commencent à aider dans les champs. À partir de l'âge de dix ans, de nom-

L'HISPANO-AMÉRICAIN

breuses filles quittent leurs parents pour aller travailler comme servantes ou aller vivre dans des couvents où, sous la protection d'une moniale, elles apprennent à écrire, à coudre et à cuisiner, ce qui ne veut pas dire qu'elles choisiront nécessairement la vie religieuse.

À l'âge de quinze ou seize ans, l'enfant devient majeur, bien qu'il reste sous la tutelle de ses parents ou de ses parrains. Il n'a plus aucune excuse pour la paresse ou l'oisiveté. C'est à ce moment-là qu'il accède aux études supérieures, qu'il pratique un métier dans une corporation, ou qu'il développe ses talents musicaux dans une maîtrise. Les filles peuvent se marier dès l'âge de quatorze ans ou prononcer leurs vœux religieux à seize ans. Les hommes le font en général une dizaine d'années plus tard, lorsqu'ils atteignent la majorité pleine à 21 ans, donc le début de l'age mûr à partir duquel ils ne portent plus une cape courte mais longue, de même que les Indiens (cf. Le vêtement, chap. X). Dès lors ils exercent une profession, ou peuvent accéder à des charges du gouvernement.

À la cinquantaine passée, les hommes, mais surtout les femmes – qui ne peuvent plus avoir d'enfants –, commencent à être considérés comme vieux. Cependant ce n'est pas l'âge des organes qui compte, mais surtout les capacités financières et de travail, ainsi que le regard sur le monde et sur soi, chargé du sentiment de détérioration et décrépitude. Comparée à nos jours, et grâce à la protection des enfants, des neveux et des filleuls, **la vieillesse est un âge heureux,** car le vieillard est entouré. Il est en outre respecté en raison de son expérience de la vie et des savoirs acquis au long des années.

LES RITES DE LA VIE ET DE LA MORT

Le baptême, le plus essentiel des sacrements, **ne dépend pas exclusivement de la présence d'un prêtre**. Les sermons prêchent la nécessité pour tous les adultes, surtout par les accoucheuses, de savoir l'administrer en cas d'urgence. Rite d'initiation, il consacre la naissance.

La principale obligation des fidèles au-delà de l'âge de 14 ans est **le précepte annuel consistant à se confesser et à communier lors de Pâques** après avoir préalablement fait « acte de contrition », ce qui d'ailleurs pose aux Indiens diverses difficultés de compréhension. Les curés sont tenus de distribuer une petite cédule à chaque pénitent. Elle est collectée par la suite lors d'un recensement ultérieur, maison par maison, pratique effectuée par les vicaires à l'intérieur des limites paroissiales. Par ce biais, on contrôle l'accomplissement du précepte ainsi que les éventuels déplacements – dont quelques-uns fictifs – des fidèles entre les différentes paroisses de l'enceinte urbaine comme excuse pour échapper à l'obligation.

Si la naissance est consacrée par le baptême, la famille l'est par le mariage formel. Pourtant celui-ci semble être plus une norme, car les curés ne cessent de dénoncer de nombreux concubinages. Les couples concernés peuvent considérer que **le mariage n'est pas aussi important que le baptême**, n'étant pas si intimement lié au salut éternel. Toutefois la vraie difficulté semble résider dans le coût élevé des droits à payer pour une cérémonie précédée de la publication de bans. En Nouvelle-Espagne centrale, il fallait compter avec l'équivalent de six semaines de salaire en 1780 (cf. Le mariage, la sexualité, chap. X).

Le rapprochement entre la vieillesse et la mort n'est pas évident, car les jeunes disparaissent par manque d'assistance médicale. **La mort doit donc se préparer.** Lors de la disposition testamentaire, de nombreux Espagnols, métis et Indiens fondent des chapellenies moyennant une certaine somme, souvent garantie par un bien, et dont les revenus contribuent au soutien et parfois au financement des études d'un chapelain, en échange de la célébration de messes pour le repos de l'âme du fondateur. Comme nombre de nobles mexicains, en 1563, à l'âge de quarante-cinq ans, le guerrier Quetzalmamalitzin fait rédiger son testament : il laisse des sommes destinées à la célébration des messes pour le repos de son âme, fait don de quatre pesos à Notre-Dame de Guadalupe, dont le sanctuaire commence à attirer la ferveur des Indiens et des Espagnols. Il souhaite être enterré dans l'habit de saint François et lègue ses biens à son épouse et à sa fille. Il avait conservé quelques objets qui le rattachaient au passé ancien et à ses campagnes militaires, comme ces parures de plumes qu'il lègue à sa femme.

Consacrer la mort imminente par l'extrême-onction est enfin le rite que les populations rurales du Pérou et de la Nouvelle-Espagne du XVIIIe siècle semblent réclamer avec le plus d'énergie à leurs curés ; moins semble-t-il par crainte de la damnation éternelle ou de l'enfer qu'en raison de leur culte des ancêtres – toujours présents dans des endroits précis – et d'une vision cyclique du temps, selon laquelle la mort d'un individu est liée aux étapes continuelles de création et de destruction cosmiques (cf. Le christianisme, chap. VI). Les morts peuplent les sous-sols des églises et les parvis, ils débordent souvent sur des places voisines, les rendant ainsi espaces sacralisés. Jamais, avant 1804, on n'a parlé d'installer les cimetières extra muros.

VI

LA RELIGION

Le christianisme est la religion officielle des Indes. **Pourtant de nombreuses religions autochtones le côtoient.** Diverses solutions et propositions rentrent en ligne de compte pour résoudre le problème, complexe, de la christianisation des nouvelles sociétés. Or les manifestations les plus caractéristiques de l'Amérique ibérique, celles du catholicisme post-tridentin, ont été cristallisées par le mouvement international connu sous le nom de baroque. Le catholicisme issu du concile de Trente n'est pas un corps monolithique et immuable de dogmes et de croyances. Ses expressions rituelles, littéraires, artistiques et matérielles abritent en même temps les pratiques religieuses des conquérants et des immigrants de toutes origines, aussi bien que la trace des religions indigènes. L'*alcalde* de Mexico, le marchand de Lima, le muletier des Andes et le pêcheur de Cartagena sont des êtres extrêmement charnels, ravis de se regrouper en confréries afin de se faire voir et d'être vus, appréciant l'or et l'art, fiers de leurs saints et de leurs Vierges. Ils ne vivent pas « cloisonnés » en groupes ethniques, et ils profitent de toutes les occasions pour faire la fête, qu'ils soient Indiens, métis, Espagnols ou autres. **L'Église** met en place un système particulier pour christianiser les non-chrétiens et pour faire appliquer les normes du concile de Trente à tous. Elle **utilise des méthodes extrêmement originales** comme les catéchismes en langue vernaculaire, les *doctrinas* (premières paroisses) ou les missions, les sermons, l'art monumental, le culte à la Vierge, la canonisation de personnages locaux, les processions, **grâce auxquelles elle a « catholicisé »** l'Amérique.

LA RELIGION DU ROI

Le titre de « Rois Catholiques », attribué par la papauté aux souverains de la Castille et de l'Aragon, s'inscrit dans la tradition qui fait des rois de la Péninsule ibérique les défenseurs de la foi et les principaux responsables du salut spirituel de leur peuple. Le patronat ecclésiastique, reconnu aux souverains par le pape sur les nouveaux territoires, ne fait que confirmer leur ancienne vocation. **Christianiser les populations autochtones devient,** à partir de la fin du xve siècle, en vertu de ce patronat et de cette vocation, **la seule source de légitimation du pouvoir** royal aux Indes. Ce but permet donc l'intégration politique des Indiens en tant que sujets et tributaires de la Couronne. La doctrine chrétienne est indissociable de l'administration de la justice, principal attribut du roi. Elle est à la base des droits qui insèrent les Indiens dans un cadre judiciaire précis. Le christianisme enfin, clé de l'organisation de la vie publique en Amérique ibérique, prend tout son sens de loi, **l'Église se confond avec le corps social**.

Le roi nomme les évêques qui sont ses conseillers en tout ce qui se réfère à la préservation de la foi et au salut spirituel des sujets. Il autorise le départ des ordres religieux à qui le Saint-Siège octroie des facultés spéciales. Le monarque doit en outre veiller à l'orthodoxie de la doctrine, et pour cela il dispose du tribunal de l'Inquisition.

LE CLERGÉ

La fondation de l'Église des Indes est à la fois un début et un héritage du passé. **Les premiers missionnaires** envoyés au Nouveau Monde – principalement franciscains, dominicains et augustins – **conçoivent l'entreprise en termes d'utopie** : une Église comme celle des premiers temps du christianisme. Ces trois ordres arrivent d'abord en Nouvelle-Espagne (1524-1533) et une dizaine d'années plus tard au Pérou (1534-1550) (cf. Chronologies). À la différence des ordres monastiques (bénédictins, cisterciens, chartreux, etc.), qui ne participent pas formellement à la christianisation des Indes, les ordres mendiants datent du xiiie siècle. Leur élan de rénovation au xve siècle fait des frères l'objet d'amples pouvoirs, facultés et privilèges de la part de la papauté.

L'arrivée des douze premiers franciscains en Nouvelle-Espagne (1524)

Mais l'Église hérite également de la très ancienne organisation diocésaine des évêques et des clercs séculiers, centrée autour des cathédrales et des paroisses. La fondation d'un premier diocèse à Saint-Domingue (1511) est suivie d'une série d'autres en Nouvelle-Espagne entre 1519 et 1536. Celle des premiers diocèses au Pérou débute en 1538 avec celui de Cuzco et s'étend jusqu'aux années 1570. Au Brésil, un premier diocèse est érigé á Bahia en 1551 (cf. L'Église, chap. III). **L'Église d'Amérique ibérique prend donc la forme d'un double projet caractérisé par différentes approches d'évangélisation** : celui des ordres mendiants qui domine dans un premier temps, et celui de l'Église séculière qui ne se consolide que petit à petit en mettant en place une structure hiérarchique unitaire. Les jésuites sont des clercs réguliers, c'est-à-dire qu'ils profitent de la liberté des clercs diocésains, mais qu'ils sont soumis à une règle de vie communautaire avec un sens strict de l'autorité. Quelques chiffres permettent de mieux apprécier la portée de l'entreprise. Entre 1520 et 1820 environ, l'Espagne expédie aux Indes 15 447 ecclésiastiques qui ont tendance à se concentrer dans les villes, ce qui accroît le caractère urbain du corps clérical. Leurs principaux centres d'accueil sont la Nouvelle-Espagne centrale (24,2 %) et les Andes (18 %). Le reste se distribue au Nouveau Royaume de Grenade (Colombie), au Chili, en Amérique centrale et, enfin, dans les missions de Californie, du Paraguay et du sud du Brésil, voire dans les confins des Indes.

L'établissement des couvents des ordres mendiants suit la géographie des anciennes chefferies et principautés indigènes et est censé servir à l'organisation des *encomiendas* en limitant les abus de leurs titulaires contre les populations autochtones. L'administration ecclésiastique des frères s'organise autour de *doctrinas*, unités équivalant aux paroisses à la tête desquelles un religieux, le *doctrinero*, assure les activités d'évangélisation. Il est nommé par le vice-roi et, grâce aux privilèges de la papauté, chaque *doctrina* bénéficie de l'exemption ecclésiastique.

La consolidation graduelle de **l'organisation diocésaine, basée sur le modèle péninsulaire, se fait surtout par l'intermédiaire des conciles** convoqués par les évêques, visant à unifier le culte et les méthodes de christianisation. Les cathédrales et les paroisses s'intéressent aussi à la conversion des Indiens, mais doivent en outre assurer l'administration religieuse des Espagnols, des Noirs et des sang-mêlé.

Parallèlement aux diocèses, les grandes villes des Indes voient apparaître, dès la seconde moitié du XVIᵉ siècle, des couvents consacrés à la vie religieuse des femmes sous la tutelle des évêques. Puis, précédées par le Brésil (1549), au début des années 1570 apparaissent dans les deux vice-royautés espagnoles (à une ou deux années près) la Compagnie de Jésus et l'Inquisition. **Les jésuites participent à la christianisation par l'intermédiaire de l'éducation** des élites espagnoles aussi bien qu'indigènes – au Brésil ils possèdent un réseau d'une vingtaine de collèges –, **et par la mise en scène d'un important réseau missionnaire** parmi les populations autochtones les plus reculées (cf. Les missions ; L'enseignement, chap. X). Le tribunal du Saint-Office n'a aucune juridiction sur les Indiens, son rôle consiste à assurer l'orthodoxie des nombreuses expressions religieuses de la société multiraciale de l'Amérique ibérique.

LE CHRISTIANISME

Jusqu'en 1570 environ, et avec un large degré d'exemption face aux évêques, **les ordres mendiants transmettent une synthèse essentielle de la foi.** Elle semble **caractérisée,** aussi bien en Nouvelle-Espagne qu'au Pérou, **par la fluidité entre le passé préhispanique et le christianisme.** Les Indiens sont attentifs aux parallélismes mythologiques et, dans leur vision de l'histoire, interviennent des éléments empruntés au discours des missionnaires. Par exemple, l'existence d'une première humanité révoltée contre Dieu parmi leurs ancêtres païens, et le passage d'un des premiers apôtres du Christ, saint Thomas, par les territoires des Indes. Cette première période est alors marquée par des hésitations et des recherches multiples, même contradictoires, polarisée entre les divers ordres mendiants et une première volonté de contrôle et d'unification promue par certains évêques soucieux de laxisme. Les seuls sacrements alors accessibles aux Indiens sont le baptême, le mariage et la confession. La célébration des premiers conciles à Lima (1551) et à Mexico (1555) tente d'unifier la doctrine et de renforcer l'ordre hiérarchique.

Christianisation et hispanisation sont des phénomènes simultanés. Certaines formes rituelles, ou plutôt des gestes de révérence indigènes, sont préservées, mais leur signification se voit altérée par l'introduction des rituels espagnols. C'est le cas des danses empruntées au rite sévillan et introduites dans les églises comme moyen privilégié de formation d'une nouvelle culture. C'est aussi le cas de certains chants en langue vernaculaire, typiques du cérémonial espagnol, et qui incorporent des chants en langue indigène pour les processions et cérémonies catholiques (cf. La musique et la danse, chap. VIII).

Les seconds conciles de Mexico (1565) et de Lima (1567) ne constituent encore qu'un alignement apparent avec les décrets du concile général de Trente, puisque l'expérience de la première évangélisation reste toujours très présente. Toutefois les évêques font déjà du passé préhispanique un temps voué à l'idolâtrie. Les détracteurs se montrent méfiants des transformations, qui jusqu'alors reproduisent un catholicisme « superstitieux », et prônent la destruction des idoles et des temples païens. Des expressions telles que la peinture faciale ou le port de peaux d'animaux lors des danses sont perçues comme démoniaques et disparaissent dès la fin du

L'HISPANO-AMÉRICAIN

XVIe siècle, comme c'est le cas d'ailleurs dans les églises catholiques européennes de l'époque.

L'écart se creuse dans les deux vice-royautés à partir des années de 1570, avec la diminution en nombre des populations indigènes, la création de nouvelles instances de gouvernement comme le *cabildo*, et le renforcement des autorités royales (cf. Le cabildo, chap. III). Une nouvelle histoire indigène est élaborée, surtout au Pérou, cherchant à démontrer la tyrannie et le despotisme des anciens chefs. Les initiatives des évêques vers l'unification rituelle et la réorientation de l'évangélisation s'accentuent lors de l'arrivée des jésuites, dont la participation au débat théologique s'avère essentielle. **Les troisièmes conciles de Lima (1582-1583) et de Mexico (1585) représentent enfin une rupture, et brisent la fluidité des continuités avec le passé.** Désormais le salut éternel ne sera plus possible à travers une foi implicite et une morale naturelle. Le libre arbitre et la reconnaissance des fautes personnelles prennent le devant de la scène (cf. Orientation bibliographique, ESTENSSORO).

Les jésuites contribuent alors à modifier les relations des fidèles indiens et autres avec l'Église en leur prêchant l'obligation de la confession et de la communion au moins une fois par an. Les sermons aident à l'introspection et à la mémoire du péché, qui adopte la forme d'un être vivant représenté dans de nombreuses estampes imprimées qui circulent. Ils exaltent aussi le caractère comptable et animé du péché. Munis des cordelettes à nœuds de laine appelées *quipus*, les Indiens des Andes doivent pouvoir faire l'inventaire de leurs péchés. Des manuels pour curés circulent, qui recueillent les sacrements, la doctrine, la catéchèse et les chants, mais surtout les rites pénitentiels qui accordent une importance capitale à l'au-delà. Cela suppose une série de prescriptions qui fixent les limites du culte aux ancêtres. **Après la mort, la vie humaine est prolongée par des voies qui réalisent le dogme des trois Églises : militante, purgative et triomphante,** dont les liens sont extrêmement fluides.

Situé sur la nef centrale des cathédrales, derrière la porte principale, un autel dit « du pardon », dédié à la Vierge, concentre les activités du culte aux âmes du purgatoire par lequel les vivants agissent sur la destinée des ancêtres en même temps que ceux-ci intercèdent pour les vivants. Les attaches de la coexistence entre les trois groupes principaux de la société de l'Amérique espagnole, Espagnols, Indiens et Noirs, semblent expliquer la prolifération respective des confréries des âmes après 1650. Elles occupent la troisième place en importance après celles du Saint-Sacrement et de la Vierge.

L'obligation de se confesser et de communier à Pâques, connue sous le nom du « précepte annuel », constitue un moyen par lequel **l'Église exerce un contrôle efficace sur la construction et la reconstruction des frontières ethniques mouvantes.** Les Indiens de diverses provenances habitent les villes comme Potosi et quittent souvent leurs quartiers en se confondant avec d'autres groupes. Cette volonté d'hégémonie du catholicisme, issue du concile de Trente, donne pourtant lieu à des formes de résistance qui lui opposent la même exclusivité qu'elle réclame. On constate la présence de faux prêtres indiens, alors que la prêtrise leur restera plutôt inaccessible au moins jusqu'en 1750, ainsi que quelques cas d'autochtones voulant se confesser avec des sorciers. Un rite parmi les nouveaux chrétiens des Andes, consistant à manger des cactus hallucinogènes par dévotion à saint Jacques, adopte par exemple la forme d'adoration eucharistique. Une certaine volonté autochtone d'appropriation de nouveaux sacrements alimente le débat autour de la communion. Les Indiens sont-ils dignes de recevoir Dieu ?

DIFFÉRENCES DE CHRISTIANISATION

Le degré de christianisation, fort difficile à mesurer, **dépend des situations locales, des pressions des villages, de la vigilance des familles et des choix individuels.** L'espace de l'église et le temps de la messe exigent une piété élémentaire qui s'efface ou qui prend d'autres formes dans les cultes célébrés au milieu des champs de maïs ou dans les montagnes. Les premières images chrétiennes font leur apparition dans les sanctuaires familiaux, aux côtés d'objets anciens que les curés qualifient d'idoles. Ce panorama composite, où la christianisation est à la fois une présence irréfutable et superficielle, s'explique de plusieurs manières et trouve des différences considérables d'une vice-royauté à l'autre (cf. Orientation bibliographique, BERNAND et GRUZINSKI).

Le christianisme, comme la domination espagnole dont il apparaît indissociable, suscite en Nouvelle-Espagne centrale fort peu de mouvements de rejet. Le ralliement des élites autochtones au roi d'Espagne et à la foi en est amplement responsable. Les voix qui s'élèvent pour dénoncer la présence de l'idolâtrie demeurent rares et isolées. Comme la Nouvelle-Espagne centrale est devenue un dédale de croyances et un champ de pratiques qui échappent largement à son contrôle, l'Église elle-même, au travers des expériences menées par les religieux, favorise cette situation. **Vers 1650**, l'opposition Église / Indiens n'existe plus, et **il ne reste qu'une religion « hybride », extrêmement originale, qui a emprunté à plusieurs traditions et qui est spécifique des Indes.** Les ordres mendiants atteignent une force considérable qui porte ombrage au clergé séculier. Les gigantesques réseaux de *doctrinas* (premières paroisses) et de couvents, l'ascendant exercé sur les populations indigènes, l'autonomie de juridiction et la liberté d'expression dont ils jouissent, deviennent des anomalies au sein de l'Église de la Contre-Réforme. Imbus de leur suprématie ratifiée par le concile de Trente, les évêques essayent de s'employer à rogner les privilèges de ces empires ecclésiastiques qui se tiennent de plus en plus sur la défensive.

Enfin d'autres enjeux mobilisent les gens d'Église à la fin du XVIe siècle, plus importants à leurs yeux que les croyances indigènes. Au sein même des ordres religieux, la pratique de « l'alternance », c'est-à-dire la distribution équitable des responsabilités et des charges entre créoles et péninsulaires, galvanise les énergies et aiguise les plumes tout autrement que la représentation des idolâtries. Une autre tendance l'emporte. **Le clergé séculier encourage l'essor des grandes dévotions communes aux différents secteurs de la population,** en partie pour rompre l'hégémonie spirituelle des réguliers. Ces dévotions sont inspirées des cultes ibériques et se fondent sur des images prodigieuses dont celle de la Vierge de Guadalupe de Mexico.

Notre-Dame de Guadalupe

Sur ce sujet, le Pérou se distingue de la Nouvelle-Espagne centrale qui connaît une évangélisation assez répandue alors que commence la conquête des Andes. La conquête spirituelle n'y débute vraiment que vers 1550. Fer de lance du catholicisme post-tridentin, les jésuites débarquent en Nouvelle-Espagne au moment où le Pérou, à peine remis des guerres civiles, débute sa christianisation. La Compagnie de Jésus s'y emploiera sans relâche et, s'il est permis d'observer ce décalage dans le temps, c'est précisément en raison de l'élimination des idolâtries qui n'a pas sa pareille en Nouvelle-Espagne centrale.

Dans les Andes, les Indiens de la cordillère croient que leurs ancêtres appartenaient au milieu naturel de montagnes, de rivières, de pierres et même de momies. Ces lieux (*huacas*) sont ainsi devenus propices au culte. Mais des Indiens plus érudits, christianisés, s'entendent sur une origine différente plus conforme aux nouvelles doctrines, évoquant même l'arrivée au Pérou, à une époque lointaine, d'apôtres (Thomas ou Barthélemy) venus évangéliser les Indiens. En fait, cette argumentation est également celle développée par des religieux du début de la conquête en Nouvelle-Espagne. La confrérie de *San Bartolomé*, fondée en 1570 par les métis de Cuzco, honore les pèlerinages du saint, considéré alors comme le dieu andin Viracocha. Ils attribueront à la statue et au temple la valeur des témoignages historiques de la pré-

sence de l'apôtre. Afin d'étendre rapidement la christianisation, les jésuites, dès 1611, vont battre campagne et développer nombre de stratégies devant dissuader les Indiens de leurs croyances idolâtres.

Ils les feront ainsi douter et, de la cordillère à Quito et jusqu'à Santa Fe de Bogotá, les Indiens apprendront à différencier l'objet vénéré pour sa puissance et l'image pieuse. Il convient d'investir l'espace de nouveaux symboles, de donner au Pérou les bases d'une religion universelle, et de hâter les Indiens à la conversion au christianisme, et plus précisément à une « reconversion » au regard des lieux et des objets à ce

Un Indien inca s'agenouille devant l'apôtre Barthélemy

143

jour vénérés. Les vierges et les saints contribueront à la réussite de celle-ci. Copacabana, au Pérou, devient un centre marial considérable, et le lac Titicaca, berceau des croyances antiques et domaine du dieu Viracocha, se voit désormais honoré de la protection de la Vierge. L'omniprésence des vierges, la magnificence des sanctuaires et la révélation des miracles confèrent aux *huacas* chrétiennes une puissance certaine interprétable en termes andins.

Le déphasage entre la Nouvelle-Espagne et les Andes semble s'expliquer par de multiples facteurs. Certes, conquise dix ans plus tôt, pacifiée et organisée, la Nouvelle-Espagne centrale possède une avance

L'inca Tupa Yupanqui consulte les huacas de son empire

de près de vingt-cinq ans sur le Pérou. Elle est animée d'une dynamique culturelle facilitée d'une part par des procédés différents de christianisation (autrement appréhendés dans les esprits et dans le temps), et d'autre part par les conditions mêmes de l'expansion espagnole qui révèle une densité conséquente et une occupation européenne plus importante. Enfin il faut considérer un moindre éloignement de la cour et surtout un processus de pacification plus rapide, ce qui n'est guère comparable aux guerres civiles et au régime anarchique du Pérou. D'autres facteurs, continentaux et topographiques, contribuent à renforcer les différences. La Nouvelle-Espagne, en dehors de la barrière des sierras, ne présente pas d'obstacles réels à sa conquête, qu'il s'agisse du sol comme du climat qui apparaît plus tempéré que celui de Castille, ce qui diffère énormément du relief andin aux conditions climatiques rigoureuses, à la difficulté de relier chaque village, et à l'altitude (cf. Orientation bibliographique, BERNAND et GRUZINSKI).

LES VOIES DE LA SAINTETÉ

La construction d'un catholicisme orthodoxe parvient à la mise en place de ses principales définitions vers 1650 dans les deux vice-royautés. Désormais les autorités ecclésiastiques consacrent leur activité à contenir les effets des transformations sociales permanentes. En d'autres mots, à empêcher que les manifestations catholiques ne deviennent idolâtres et que les croyances préhispaniques adoptent des teintes chrétiennes. Les Indes avaient été conquises davantage pour servir et louer Dieu que pour s'ajouter à l'empire.

Évêques et conciles élaborent l'image de l'Indien idolâtre, mais aussi celle de l'Indien converti et sincère dévot. Ils le font en reprenant les récits locaux d'anciennes manifestations miraculeuses de la foi où la présence indienne s'avère essentielle. L'ultérieure sanction officielle en confirme la dévotion. Les apparitions de la Vierge Marie à l'Indien Juan Diego à Mexico en 1531, que lui-même raconte à l'évêque, sont jugées d'abord peu dignes de crédit. C'est à partir du moment où l'Indien montre l'image de Marie, miraculeusement empreinte sur sa bure, que débute l'histoire de la plus importante des dévotions mariales de l'Amérique ibérique. Il s'agit d'une image de la Vierge aux traits autochtones connue sous le nom de Guadalupe. Promue à l'origine notamment par le clergé séculier, son culte ne devient général qu'après 1650. **En 1746, la Vierge est proclamée patronne de la Nouvelle-Espagne par l'ensemble du clergé, et le Saint-Siège la reconnaît officiellement en 1754.** Juan Diego est enfin canonisé en 2002 par le pape Jean-Paul II.

Pour le Pérou, le cacique Francisco Titu Yupanqui, un apprenti sculpteur, décide de sculpter une image de la Vierge de la Chandeleur (*Candelaria*) en argile pour servir à sa confrérie. Le curé et ses propres compatriotes la rejettent en raison de sa raideur. Déçu, le cacique se rend à Potosi où, après plusieurs tentatives, il modèle encore une œuvre grossière dont les gens se moquent, à l'exception du corregidor qui l'achète et la conserve à Copacabana. En 1582, le miracle se produit lorsque l'image se transforme elle-même et, rayonnante de beauté, gagne l'acceptation des autres ; son teint, noir à l'origine, devient mat comme celui des Indiens. On lui octroie alors la pleine reconnaissance le 2 février 1583 sous le nom de la Vierge de Copacabana, le fameux sanctuaire aux bords du lac Titicaca. En 1589, don Francisco répète son exploit. Il copie l'original, met en contact la copie avec la Vierge miraculeuse qui lui trans-

L'HISPANO-AMÉRICAIN

met son pouvoir, et la nouvelle image préside désormais le sanctuaire de Notre-Dame de Pucarani. Les images sont vénérées partout, elles accomplissent d'autres miracles, et leur renommée se répand dans tout le Charcas (actuelle Bolivie) et gagne la capitale vice-royale de Lima tout entière avec le soutien enthousiaste de l'archevêque Toribio de Mogrovejo (cf. Repères biographiques).

L'histoire des miracles est, en Amérique ibérique, parallèle à celle de la sainteté. Si les cas des Indiens vertueux se multiplient après 1630, les autres groupes de cette société multiethnique contribuent autant que les autochtones à faire de la ville de Lima une ville-monastère et un reliquaire hors pair. L'archevêque Mogrovejo lui-même (1538-1606), titulaire de la première canonisation des Indes, ouvre la porte de la sainteté en la rapprochant des Indiens. Des témoignages plus anciens comme ceux de Diego Ortiz, martyr du Pérou, et du frère Felipe de Jésus, franciscain mexicain trouvant la mort au Japon, renforcent la croyance en l'apôtre Thomas, qui aurait arrosé de sainteté les territoires lors de son passage mythique par les Indes. La jeune créole Rosa de Lima, baptisée par Mogrovejo et canonisée en 1668, est l'objet d'un culte très vite répandu entre tous les groupes ethniques et les provinces les plus éloignées du Pérou. Enfin, sainte Rosa et le mulâtre Martin de Porres, béatifié en 1659, sont les cas les plus célèbres parmi la centaine d'hommes et de femmes morts en odeur de sainteté (cf. Repères biographiques). **L'exaltation de la sainteté se confond avec les représentations de l'histoire et devient un ingrédient privilégié du patriotisme local.** Aucune ville n'égale la réputation de l'impériale Lima dans la production de saints. Pourtant les Mexicains défendent leur Vierge de Guadalupe, don de Dieu placé au-dessus de tout écueil d'idolâtrie (cf. Orientation bibliographique, BERNAND et GRUZINSKI).

PROCESSIONS ET FÊTES

Les processions religieuses, où défilent les confréries de Noirs, d'Indiens et d'Espagnols, sont l'occasion de manifester la place réservée à chacun au sein du corps social. L'importance essentielle donnée aux ordres de préséance est un phénomène courant. L'organisation des cérémonies officielles et des fêtes est codifiée, et ces codes sont immédiatement compréhensibles pour les contemporains. Ainsi un différend protocolaire a lieu entre les membres de l'audience et l'évêque de Santiago du Chili au sujet des places attribuées à chacun pour la représentation d'une comédie donnée à l'occasion des fêtes de la Nativité de la Vierge. Le prélat n'accepte pas de renoncer à son fauteuil d'apparat sans mettre en évidence, devant toute l'assistance, quelle est la place qui lui revient de droit.

Les fêtes et les processions représentent donc une exhibition de l'organisation idéale de la société. Pourtant elles ne sont pas exclusivement des « modèles de référence ». Avec les représentations des mystères, des scènes de la vie et de la passion du Christ, chaque procession donne aussi une véritable leçon qui illustre par des images et des sensations toute la pompe et la richesse nécessaire, tout ce que l'on peut imaginer à travers les paroles des sermons.

Les célébrations religieuses sont le plus souvent accompagnées d'expressions populaires et profanes, comme la Fête-Dieu qui s'achève par l'expression théâtrale et le défilé de chars fleuris. Les fêtes demeurent le lieu et l'opportunité pour le peuple de boire et de danser. À la Saint-Hyppolite, le 13 août, a lieu à Mexico la commémoration de la prise de Tenochtitlan par Cortés. Elle est célébrée avec plus de réserve de la part du vice-roi et de l'ensemble des dignitaires. Certaines cérémonies, comme l'entrée en fonction d'un vice-roi, l'arrivée d'un évêque, la naissance d'un prince, une canonisation ou le mariage du souverain sont l'occasion de longues fêtes, de jeux publics, de mascarades, de déguisements et de courses de taureaux où les municipalités et même de riches aristocrates dépensent sans compter (cf. Les loisirs, chap. IX). Ils témoignent ainsi de leur attachement à la Couronne ou de leur dévotion, tandis que les censeurs de la moralité publique dénoncent en personne ou par leurs écrits les débordements auxquels on assiste, notamment dans les quartiers noirs ou indiens. Cet esprit festif s'explique aussi comme un exutoire d'un quotidien souvent pénible. La détermination des vice-rois successifs de Lima, à la fin du XVIIe siècle, ne suffira pas à réduire le nombre de jours fériés. À la même époque, pour cause des fêtes, l'audience de Santiago du Chili chôme 179 jours par an.

LES MISSIONS

La force structurante de l'Église dans les villes des Indes est décisive. Sa vocation missionnaire lui permet, en milieu rural, de restituer en quelque sorte l'idéal de la Jérusalem terrestre. **La « mis-**

147

sion » **est une institution ou une forme d'organisation fortement influencée par des conceptions utopiques.** Elle révèle une volonté de regroupement selon un plan qui concrétise une savante gradation du passage de l'espace sacré à l'espace profane. Les églises donnent sur des places divisées en deux : l'atrium, entouré d'une balustrade basse qui prolonge la sacralité, et le reste de la mission qui inclut des exploitations agricoles. Les missions ne semblent pas donner lieu à des agglomérations authentiques. Pourtant elles se répandent partout : comme pour les villages-hôpitaux de l'évêque Vasco de Quiroga au Michoacán (Nouvelle-Espagne) et les tentatives de Bartolomé de las Casas à la Vera Paz au Guatemala au XVIe siècle ; les villages franciscains du Paraguay au début du XVIIe, et les missions capucines dans l'est et dans les *llanos* vénézueliens à partir de 1660. Cependant **les principales réalisations sont l'œuvre des jésuites** dans les régions qui leur sont confiées, essentiellement en Californie et dans le Paraguay actuel, le nord-est de l'Argentine, une région significativement appelée aujourd'hui *Misiones*, ainsi que dans certains territoires du sud du Brésil. Les missionnaires optent pour le rassemblement des Indiens dans des villages construits selon des règles de sociabilité bien définies, que l'on appelle *reducciones*. Arrivés en 1609 en provenance du Pérou, les jésuites regroupent plus de 30 000 Indiens guaranis en 1650, et 117 000 en 1725. Leur effort porte surtout sur la région amazonienne, où les Indiens se regroupent en *aldeias*. Jusqu'en 1640, ces dernières manifestent un urbanisme lâche ; puis, avec une seconde génération d'Indiens en voie d'assimilation, les missions imposent un urbanisme strict, monumental et pédagogique, surtout dans leur centre. De la Californie au Rio de la Plata, le même style de vie règne dans les *reducciones*. C'est à partir des années 1750 que l'entreprise des jésuites devient de plus en plus fragile, victime des jalousies qu'elle suscite auprès des trafiquants d'esclaves indiens et des propriétaires de troupeaux. Après l'expulsion des jésuites en 1767, il ne reste que 42 000 Indiens dans les ex-*reducciones* du Paraguay ; ceux des *aldeias* refluent vers l'intérieur de l'Amazone, ceux du nord de la Nouvelle-Espagne reviennent pour plus d'un siècle à la résistance. Seules quelques missions de la haute Californie semblent persister sous l'égide des franciscains qui remplacent eux-mêmes les jésuites ou fondent de nouveaux établissements (cf. Orientation bibliographique, CALVO 1).

La volonté d'ouvrir de nouveaux fronts pionniers et de contrecarrer les avancées des puissances coloniales concurrentes est à la base d'une nouvelle poussée du zèle évangélisateur. En

Californie, et même plus au nord, le long de la côte Pacifique, tout un ensemble de garnisons (*presidios*) situées dans les actuels États-Unis est fondé après 1770. L'œuvre missionnaire de franciscains comme fray Junípero Serra, combinée à l'urbanisme et à d'autres savoirs, donne naissance à une vingtaine de missions dont la dernière est fondée en 1823 (cf. Repères biographiques).

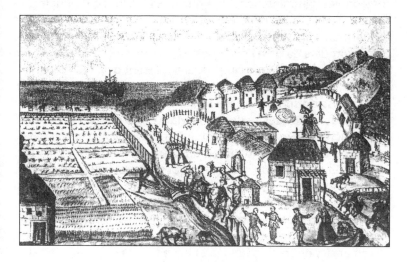

Mission jésuite de San José del Cabo (basse Californie)

L'INQUISITION

Tribunal séculaire autant qu'ecclésiastique, les fonctions du Saint-Office s'encadrent dans la préservation de l'orthodoxie religieuse au sens large du terme. Cependant il ne vise pas les populations indigènes en raison de leur entrée dans la religion catholique, légitimement évincées de toute suspicion d'infidélité. En 1570-1571, les deux capitales des vice-royautés deviennent sièges d'un tribunal, et un troisième est installé en 1610 à Cartagena de Indias, le grand port de la côte caraïbe de l'actuelle Colombie, ouvert aux influences extérieures parfois difficiles à contrôler. Un visiteur du Saint-Office est en outre envoyé au Brésil entre 1590 et 1595. Le tribunal est établi aux Indes sur les mêmes bases qu'en Espagne, composé de quatre juges attachés à la cour suprême de Madrid. Ils nomment des commissaires dans les différentes agglomérations d'Espagnols, et s'appuient sur toute une hiérarchie allant de l'*al-*

149

guacil ou chargé de police, dans les municipalités, jusqu'aux simples « familiers ». Ceux-ci impliquent le Saint-Office dans un réseau dense de clientélisme : en échange, l'Inquisition leur offre le prestige des « vieux chrétiens » et ses privilèges d'immunité.

L'un des premiers rôles du Saint-Office est la chasse aux réformés, c'est-à-dire aux protestants, mais surtout aux judaïsants susceptibles d'immigrer en Amérique. Pour la plupart d'origine portugaise, ceux-ci sont doublement pourchassés lorsque le royaume du Portugal redevient indépendant en 1640. L'année d'avant, le grand autodafé de Lima condamne 62 d'entre eux, dont douze sont exécutés, et en 1641 une cinquantaine passent devant le tribunal à Mexico, avec là encore une douzaine de condamnations au bûcher.

La pression inquisitoriale s'exercera également auprès des adeptes de pratiques sexuelles déviantes, et des bigames en raison de facteurs d'émigration, contraints bien souvent à l'abandon de leurs proches et à la fondation d'un autre foyer aux Indes. **La sorcellerie, la sollicitation** qui inculpe des confesseurs malhonnêtes envers leurs pénitents, **et les propositions scandaleuses ou blasphèmes sont aussi passibles de la sanction inquisitoriale.** Les poursuites intentées par le Saint-Office vers 1616 révèlent la présence active en Nouvelle-Espagne d'astrologues, d'adeptes de la chiromancie, de sorciers liés au diable par un pacte. Enfin le Saint-Office exerce des fonctions d'expurgation et de censure de toute sorte d'œuvres littéraires ou artistiques telles que des catéchismes considérés comme laxistes. L'Inquisition est supprimée en 1813 à la demande des Cortès de Cadix, alors que le processus d'indépendance est bien entamé. Cependant la pression exercée par les inquisiteurs sur la société a perdu depuis longtemps de sa force et de sa vigilance (cf. Orientation bibliographique, LAVALLÉ).

VII

LANGUES ET LITTÉRATURE

Langue de savoir, héritière des siècles de contacts avec différents peuples et religions, **l'espagnol entre dans sa phase d'apogée à partir de la fondation des royaumes des Indes** où il côtoie le portugais ainsi que de très nombreuses langues autochtones. 1492, l'année de la découverte de l'Amérique, est celle de la parution de la *Grammaire de la langue espagnole,* la première du genre en Europe. Son auteur, Elio Antonio de Nebrija, écrit dans son prologue que la langue est la compagne de l'empire. Il prône son expansion vigoureuse et sa rencontre avec d'autres langues. **Si l'espagnol et le portugais sont les langues officielles des royaumes, elles ne supplantent pas les langues indigènes** qui bénéficient même de l'écrit et de l'enseignement. Ce n'est qu'au XVIIIe siècle, notamment avec la politique uniformisatrice des Bourbons, que l'espagnol sera systématiquement enseigné.

LES LANGUES

La langue et la religion s'identifient l'une à l'autre, elles suivent une même évolution. Cependant la christianisation des Indiens, synonyme de leur hispanisation, n'implique l'apprentissage de l'espagnol, dans un premier temps, que pour les élites. En revanche **il n'y a pas d'évangélisation sans un gros effort de traduction de la part des ecclésiastiques.** Le noyau de cet effort est l'adoption de l'écriture latine, ce qui constitue une révolution technique et intellectuelle. Les religieux et les élites autochtones apprennent à écrire les langues indigènes qui jusque-là n'ont qu'une écriture idéographique. Les religieux et les clercs élaborent ensuite des instruments tels que des catéchismes, vocabulaires et grammaires. Cela suppose la fondation des écoles qui facilitent l'assimilation de nouvelles techniques. Parallèlement les ruptures de générations et les lacunes de transmission à l'ancienne, provoquées par les épidémies, rendent les jeunes Indiens infiniment plus disponibles à l'innovation (cf. L'enseignement, chap. X).

Les Indiens ont tout à gagner de cette révolution, car la notation du nahuatl en caractères alphabétiques permet la rédaction en cette langue d'une masse impressionnante de textes littéraires et de documents. **La Nouvelle-Espagne connaît une situation différente de celle du Pérou** par le fait que **les Aztèques, n'ayant pas imposé le nahuatl, avaient admis et conservé l'utilisation de langues complexes** comme le maya et ses variantes, aussi bien que le zapotèque, le tarasque ou l'otomi. En contraste, **les Incas, dans le but d'assurer l'unité de leur empire, avaient privilégié le quechua et l'aymara** au détriment des langues secondaires. La grande diversité linguistique donne lieu à une production riche d'une centaine d'œuvres qui retracent la géographie des ordres mendiants installés en Nouvelle-Espagne. Ainsi, entre 1524 et 1572, les franciscains, les dominicains et les augustins rédigeront des traités d'évangélisation en nahuatl, en tarasque, en otomi, en zapotèque et en zoque (dialecte du maya). Le poids des matériaux produits en langues locales au Pérou paraît infime. Avant 1572, les exemples au Pérou restent isolés. La littérature péruvienne se référant à l'évangélisation qui nous soit parvenue est plus tardive et correspond à l'étape de construction d'un catholicisme plus orthodoxe. Elle consiste en des traités sur la conversion des Indiens, comme *De procuranda indorum salute* du jésuite Joseph de Acosta (cf. Quelques auteurs majeurs), ou au corpus des textes issus du troisième concile de Lima, comme la *Doctrina Christiana* trilingue de 1584.

Confrontées à des situations linguistiques complexes, notamment dans les régions conquises par les Incas dans lesquelles le quechua et celle de l'époque pré-incaïque sont en concurrence, **les autorités tendent à répandre l'usage des langues les plus connues**. À la demande des pères du troisième concile, un demi-siècle après Mexico (1536), l'imprimerie fait son apparition à Lima en 1584. Deux premiers ouvrages y sont imprimés presque en même temps : une instruction touchant à l'annulation des dix jours du calendrier ordonnée par la réforme grégorienne (*Pragmática de los diez días del año*) (cf. Le temps, chap. V), et la *Doctrina Christiana*, déjà évoquée, ou catéchisme trilingue du concile (castillan, quechua et aymara) qui, inspiré de celui de Pie V (1566), consacre la langue comme facteur essentiel de la christianisation. **Une campagne intensive d'homogénéisation linguistique élève au Pérou le quechua et l'aymara en langues littéraires.** Enseignées dans les cloîtres universitaires, ces langues, dites « générales », expérimentent alors un processus de fixation de leurs ressources rhétoriques et esthétiques. Elles deviennent les langues de l'Église et permettent également l'accès à l'administration et à la justice. Par l'intermédiaire de leurs missions, les jésuites contribuent comme personne à l'extension de la langue générale jusqu'à Tucuman, au nord de l'actuelle Argentine.

Le phénomène est comparable au Brésil où, dans la seconde moitié du XVIe siècle, pour éviter une trop grande dépendance vis-à-vis des interprètes, **les jésuites contribuent à codifier le tupi.** Il s'agit de la langue des Tupinambas, par opposition à celle des Tipuias, considérés comme plus barbares. À l'aide de la langue latine, le père José de Anchieta achève en 1551 une grammaire publiée à Lisbonne en 1595 sous le titre *Arte da gramática da língua mais usada na costa do Brasil* (cf. Quelques auteurs majeurs). Le tupi, enseigné dans les écoles indigènes, est uniformisé sous le nom de *língua geral* (langue générale). Dès la fin du XVIIe siècle, elle devient non seulement un instrument de catéchèse, mais une *lingua franca* pour la communication entre divers groupes, notamment parmi les enfants des Portugais et d'Indiennes, et leurs descendants, appelés *mamelucos*.

La Nouvelle-Espagne semble connaître un processus quelque peu différent. **Le nahuatl, appelé « mexicain »,** semble aussi s'y répandre, mais non sans **continuer à côtoyer les autres langues.** D'autre part l'utilisation et l'étendue de l'espagnol y paraissent plus précoces que dans la vice-royauté méridionale. La publication à Mexico, depuis 1611, d'un *Vocabulario manual de las lenguas castellana y mexicana* par Pedro de Arenas, permettant une communication quotidienne avec les Indiens, semble confirmer aussi qu'il fallait un dictionnaire pour se comprendre. À Mexico, les Espagnols connaissent quelques rudiments de nahuatl, tandis que les Indiens, au contact des métis et des Noirs, assimilent des rudiments d'espagnol. Les autres se servent du manuel d'Arenas, et le nahuatl, chaque fois plus répandu, facilite les choses avec des Indiens issus d'autres ethnies. Ceux-ci viennent parfois travailler de loin, comme c'est le cas des Chiapanèques, des Yucatèques ou des Tarasques du Michoacán qui, dans les années 1590, s'engagent à Puebla, à des centaines de kilomètres de leurs villages d'origine. La question linguistique est posée également pour les esclaves d'origine africaine dont les contrats de vente mentionnent le degré de maîtrise de l'espagnol.

C'est à partir de la fin du XVIIᵉ siècle, coïncidant avec une lente récupération démographique, que l'apprentissage de l'espagnol s'intensifie. La Couronne ordonne l'installation d'écoles dans les paroisses, ainsi que l'engagement de maîtres de langue pour les enfants. Cependant ces efforts d'enseignement linguistique ne semblent se consolider qu'à partir de la décennie de 1750. **La volonté d'homogénéisation et de centralisation des Bourbons donne lieu à des campagnes de « castillanisation » dont les résultats sont inégaux** (cf. L'enseignement, chap. X). Les hauts plateaux à l'ouest du Nouveau Royaume de Grenade (actuelle Colombie) ainsi que le riche *Bajío*, au nord-ouest de Mexico, sont des régions peu indigènes où l'espagnol se répand plus rapidement. Hormis le *papiamento*, sorte de langage de Curaçao modifié tardivement en raison de l'intrusion hollandaise, l'espagnol n'a jamais donné lieu à aucun dialecte, même aux Philippines. L'expression orale des masses analphabètes conserve une précision et une uniformité déterminantes pour l'intelligence et la sensibilité des enfants.

Catéchisme en langue indigène du Brésil

Doctrine en langue mexicaine (nahuatl)

Couverture d'un livre imprimé aux Indes

LES LIVRES ET LA PRESSE

Des ouvrages de fiction tels que les romans de chevalerie semblent accompagner les conquistadors et les premiers explorateurs en excitant leur imagination. Puis **l'apparition de l'imprimerie en Amérique espagnole est liée à la nécessité de diffuser les ouvrages d'évangélisation.** Une brève *Doctrina cristiana en lengua mexicana y castellana* est le livre le plus ancien que l'on connaisse, fabriqué vraisemblablement à Mexico vers 1539, où un imprimeur s'était installé deux ans auparavant. Lima suit en 1584, comme on l'a vu. Le Brésil n'aura d'imprimerie qu'au début du XIXᵉ siècle, et la première imprimerie dans les colonies anglaises date de 1638.

Le souci de préservation de l'orthodoxie face au protestantisme impose une série de restrictions à la circulation des nombreux manuscrits et des textes imprimés. Sauf les ouvrages en langue indigène, tous ceux en provenance des Indes doivent passer devant le Conseil du roi à Madrid, ce qui veut dire que les livres imprimés en Amérique sont exportés en Europe. À partir de 1560,

155

les ouvrages à destination d'outre-Atlantique font l'objet d'un répertoire avant leur départ par la *Casa de Contratación* de Séville (cf. Le commerce, chap. IV). Plusieurs milliers de livres semblent traverser l'Atlantique avant 1605. La plupart portent sur des sujets religieux et grammaticaux, suivis par le droit. Séville constitue en outre la ville où la majorité des titres sont imprimés. De fait, Juan Pablos, le premier imprimeur des Indes à Mexico, a été l'un des agents de la maison sévillane des Cromberger. Quant aux libraires, ils sont censés préciser à l'Inquisition les listes d'ouvrages en vente. **Malgré ces restrictions**, et grâce à la contrebande, il semble que **la plupart des livres lus en Espagne le soient aussi aux Indes**.

L'imprimerie prend partout de l'extension dans la seconde moitié du XVIIIe siècle ; les jésuites, qui ont imprimé un *Martirologio Romano* depuis 1700 dans leurs missions du Paraguay, installent une imprimerie à Córdoba en 1764, qui est transférée à Buenos Aires suite à leur expulsion en 1767 ; jusqu'alors, en Nouvelle-Espagne seules les villes de Mexico et Puebla (1640) en sont pourvues. Viennent ensuite Oaxaca (1720), Guadalajara (1792) et Veracruz (1794). Dans la vice-royauté méridionale, le mouvement est comparable : Lima d'abord (1584) suivie par Potosi (1610) et par Santa Fe de Bogotá (1738). En 1690 sont imprimés à Mexico 26 ouvrages par an, et 92 en 1785-1794. Des liens assez étroits entre imprimerie, livre et patriotisme créole sont constatés : Juan José de Eguiara y Eguren installe en 1753 un atelier à Mexico pour y publier sa *Bibliotheca Mexicana*, dont le but est de démontrer l'excellence de tout ce qui a été écrit en Nouvelle-Espagne depuis la conquête. On a estimé à 17 000 le nombre total des éditions de livres dans les viceroyautés espagnoles, Lima et Santa Fe de Bogotá étant les principaux centres d'édition en Amérique du Sud.

Malgré l'importance de l'imprimerie, les manuscrits restent beaucoup plus nombreux. Leur circulation est le trait essentiel d'un système d'information à grande distance mis en place par la Couronne. Un empire gouverné donc par l'écrit semble être l'une des raisons qui expliquent la longue vie de la monarchie catholique (cf. Le roi et ses institutions, chap. III). L'expansion atlantique de celle-ci donne lieu à de très diverses pratiques d'écriture par ses agents, toujours prêts à raconter leurs aventures et à faire preuve de leurs mérites. Ces pratiques, qui dépassent les genres connus des spécialistes, sont pour la plupart préservées dans des manuscrits. **Les couvents des ordres religieux, les universités, aussi bien que les évêques et les séminaires diocésains, possèdent des biblio**

thèques. Les fonds privés restent la propriété des ecclésiastiques, des fonctionnaires, des professionnels tels que des avocats ou des médecins ou des artistes. Celles du Pérou révèlent la prééminence des œuvres juridiques.

Si les feuilles de nouvelles et les relations éphémérides remontent au XVIᵉ siècle, **le premier périodique régulier est la *Gaceta de Lima* (1700),** suivie à partir de 1722 par celle de Mexico. L'intégration des gazettes européennes semble subordonnée : de 1722 à 1728, la gazette de Mexico s'éclipse derrière une simple réimpression de celle de Madrid. C'est à partir des années 1790 qu'apparaissent des publications plus originales de réflexion, dont le *Mercurio Peruano* (1791), la *Gaceta de literatura de México* (1789-1792) ou le *Papel Periódico* de Bogotá (1791-1797).

LES GENRES LITTÉRAIRES

Une abondante circulation de livres et de manuscrits contribue à la consolidation des genres, à la diffusion des savoirs et à la formation d'une république des lettres au siècle d'or de la langue espagnole (cf. Une capitale des lettres, chap. II). Dans son ensemble, **la littérature privilégie aux Indes les savoirs pragmatiques qui sont à la base de l'entreprise impériale.** D'où l'extrême importance des ouvrages conçus pour servir d'outil à une civilisation vouée à la traduction et à la connaissance des langues en tant que telles. D'où aussi le poids des chroniques, des histoires et des descriptions qui cherchent à connaître la religion et les mœurs des anciennes sociétés amérindiennes ainsi que les territoires conquis. D'où, enfin, la présence des traités juridiques servant à faire appel à la justice et à l'élaboration du droit des Indes.

CHRONIQUES ET HISTOIRES

Comment préserver la mémoire de ce qui s'estompe de jour en jour quand les ancêtres aux Andes n'ont pas laissé d'écrits ni rien de comparable aux peintures des Indiens de la Nouvelle-Espagne ? **Deux objectifs sont à la base d'un genre connu sous le nom un peu vague de « chroniques » :** d'abord **relater et conserver les faits accomplis par les Ibériques** au Nouveau Monde avec tout ce qu'ils affirment avoir vu et écouté. Ensuite **rechercher l'histoire et les mœurs des populations autochtones**. Ces écrits restent pendant longtemps le seul moyen de faire connaître les Indes à l'Ancien Monde et constituent donc un premier pont entre les rives de l'Atlantique. Le genre évolue vite vers des formes plus élaborées, surtout l'histoire, puisque c'est depuis longtemps l'un des thèmes favoris des Espagnols en Péninsule ibérique. Parmi ses auteurs figurent les conquistadors eux-mêmes, ainsi les grands chefs comme Cortés, et des soldats membres de leurs expéditions. Au lendemain de la défaite de Gonzalo Pizarro au Pérou, l'Inca s'entretient longuement avec Pedro Cieza de León, un soldat espagnol qui s'intéresse aux antiquités. Il meurt après avoir rédigé une histoire intitulée *El Señorío de los Incas* (La domination des Incas). Mais il y a également des religieux comme fray Bernardino de Sahagún qui mènent de véritables enquêtes parmi les vieux Indiens, de façon à récupérer la connaissance de tous les aspects de la religion préhispanique (cf. Quelques auteurs majeurs).

Dès la fin du XVIᵉ siècle apparaissent des auteurs nés aux Indes, dont le célèbre métis du Cuzco Garcilaso de la Vega, fils d'un conquérant et d'une princesse indienne. Ses *Comentarios reales de los Incas* (1609) et son *Historia del Perú* (1617) le consacrent comme l'historien des Incas. Les jésuites et Garcilaso construisent une image de l'ancien empire inca inspiré du modèle de la Rome antique. Chez les Européens comme chez les créoles, **la nostalgie du passé se teinte d'une réflexion sur l'écriture, « maîtresse de la vie, lumière de la vérité »** et sur la pérennité du souvenir. « Ma plume, écrit Cieza, n'a pas l'aisance ni la beauté de celle des bacheliers et des lettrés (*letrados*) espagnols, mais elle est empreinte de vérité. » Les recherches et les allées et venues du chroniqueur métis Fernando Alva Ixtlilxóchitl dans les campagnes de la vallée de Mexico révèlent l'existence de

Le chroniqueur indien Felipe Guamán Poma de Ayala (Pérou) présente sa chronique au roi Philippe III (1615)

réseaux de nobles lettrés qui maintiennent le souvenir des choses d'antan jusqu'à l'aube du XVIIᵉ siècle (cf. Quelques auteurs majeurs). Ceux-ci recueillent des traditions orales, collectionnent les peintures ou rédigent en espagnol et en nahuatl le récit « de grandes choses arrivées sur cette terre ». Cette mémoire figée s'accompagne d'une mémoire vive : des annales relatives à l'époque vice-royale, mais rédigées par des Indiens comme Domingo Chimalpahin, circulent dans la vallée de Mexico, et les principautés les recopient pour s'en inspirer (cf. Orientation bibliographique, BERNAND et GRUZINSKI).

Les ordres religieux écrivent l'histoire de leurs provinces, au milieu des conflits politiques entre les frères péninsulaires et ceux nés aux Indes, qui se disputent le gouvernement de l'ordre. Quelques-unes de ces chroniques sont de premiers témoignages de l'apparition d'une identité américaine.

LA LITTÉRATURE JURIDIQUE

Plusieurs textes se regroupent autour du débat sur la légitimité de la conquête et la nature de l'Indien. Ils surgissent dans les cloîtres universitaires de Mexico et de Lima, de Salamanque ou Valladolid. De quel droit la Couronne espagnole exerce-t-elle son pouvoir aux Indes ? Les Indiens doivent-ils payer ou pas la dîme ? **Ces textes visent avant tout à fournir des fondements théoriques à différents projets d'action concrète.** L'Indien, d'abord considéré à l'aide d'outils préétablis tels que le concept médiéval de guerre juste ou d'infidélité, aide à modifier ces outils en **donnant naissance aux premières normes du droit international.** Parallèlement ce débat permet de réaffirmer le principe chrétien de l'unité du genre humain. La bulle *Sublimis Deus* (1537), consacrée aux Indiens, étend ses termes aux peuples infidèles à venir (cf. Chronologies). D'autres textes juridiques sont les *cedularios*, c'est-à-dire des compilations des ordonnances royales dirigées à certaines provinces de l'empire, comme celle de Vasco de Puga (1563) pour la Nouvelle-Espagne, la *Recopilación* des ordonnances du haut tribunal (*audiencia*) de Santa Fe de Bogotá de Juan Florez de Ocariz, ou le *cedulario* de Serrano y Sáenz pour les provinces de Santa Marta et Cartagena (Nouveau Royaume de Grenade), également du XVIᵉ siècle. Ces textes ont servi de base à l'élaboration de la *Recopilación* générale (Madrid, 1681), le principal code des lois des Indes (cf. Le droit, chap. III).

Le droit canonique se caractérise notamment par la publication des conciles dont les contenus privilégient les aspects disciplinaires nécessaires à de nouvelles sociétés chrétiennes. Les plus importants sont les troisièmes conciles de Lima (1583) et de Mexico (1585). Il existe en outre des compilations d'ordonnances que font publier certains évêques pour servir de texte de base à leurs curés, ou des conciles tenus dans un seul diocèse pour servir à un propos spécifique, dont par exemple la lutte contre les abus du système de travail forcé rétribué appelé *repartimiento*.

LE SERMON

Arme persuasive par excellence, le sermon consacre sa célébrité et atteint des sommets de beauté et de sophistication. En tant que genre littéraire, son évolution au Pérou est parallèle à la campagne d'homogénéisation linguistique. La publication des sermons se trouve alimentée par celle des dictionnaires et des grammaires. **Le sermon devient une clé essentielle de lecture morale mais aussi du bon usage de la langue pour les habitants de l'Amérique ibérique.** Ses contenus servent de base non seulement à la transmission orale de la culture chrétienne, mais ils sont également essentiels à l'alphabétisation, et leur maîtrise devient un symbole de prestige à l'intérieur des villages. Les grandes pièces rhétoriques étaient écoutées dans les cathédrales et les grandes paroisses, dans les églises et couvents du clergé régulier ainsi que dans les universités. La période 1550-1700, celle du siècle d'or des lettres hispaniques, correspond à une prédication riche en concepts visant à éveiller la sensibilité et l'imagination des auditeurs, les gens simples aussi bien que les savants et les artistes. Miguel Sánchez, Antonio de Alderete et Pablo Salceda sont de grands prédicateurs de la Nouvelle-Espagne au XVIIe siècle, qui suscitaient l'applaudissement des foules ; Juan de Espinosa Medrano, surnommé le « Lunarejo », en est le plus grand au Pérou. Fray Martin de Velasco, un prédicateur célèbre de Santa Fe de Bogotá, publia en 1677 un traité d'élaboration des sermons qui cherche à démontrer la supériorité des orateurs originaires des Indes. Le père jésuite luso-brésilien Antonio Vieira, dont les sermons sont publiés en 12 volumes, devient un modèle inspirateur pour ses collègues dans les vice-royautés espagnoles (cf. Quelques auteurs majeurs).

La poésie

Elle suit surtout trois lignes d'évolution : les formes populaires traditionnelles, les poèmes épiques et les expressions lyriques. Parmi les premières se trouvent les proverbes et le *romance*, la plus répandue aux Indes, forme de la métrique castillane apparue au XIIIe siècle, constituée de vers octosyllabes. Elle est particulièrement utilisée pour les poésies narratives et l'exaltation patriotique. Dès le XVIe siècle on voit apparaître les *romances*. Ils sont suscités par certains épisodes de la conquête de Mexico comme la *Noche triste* (la nuit triste) ou les guerres civiles du Pérou. **Les *romances* des Indes se caractérisent par la survivance de thèmes très anciens remontant au Moyen Âge castillan et européen.** Lorsque le *romance* perd du terrain en Espagne, devenant populaire auprès du petit peuple, les courants migratoires font des Indes un réceptacle naturel pour la survie du genre (cf. Orientation bibliographique, LAVALLÉ).

Les voyages de découverte et la conquête espagnole du Nouveau Monde donnent lieu à l'écriture des épopées. Leurs protagonistes ont eux-mêmes l'impression d'être les continuateurs des traditions péninsulaires qui, comme le poème du *Cid*, chantent les gloires de l'Antiquité et de la « Reconquête ». **La plus célèbre de ces épopées est l'*Araucana* d'Alonso de Ercilla**, dont la première partie voit le jour en 1569. Son immense succès suscite la parution d'une seconde et d'une troisième partie en 1578 et 1589, avec dix-sept éditions entre la première date et 1596. Née de la résistance indigène à la pénétration espagnole au Chili, l'*Araucana* décrit minutieusement les faits et gestes des héros espagnols et indiens. Elle situe le lecteur dans cette frontière de l'empire et fonde un genre, celui de guerres d'Arauco, qui fera de nombreux émules. Le *gaucho* est l'objet d'une tradition littéraire qui remonte à la fin du XVIIe siècle et qui fait de lui un Martín Fierro, le personnage immortalisé par la littérature argentine du XIXe siècle. Il est également la source d'inspiration d'une riche poésie populaire où se trouvent recueillies des chansons épiques pleines d'archaïsmes qui décrivent les modes de vie et la cavalerie sauvage de la pampa.

Les concours poétiques organisés lors des fêtes sont nombreux dès le XVIe siècle. Trois poètes espagnols sont les principaux inspirateurs : Garcilaso de la Vega (1503-1536), Gutierre de Cetina (1520-1557 ?) et Juan de la Cueva (1550 ?-1609), ces derniers voyageant aux Indes. **Divers auteurs reflètent dans leurs œuvres lyriques les tensions et aspirations de nouvelles géné-**

rations créoles. Les enfants d'Espagnols nés ou grandis en Amérique, comme Bernardo de Balbuena en Nouvelle-Espagne, montrent une grande facilité pour les compositions en vers dès l'âge de onze à douze ans. C'est après 1650 et sous le signe du baroque que la poésie des Indes donne ses meilleurs fruits. Les thèmes religieux se mêlent au sentiment amoureux souvent porté à l'hyperbole ; l'éloge à la rhétorique participe des jeux d'esprit et de la jonglerie verbale. Le jésuite du Nouveau Royaume de Grenade Hernando Domínguez Camargo excelle par la qualité de sa mesure parmi les imitateurs de l'Espagnol Luis de Góngora. Juan del Valle Caviedes, souvent qualifié de « Quevedo péruvien», est considéré comme le meilleur satiriste de Lima. Enfin la religieuse de l'ordre de saint Jérôme, Juana Inés de la Cruz, appelée le « Phoenix mexicain », s'évade de son esprit profane et trouve refuge au couvent. Sa poésie, en même temps recherchée et efficace, balance entre mondanités et incendies religieux. C'est la voix poétique la plus forte de son temps en Amérique espagnole (cf. Quelques auteurs majeurs).

LE THÉÂTRE

Une première forme dramatique est celle des *autos sacramentales*, représentations des mystères de la foi adaptées comme instrument d'évangélisation sur les parvis des grands couvents des ordres mendiants de Nouvelle-Espagne. Tous ceux qui participent en tant que spectateurs, comparses, chanteurs ou danseurs sont des Indiens, et tout ce qui se dit ou se chante est en langue indienne.

Sans doute le plus connu des genres du siècle d'or espagnol, **le théâtre est bien répandu dans les capitales des Indes**. Les compagnies y offrent aux spectateurs des *comedias* à la mode en provenance d'Espagne et parfois récentes, des auteurs locaux, parfois de trois ou quatre par mois (cf. Le théâtre, chap. X). Cependant les dramaturges américains préfèrent les représentations qui accompagnent les grands événements publics, profanes ou sacrés, comme la Fête-Dieu et celles données pour un public plus réduit par les vice-rois ou les religieux dans leurs couvents.

Les *autos*, les pièces hagiographiques, les *comedias* bibliques, enfin le théâtre historique et mythologique coexistent avec des formes plus courtes et plus légères : le *sainete* qui, sur un ton comique, s'intercale entre les actes de la *comedia* ; le *sarao*, dansé et chanté à la fin des représentations ; l'*entremés* (*entremets*) qui a un caractère de farce, avec des parties dansées et chantées ; enfin la *loa*, la plus caractéristique aux Indes, qui chante des louanges aux célébrités, notamment lors des obsèques.

Certains épisodes de la vie réelle contribuent à entretenir une atmosphère qui se prête à la composition des drames ; les aventures de la *monja alférez* notamment. Rendue célèbre en Espagne après 1618, l'histoire de Catalina de Erauso est celle d'une religieuse basque ayant quitté son couvent sous un habit masculin pour participer comme soldat à la guerre du Chili (cf. Repères biographiques). Après le passage à la cour de la religieuse en 1624, Juan Pérez de Montalbán écrit sa comédie *La monja alférez* qui, située à Lima, fait référence à l'engagement de Catalina dans l'armée d'Arauco. **L'honneur comme valeur sociale constitue le ressort essentiel de la production dramatique** (cf. L'honneur et la réputation, chap. X). Trois dramaturges d'origine hispano-américaine sont les plus représentatifs du genre : le « Mexicain » Juan Ruiz de Alarcón, qui inspira *Le menteur* à Corneille, et dont la vingtaine de pièces écrites en Espagne s'inscrivent dans la tradition de Lope, Calderón et Tirso, les plus hauts sommets du théâtre péninsulaire ; sœur Juana Inés de la Cruz, déjà mentionnée, dont les comédies suscitent les vives réactions de l'archevêque de Mexico Aguiar y Seijas ; enfin Pedro de Peralta y Barnuevo, homme de cour péruvien, fidèle à l'esthétique de la *comedia* mythologique à scénographie compliquée (cf. Quelques auteurs majeurs).

LA LITTÉRATURE SCIENTIFIQUE

« Mieux connaître l'espace pour mieux le gouverner » est une devise du roi Philippe II. Ce souci d'efficacité est poussé loin lorsque **la Couronne organise une grande enquête à travers toutes les Indes, qui fait suite à celle ordonnée en Castille.** Entre 1579 et 1586, les fonctionnaires de tous les territoires sont tenus de répondre à un questionnaire sur cinquante points qui permet de « disposer d'une information sûre et détaillée sur les choses des Indes ». Plus de 200 réponses nous sont parvenues. Elles constituent **un genre fort précieux connu sous le nom de « relations pour la description des Indes » ou « relations géographiques ».** Elles se rapportent à la géographie, au tempérament et à la qualité des villes, au nombre des habitants et au degré d'intégration culturelle des Indiens.

L'HISPANO-AMÉRICAIN

163

Dans les années 1560-1580, toute une série de travaux scientifiques, d'enquêtes et d'explorations sont réalisés. Les inondations fréquentes de Mexico font l'objet d'une série de travaux hydrauliques qui cherchent à évacuer l'excès des eaux de la vallée. Ils sont dirigés, dès le début du XVIIe siècle, par des ingénieurs comme Heinrich Martin et Adrian Boot, d'origine étrangère, mais qui s'assimilent sans difficulté à leur nouvelle patrie. Par le moyen de questionnaires adressés aux survivants de la conquête, le franciscain fray Bernardino de Sahagún recueille le plus grand corpus sur l'histoire, les coutumes, la religion, les plantes, la médecine et l'astrologie des Aztèques. Pedro Sarmiento de Gamboa explore l'océan Pacifique à partir du Pérou. Il découvre les îles Salomon et surtout, en 1580, il réussit le premier à franchir à rebours le détroit de Magellan, une entreprise dont il rédige le témoignage dans un itinéraire, le *Derrotero al estrecho de Magallanes* (cf. Repères biographiques).

Les religieux de l'ordre de saint Hippolyte fondent en 1569 l'hôpital de Oaxtepec, à une centaine de kilomètres au sud de Mexico. Sa renommée suscite l'intérêt des médecins espagnols, inlassablement en quête de « merveilleux remèdes » des Indes qui, introduits en Europe, vaincront toutes les maladies. Les plantes des Indes passent pour être plus nombreuses, plus abondantes et plus efficaces que celles de l'Ancien Monde. La curiosité des praticiens espagnols est ancienne. Établi à Séville depuis 1534, le médecin Nicolás Monardes peut se vanter d'avoir connu, avant le reste de l'Espagne, des herbes et des remèdes apportés des Indes par les voyageurs (cf. Orientation bibliographique, BERNAND et GRUZINSKI). **Certaines enquêtes réalisées en Nouvelle-Espagne sont le fait d'Indiens et de religieux.** Le *Codex Badianus* est un herbier offert au vice-roi Mendoza par les Indiens. Le franciscain Bernardino de Sahagún consacre une partie de son *Historia general* aux plantes et aux remèdes des Indiens. Chaque espèce y est décrite, ses effets répertoriés, accompagnés d'indications sur le traitement à effectuer. L'effort de Sahagún n'est comparable qu'à l'ambitieuse expédition conduite par le médecin Francisco Hernández qui débarque en 1570 en Nouvelle-Espagne (cf. Quelques auteurs majeurs, Repères biographiques). C'est grâce aux jardins botaniques, que les Indiens entretiennent encore, qu'ils mènent à bien, sept années durant, études et classifications. Les grandes épidémies qui les déciment, notamment la vérole et la rougeole, défient l'entendement et suscitent les premières autopsies en 1576 (cf. La santé, chap. X).

C'est sans doute à Mexico, la plus proche de l'Europe, que l'on trouve les meilleures démonstrations scientifiques. En 1638, le mercédaire fray Diego Rodríguez détermine la longitude de cette capitale avec une précision supérieure à celle du savant allemand Humboldt en 1803. À la fin du XVIIe siècle, le mathématicien et astronome Carlos de Sigüenza y Góngora franchit une étape vers la sécularisation de la science lorsqu'il démontre l'origine naturelle des comètes.

La politique de la Couronne en matière de défense donna lieu à des plans et traités des fortifications maritimes écrits par des ingénieurs. Juan Bautista Antonelli, engagé par Philippe II, participe à la fortification systématique des royaumes péninsulaires. Il est ensuite envoyé aux Indes pour calculer la route d'un éventuel canal reliant l'Atlantique et le Pacifique à la hauteur de Nicaragua. Avant de repartir en Espagne, il dessine le tracé de la ville d'Antigua au Guatemala. Son frère Bautista voyage aux Indes entre 1581 et 1589. Il est l'auteur des forteresses de La Havane et de Cartagena de Indias, aussi bien que des bastions à San Juan de Puerto Rico et à Portobelo. Un troisième frère, un autre Juan Bautista, est appointé ingénieur militaire des Indes, basé à Cartagena (actuelle Colombie), dont il dessine les plans entre 1594 et 1595. Ces savoirs techniques se diffusent aussi notamment par l'intermédiaire des contacts établis entre ces ingénieurs et les autorités locales (cf. La guerre, chap. III).

Les efforts d'expansion territoriale de la Couronne au XVIIIe siècle **sont accompagnés d'une série d'expéditions scientifiques** au cours desquelles géographes, astronomes, botanistes, naturalistes et géologues dressent partout une sorte d'inventaire systématique des richesses naturelles. Cette entreprise a comme but non seulement l'enrichissement des collections et la curiosité scientifique ; elle cherche également à trouver de nouveaux produits pouvant être adoptés en Europe, des médicaments jusque-là ignorés, des régions susceptibles d'être mises en valeur. Certaines expéditions sont plus à vocation sociopolitique, comme celle de Jorge Juan et d'Antonio de Ulloa qui accompagnent La Condamine en Équateur (1737-1743). D'autres explorations ont un caractère plus géographique, comme celle de González y Haedo qui aboutit à la découverte de l'île de Pâques en 1770. Celle de Malaspina accorde une grande place à l'étude du milieu naturel. Tout cela crée un climat de curiosité intellectuelle dont l'Allemand Humboldt s'étonne lors de ses voyages du début du XIXe siècle en Amérique : jusque dans les confins de la Nouvelle-Espagne, il rencontre des jeunes gens qui discourent sur la chimie de l'eau, mais aussi d'authentiques savants comme le botaniste Mutis, établi au Nouveau Royaume de Grenade (Colombie) et pensionné par le roi.

L'HISPANO-AMÉRICAIN

L'expédition de l'ingénieur et baron prussien Alexandre de Humboldt constitue le modèle de ce genre de **voyages scientifiques.** Accompagné du médecin et botaniste français Aimé Bonpland, il s'embarque pour les Indes en 1799. Durant les cinq années que dure leur périple, des Llanos vénézuéliens au Mexique en passant par le bassin de l'Orénoque et la cordillère des Andes, les savants sont guidés par le désir de mesurer la nature tout en s'attachant à étudier les sociétés des pays traversés. La rédaction des résultats concernant les terres septentrionales devient un chef-d'œuvre publié à Paris en 1811 sous le titre d'*Essai politique sur le royaume de la Nouvelle-Espagne.*

QUELQUES AUTEURS MAJEURS

Les vies des principaux auteurs de l'Amérique ibérique chevauchent les deux rives de l'Atlantique. Leurs origines, leurs allers et retours, leurs imprimeurs, leurs langues, leurs genres et leurs savoirs révèlent les hauts moments d'une civilisation insérée dans le cadre des monarchies composées à l'échelle planétaire.

Fray Bartolomé de las Casas (1474-1566)
Né à Séville d'une famille de marchands, peut-être de juifs convertis (*conversos*) en relation avec Colomb. Bartolomé, qui avait reçu les ordres mineurs, partit chercher fortune à l'île Hispaniola en 1502. Il y reçut une *encomienda* – institution qui attribue des groupes d'Indiens à des conquistadors en échange de leur protection et de leur instruction religieuse. De cette façon, les Espagnols disposaient de la main-d'œuvre leur permettant l'exploitation des mines d'or. Ordonné prêtre en 1512, il continua à Cuba ses activités d'*encomendero*. En 1514 se produisit la « conversion » de Las Casas, qui renonça aussitôt à son *encomienda*. En 1515 il s'embarqua pour l'Espagne afin d'agir auprès du roi, avec l'appui des dominicains d'Hispaniola. En 1519, à Barcelone, il soutint avec éclat la thèse de la liberté naturelle des Indiens. Revenu aux Indes, il prit à Saint-Domingue l'habit des dominicains. Une retraite de dix ans (1522-1531) lui permit d'acquérir la formation théologique nécessaire aux grandes polémiques doctrinales. Il commença aussi à rédiger ses grands ouvrages : l'*Historia de las Indias* ; l'*Apologética Historia*, défense des civilisations indigènes. En 1539 il revint en

Espagne. Son influence et celle des théologiens thomistes de Salamanque inspirèrent à Charles Quint les *Leyes nuevas* de 1542-1543, qui prévoyaient, avec l'interdiction de l'esclavage des Indiens, la suppression progressive des *encomiendas*. Devenu évêque du Chiapas dès son arrivée aux Indes en 1545, il se heurta violemment aux autorités locales et à ses ouailles espagnoles. Après son retour définitif en Espagne (1547), il se consacra à la rédaction de traités doctrinaux et à l'action politique. Pour frapper l'opinion, il fit imprimer à Séville, sans licence, une série d'écrits polémiques dont la *Brevísima relación de la destrucción de las Indias*, promise à une immense diffusion en Europe. Las Casas mourut à Madrid, probablement le 18 juillet.

Fray Toribio de Benavente, Motolinía (1490-1569)

Missionnaire franciscain et chroniqueur, né à Benavente (Zamora, Espagne). Il fit partie des « douze » évangélisateurs conduits en 1524 par Martín de Valencia en Nouvelle-Espagne. Nommé supérieur en 1525, fray Toribio parcourut les royaumes jusqu'au Guatemala et au Nicaragua où il fonda des couvents. Son surnom de « Motolinia » signifiait « le pauvre » en nahuatl, langue qu'il apprit lorsqu'il devint un défenseur ardent des Indiens. Il eut une diatribe avec Bartolomé de Las Casas, comme le révèle sa *Carta al emperador Carlos Quinto* (1555) (Lettre à l'empereur Charles Quint) dans laquelle il l'accuse d'avoir « déshonoré et diffamé… la nation espagnole et son prince et ses Conseils et tous ceux qui, au nom de V.M., exercent la justice en ces royaumes… » Son œuvre la plus célèbre est *Historia de los indios de la Nueva España* (Histoire des Indiens de la Nouvelle-Espagne), divisée en trois traités consacrés aux débuts de l'évangélisation, à la conversion des Indiens, et à la vie et aux faits de Martín de Valencia. Il mourut au couvent de San Francisco à Mexico.

Bernal Díaz del Castillo (1495-1584)

Conquistador, né à Medina del Campo (Castille). Il participa aux expéditions précédant celle de Cortés vers les côtes mexicaines et prit part à la conquête de Mexico. Après la chute de la capitale aztèque, il combattit les Zapotèques de Oaxaca. En 1540 il revint en Espagne et obtint une *encomienda* au Guatemala où il passa le reste de ses jours. Il est l'auteur d'une célèbre chronique qui relate les expéditions évoquées ainsi que la conquête de la Nouvelle-Espagne. Il exalte également les épreuves des Espagnols et revendique des récompenses en tant qu'ex-combattant. Un premier exemplaire

L'HISPANO-AMÉRICAIN

manuscrit de l'ouvrage, aujourd'hui perdu, fut envoyé à la cour d'Espagne en 1575. L'auteur se déclare en désaccord avec l'histoire de Francisco López de Gómara, d'où l'adjectif de son titre : *Historia verdadera de la conquista de la Nueva España* (Histoire véridique de la conquête de la Nouvelle-Espagne). La première édition date de 1632. Il existe deux traductions françaises, l'une de Jourdanet (1876), l'autre du poète José María Heredia. Bernal décéda à Guatemala.

Fray Bernardino de Sahagún (*Ca.* 1500-1590)

Missionnaire et auteur franciscain, né à Sahagún (León, Espagne). Ce que nous savons sur les civilisations préhispaniques de l'actuel Mexique, nous le devons à fray Bernardino. Après avoir été étudiant, puis professeur à l'université de Salamanque, il partit pour la Nouvelle-Espagne en 1529. Dès la traversée, il entreprit des études de nahuatl grâce à des princes aztèques que Cortés avait envoyé en Espagne et qui retournaient à Mexico sur le même bateau que le franciscain. Pour mieux inculquer l'Évangile aux Indiens, Sahagún voulut connaître le mieux possible leurs mœurs, leurs coutumes, leurs « superstitions et idolâtries ». Pendant près de trente ans, et sous les ordres des provinciaux franciscains, il s'attacha à cette entreprise gigantesque dont le *Codex de Florence* et la *Historia general de las cosas de Nueva España* (Histoire générale des choses de la Nouvelle-Espagne) seront les fruits. Pour effectuer cette tâche il mit au point un questionnaire détaillé destiné à être soumis à un certain nombre d'informateurs indiens, surtout à ceux qui avaient vécu avant la conquête espagnole. Le codex et l'histoire sont une véritable encyclopédie de la civilisation nahuatl. Sahagún mourut au couvent de San Francisco de Mexico.

Francisco Cervantes de Salazar (1513-1575)

Humaniste et prêtre, né à Tolède. Il étudia le droit et la théologie à Salamanque et à Mexico. Après un voyage en Flandre (1539), il fut nommé secrétaire « latin » du président du Conseil des Indes, fray García de Loaysa, charge où il fit la connaissance d'Hernan Cortés à la cour d'Espagne (1546). Cervantes enseigna à l'université d'Osuna et fut l'un des premiers professeurs de l'université de Mexico qui avait été fondée en 1551. Il devint chanoine de la cathédrale en 1563 et recteur de l'université mexicaine en 1572. Il écrivit en latin sept dialogues qui décrivent la ville de Mexico et la vie universitaire (1554), et un ouvrage qui inclut le *Linguae latinae exerci-*

tatio de Luis Vives commenté par Cervantes. On lui doit également un texte qui relate les obsèques de Charles Quint célébrées à la cathédrale de Mexico en 1559 sous le titre « *Túmulo imperial* » (Catafalque impérial). Il écrivit également une *Crónica de la Nueva España*, censée être une histoire de la vice-royauté, œuvre apparemment inachevée écrite à la demande de la municipalité de Mexico (1558-1567), où il décéda.

Francisco Hernández (1517-1587)

Médecin et naturaliste espagnol, né à la Puebla de Montalbán (Tolède). Il exerça comme médecin à l'hôpital et au monastère de Guadalupe en Estrémadure, et il semble avoir veillé à la santé du prince héritier, le futur Philippe II. Envoyé en Nouvelle-Espagne par ce roi pour y étudier l'histoire naturelle et ses relations avec la médecine, il parcourut la vice-royauté entre 1570 et 1577. Médecin en fonctions à l'Hôpital royal des Indiens, il fit des recherches sur les effets salutaires des plantes. Son œuvre, considérable (17 volumes), fut détruite dans l'incendie de l'Escurial en 1671. Il existe heureusement un résumé, *Rerum medicarum Novae Hispaniae thesaurus* (Rome, 1628) et des manuscrits qui furent publiés sous le titre de *Historia plantarum Novae Hispaniae* (1790). L'œuvre de Hernández, ses descriptions et ses dessins de zoologie, de minéralogie et de botanique constituent une somme scientifique exceptionnelle qui lui valut le surnom de « Pline de la Nouvelle-Espagne ». Il mourut à Madrid.

Pedro Cieza de León (*Ca.* 1520/1522-1554)

Né à Llorena (Espagne), il se rendit aux Indes à l'âge de treize ans où il fut soldat sous les ordres de Sebastián de Banalcázar. Cieza participa à la fondation de villes du Nouveau Royaume de Grenade comme Cartagena et Antioquia (dans l'actuelle Colombie). Il voyagea ensuite à Cuzco, en quête d'informations pour sa *Crónica del Perú* (*Chronique du Pérou*), qu'il commença à écrire en 1541. À son retour en Espagne, dix-sept ans après, Cieza mit sur papier tout ce qu'il avait vu et entendu dans le Nouveau Monde. Sa *Chronique du Pérou* est très vaste. Il s'agit d'une sorte de parcours géographique, ethnographique et historique du Pérou, qui décrit les coutumes et le mode de vie des Indiens. Il y décrivit également les villes fondées par les Espagnols. Cette première partie fut publiée à Séville en 1553. La deuxième partie de la chronique, divisée en cinq sections, est consacrée à retracer l'histoire et la généalogie des rois Incas aussi bien qu'à relater la conquête du Pérou et les guerres civiles qui s'ensuivirent entre les conquistadors. Pedro Cieza de León est considéré comme le premier historien à dresser un portrait de l'histoire du Pérou. Il mourut à Séville.

Alonso de Ercilla (1533-1594)

Écrivain, né à Madrid dans une famille basque, celle d'un célèbre juriste membre du Conseil de Castille décédé prématurément. Alonso fut élevé dans la connaissance approfondie des auteurs de langue latine, dont Virgile et Lucain. Lors d'un séjour à Londres en tant que page de Philippe II, il demanda l'autorisation du roi pour se rendre au Pérou. En 1555 Alonso partit au Chili dans l'entourage de García Hurtado de Mendoza, fils du vice-roi, marquis de Cañete, chargé de mettre fin au soulèvement des Araucans qui venaient de tuer le conquistador Pedro de Valdivia. Son séjour au Chili en tant que capitaine le rapprocha des coutumes de ce pays, où il admira le courage et les efforts de résistance des Indiens. L'*Araucana*, poème épique dont il est l'auteur, chante les guerres entre Espagnols et Araucans visant à consolider le contrôle des Européens sur les territoires situés sur les confins des Indes. Un total de 37 chants écrits en vers est disposé en trois parties consacrées successivement aux victoires des Araucans, au bouleversement de leur fortune et, enfin, à leur défaite. Ercilla rentra en Espagne suite à la mort de sa mère. Un bel héritage familial lui permit de publier la première partie de son poème (Madrid, 1569). Devenu chevalier de l'ordre de saint Jacques, il voyagea comme chargé de diverses missions diplomatiques en Italie, en Allemagne et en Autriche. Ercilla décéda à Madrid. Les seconde et troisième parties de l'*Araucana* y furent publiées en 1578 et 1587.

Felipe Guamán Poma de Ayala (*Ca.* 1535-1615)

Chroniqueur indien, né à Sondando (Pérou). Il se disait fils d'un « vice-roi » de l'Inca et petit-fils de Tupac Yupanqui. Il voyagea dans plusieurs régions de la vice-royauté. Moins hispanisé que Garcilaso de la Vega, mais plus proche des réalités locales, Guamán Poma essaya pourtant d'inscrire les Incas dans la tradition chrétienne universelle. Il fut un adversaire des « idolâtries » qu'il rejetait dans les ténèbres du passé. Il écrivit *Nueva Corónica y buen gobierno* (1615) (Nouvelle chronique et bon gouvernement). Il s'agit d'un document ethno-historique remarquable de 1 200 pages et presque 500 dessins à la plume, qui révèle une connaissance approfondie des époques préhispaniques et des vice-royautés. L'ouvrage est rédigé en espagnol avec de nombreux passages – dont des poèmes – en quechua et en aymara. Il se veut un traité de christianisation, d'extirpation des rites et des croyances indigènes, et de moralisation. Le texte contient une description géographique et sociale du Pérou. Guamán Poma s'inspira largement des sources écrites et de l'iconographie espagnole, surtout médiévale, ainsi que de documents inédits locaux. Il décéda probablement à Lima.

José de Anchieta (1534-1597)

Le plus célèbre apôtre jésuite du Brésil naquit à San Cristóbal de la Laguna, capitale de Tenerife (Canaries). Arrivé au Portugal en 1545, il fit ses études à Coimbra où il devint jésuite. En 1553 il débarqua à Bahia en compagnie du second gouverneur général du Brésil. Anchieta fut avant tout un missionnaire infatigable parmi les Indiens, aussi bien qu'un maître des sujets brésiliens du roi et un formateur accompli des cadres jésuites. Avec 12 autres religieux, il fonda en 1554 le collège de São Paulo de Piratininga. L'année suivante, Anchieta rédigea une grammaire de la langue tupi, publiée en 1595 sous le titre *Arte da gramática da lengua mais usada na costa do Brasil* (Art grammatical de la langue la plus utilisée sur la côte du Brésil). Il composa également de nombreuses pièces de théâtre représentées dans des villages et accompagnées de musique et de chants. En 1577, le père Anchieta fut nommé provincial de la Compagnie de Jésus au Brésil, charge qu'il exerça jusqu'en 1586. Son œuvre, fort abondante, inclut une *Informação dos casamientos dos índios do Brasil* (Information sur les mariages des Indiens du Brésil), dans laquelle l'auteur décèle les règles de la parenté tupinamba. Son humilité et sa prédication lui valurent une réputation de thaumaturge, et plusieurs miracles lui furent attribués. Mort à Reritiba, ville d'Espirito Santo qui porte son nom, Anchieta fut béatifié en 1980 par Jean-Paul II.

L'Inca Garcilaso de la Vega (1539-1616)

Auteur, né à Cuzco. Fils naturel du conquistador Sebastián Garcilaso de la Vega et de la princesse Inca Isabel Chimpu Ocllo Palla, fille de l'Inca Huallpa Topac, frère du roi Huayna-Capac. Baptisé sous le patronyme de Gomez Suárés de Figueroa, il n'adopta qu'en 1561 le nom de son père, sous lequel il s'illustra dans les lettres. Il fit ses études de grammaire et de rhétorique en compagnie des Espagnols et d'autres métis, mais passa sa première décennie

L'HISPANO-AMÉRICAIN

dans la compagnie des nobles indigènes. Sa maîtrise du quechua et des coutumes des Incas lui permirent d'aider son père dans sa charge d'échevin, puis de *corregidor* à Cuzco. Après son décès, son père lui laissa une somme afin de se rendre en Espagne poursuivre ses études. Il habita dans la province de Cordoue à partir de son arrivée en 1560 et ne retourna jamais au Pérou. Garcilaso était d'ailleurs à la fois homonyme et proche parent du plus grand poète lyrique de la Renaissance en Espagne, et apparenté également au poète cordouan Luis de Góngora. Malgré le refus du Conseil des Indes à ses prétentions de promotion en raison des services rendus au roi par son père, l'Inca Garcilaso servit dans les armées royales et obtint le grade de capitaine lors de la guerre dite des Alpujarras contre les Morisques. En 1599 il mit fin à l'écriture d'une histoire de la Floride, publiée en 1605. Cependant l'ouvrage qui le rendit célèbre est le monumental *Comentarios reales* (Commentaires royaux) dont la première partie, achevée depuis 1604, parut en 1606. L'attitude de l'Inca est complexe. Il fait la louange des Indiens et de leur civilisation avant l'arrivée des Espagnols. Pourtant la seconde partie, publiée en 1617 – donc posthume – sous le titre *Historia general del Perú*, relate avec admiration la conquête des Andes et les guerres civiles ultérieures. Les *Comentarios* mythifient le passé préhispanique et la culture des Incas. En même temps, et sous un regard providentiel et déjà chrétien, l'auteur exalte l'implantation des Européens. Il décéda à Cordoue (Espagne) ayant adopté l'état ecclésiastique.

José de Acosta (1540-1600)

Né à Medina del Campo (Castille) dans une famille de *conversos* (nouveaux chrétiens). Il entra dans la Compagnie de Jésus en 1553 et fit ses études à Alcala d'Henares et à Salamanque. Il arriva au Pérou en 1572 où il devint le deuxième provincial des jésuites. Pendant son séjour d'une quinzaine d'années aux Indes, il enseigna à l'université de Lima et fit des voyages scientifiques durant lesquels il étudia la faune et la flore, aussi bien que l'archéologie, l'histoire et les coutumes des Indiens. Ces travaux se concrétisèrent plus tard dans son *Historia natural y moral de las Indias* (*Histoire naturelle et morale des Indes*, Séville, 1589). Acosta propose un tableau général des productions naturelles de l'Amérique et de ses peuples à partir d'une expérience directe d'observateur et de la lecture d'une masse impressionnante de témoignages indigènes. À la différence d'autres auteurs dont les ouvrages insistent sur la description, Acosta donne une explication rationnelle centrée sur des effets et des causes. Il justifia l'autonomie relative d'un projet scientifique en le jugeant « utile » à la christianisation et au peuplement. Pour lui l'aspect le plus pernicieux des idolâtries tenait à leurs similitudes trompeuses avec les rites du christianisme. Pour repérer ces forces souterraines, il était indispensable de connaître les rites et les cérémonies des Indiens. Sa participation active au troisième concile de Lima, ouvert en 1582, donna lieu à la rédaction du catéchisme bilingue officiel de ce synode : *Catecismo en la lengua española y en la aymara del Perú* (1583) (*Catéchisme dans les langues espagnole et aymara du Pérou*). Avant son retour en Espagne en 1587, il séjourna pendant quelques mois à Mexico. En 1588 il obtint l'autorisation de publier ses écrits en latin sur la nature du Nouveau Monde aussi bien que sur les méthodes et la théorie des missions, dont le plus connu porte le titre *De procuranda salute Indorum* (*Sur le salut spirituel des Indiens*). Ces ouvrages serviront de référence à l'apostolat jésuite de par le monde. Acosta décéda à Salamanque.

Gabriel Soares de Sousa (*Ca.* 1540-1592)

Auteur portugais, né à Ribatejo, considéré comme le plus grand des chroniqueurs de l'époque. Il arriva au Brésil à l'âge de trente ans, lorsqu'il fit une escale à Bahia, en route vers l'Inde. Sa situation aisée lui fit envisager des possibilités d'enrichissement, et il devint propriétaire de plusieurs raffineries de canne à sucre et d'haciendas qu'il décrivit. Convaincu de l'existence de gisements d'or et de pierres précieuses, Soares se rendit au Portugal en 1586 afin d'obtenir de la Couronne des privilèges pour la quête de l'or au Brésil. À cette occasion il fit cadeau de son *Tratado descriptivo do Brasil* (*Traité descriptif du Brésil*) à Cristóbal de Moura, noble portugais célèbre à la cour de Madrid pour ses négociations lors de l'union du Portugal à la Couronne d'Espagne (1580). Soares quitta le Portugal en 1591 en compagnie de 360 hommes, dans un navire qui fit naufrage sur la côte de Sergipe. Il mourut à la tête d'une expédition de survivants en remontant le Paraguaçu. Son traité est un témoignage précieux de la géographie des côtes brésiliennes, de l'histoire de la colonisation de Bahia, ainsi que des coutumes des Indiens tupinambas.

Mateo Alemán (1547-*Ca.* 1615)

Créateur du roman picaresque, né à Séville, le dernier enfant du médecin *converso* Hernando Alemán. Après avoir fait ses études d'humanités sous la férule de Juan de Mal-Lara, reçu bachelier ès arts et philosophie en 1564, Mateo débuta ses études de médecine à Séville, qu'il poursuivit à Salamanque et à Alcala, mais qu'il interrompit à la mort de son père en 1567. En 1580 il choisit une nouvelle voie et s'inscrivit à la faculté de droit de Séville. Voulant émigrer aux Indes, il sollicita en vain l'autorisation. Alemán exerça pendant vingt ans une charge à la Chambre des comptes sévillane, et on lui confia plusieurs missions à l'extérieur de la capitale. Revenu à Séville en 1601, privé apparemment de sa charge et réduit à la misère, il décida d'émigrer pour de bon. En juin 1608, il parvint à s'embarquer pour la Nouvelle-Espagne, accompagné de sa maîtresse, qu'il fit passer pour sa fille. *Guzmán de Alfarache*, son chef-d'œuvre, parut en 1599 et en 1604, quelques années avant son départ pour Mexico. Des centaines d'exemplaires de cet ouvrage le précédèrent en Nouvelle-Espagne. Il débarqua à Veracruz en 1608 dans la suite du nouvel archevêque, après avoir passé sa traversée à lire *Don Quichotte*. Mateo Alemán s'accommoda bien de son séjour à Mexico. Il y termina un traité sur l'orthographe (1609) et vécut dans l'entourage de l'archevêque et vice-roi fray García Guerra, dont il écrivit l'oraison funèbre en 1612. On perd sa trace en 1615 lorsqu'il habitait à Chalco, dans la vallée de Mexico.

Ambrosio Fernandes Brandão (1555-*Ca.* 1618)

Auteur, né au Portugal d'un père nouveau chrétien (*converso*). Il vécut au Brésil pendant 25 ans, d'abord à Olinda (1583-1597), puis à Paraíba (1607-1618) en tant que propriétaire de raffineries de canne à sucre (*engenhos*). Accusé de pratiques judaïsantes et suspect d'hérésie, aucune preuve n'existe pourtant d'un procès inquisitorial dirigé contre lui. 1618, la dernière année que l'on connaisse de sa vie, est celle de la conclusion de ses *Dialogos das grandezas do Brasil* (*Dialogues sur les grandeurs du Brésil*), chronique remarquable qui décrit de façon très vive et précise la vie, la société et l'économie des habitants du Brésil.

Bernardo de Balbuena (1562-1627)

Natif de Valdepeñas, aux lisières de la Mancha, il débarqua tout enfant en Nouvelle-Espagne, emmené par son père, un fonctionnaire propriétaire de terres au nord-ouest de l'actuel Mexique. Ayant entamé ses études à Guadalajara (Nouvelle-Galice), qu'il compléta à Mexico, Balbuena devint prêtre et exerça dans le lointain Nayarit, dont il n'oublia jamais les plages – du Pacifique, sa « mer du Sud » – qui resurgissent, nimbées de leur lumière magique, au détour de ses vers. Doué de talents poétiques, il gagna plusieurs concours à Mexico entre 1585 et 1590. En 1592 il exerça comme chapelain de l'audience (*audiencia*) de Guadalajara, puis comme curé dans le diocèse du même nom. Au cours de son activité paroissiale, il écrivit son *Bernardo o la batalla de Roncesvalles* (*Bernard ou la bataille de Roncevaux*), un poème en 40 000 vers ; il prépara également son *Siglo de Oro en las selvas de Erífile* (*Siècle d'or dans les forêts d'Erifile*) ; puis sa *Grandeza Mexicana* (*Grandeur mexicaine*) qui distille l'éloge le plus enthousiaste jamais adressé à la capitale de la Nouvelle-Espagne, publié à Mexico en 1604. L'inlassable Balbuena regagna sa Mancha natale, compléta ses études de théologie à l'université de Sigüenza, et acquit la notoriété à Madrid avec son *Siglo de Oro,* un roman patronné par Lope de Vega et Quevedo, que l'auteur dédia au comte de Lemos, président du Conseil des Indes. En 1609 il reprit la route des Indes pour devenir abbé de la Jamaïque. Il prépara en même temps la publication de son poème épique, le *Bernardo*, qui devra cependant encore attendre quelques années, faute des moyens. Il fut nommé évêque de Puerto Rico en 1619, mais il n'atteignit pas son siège en raison de sa participation au concile de Saint-Domingue de 1622-1623. La mort l'emporta à Puerto Rico en 1627, après la mise à sac de sa bibliothèque par des corsaires anglais.

Frei Vicente do Salvador (1564-*Ca.* 1636-1639)

Vicente Rodríguez Palha, auteur de la *História do Brasil*, est né à Bahia. Il était fils d'un écuyer portugais de la maison dos Palhas de Alentejo, immigré au Brésil où il devint propriétaire d'une raffinerie de sucre. Vicente étudia la théologie et le droit canonique à Coimbra, puis il rentra à Bahia. En 1599 il prit l'habit franciscain sous le nom de frei Vicente do Salvador. Il fut missionnaire parmi les Indiens de Pernambouc et participa à la fondation du couvent des cordeliers de Rio de Janeiro. Il écrivit la *Crônica da custodia do Brasil* (*Chronique de la province franciscaine du Brésil*), aujourd'hui disparue. En 1624 il fut emprisonné par les Hollandais lors de l'invasion de Bahia. En 1627 il acheva son *História do Brasil* qui couvre la période 1500-1627. Il s'agit d'un ouvrage en cinq parties dont les trois premières traitent de la découverte du Brésil, de l'établissement des premières capaineries, de la fondation de Salvador et de l'installation d'un gouvernement général en 1580. Les deux restantes abordent la domination espagnole, l'avancée de la colonisation dans le nord-est brésilien, la guerre contre les Français dans le Maranhão et les premières attaques hollandaises. Il paraît avoir décédé à Bahia.

Juan Rodríguez Freyle (1566-1640)

Écrivain, né à Santa Fe de Bogotá. *Criollo*, fils d'un des membres de l'expédition du conquistador Pedro de Ursúa, il voyagea en Espagne entre 1585 et 1591. Rodríguez Freyle est l'auteur d'une chronique qui s'attache à décrire des événements anecdotiques et personnels. Cet ouvrage, connu sous le nom de *El Carnero*, fut rédigé entre 1636 et 1638. Il se présente comme une sorte de roman scandaleux et picaresque, unique en son genre, de la vie à Bogotá. Les premiers chapitres sont historiques, ils évoquent le mythe de l'Eldorado et les coutumes des Indiens de Guatavita. Il décéda à Bogotá.

Pedro de Oña (1570-1643)

Poète, né à Angol (Chili), fils du conquistador Gregorio de Oña. Il étudia à Lima grâce à la protection du vice-roi Andrés Hurtado de Mendoza. Il devint célèbre après la publication de son poème *Arauco domado* (1596), émule de l'*Araucana* de Alonso de Ercilla. Dès sa parution, le poème rencontre un succès rapide et une diffusion étendue à Lima, Panama, Quito, Cuzco, Chuquisaca et autres villes. En 1625 le grand dramaturge espagnol Lope de Vega écrivit une comédie dont le titre est emprunté à l'œuvre de Oña. Influencé par la poésie de Luis de Góngora, Oña écrivit aussi *El vasauro* (1635) qui chante les exploits des Rois Catholiques et des ancêtres du vice-roi Hurtado de Mendoza. Il mourut à Lima.

Juan de Solórzano Pereira (1575-1655)

Juriste, né à Madrid. Sa formation en droit civil et ecclésiastique à l'université de Salamanque se consolida lorsqu'il y devint professeur en 1606. En 1609 il fut nommé *oidor*, c'est-à-dire membre du haut tribunal (audience) de Lima, charge qu'il servit jusqu'en 1627. Il rentra ensuite en Espagne où il fut nommé conseiller du Conseil royal des finances, puis des Conseils des Indes (1628-1644) et de Castille (1633-1644). Son savoir et son expérience juridiques, qu'il enrichit d'une longue pratique judiciaire au Pérou, s'expriment avec érudition dans son *De Indiarum iure*, publié en plusieurs volumes entre 1629 et 1639. Solórzano est le plus important auteur qui se consacra à l'étude du droit des Indes. L'âge et la surdité l'amenèrent à prendre sa retraite en 1644. Lauréat du titre de chevalier de l'ordre de saint Jacques, il prépara la publication de sa *Política indiana* (1647), un commentaire impressionnant sur les lois des Indes, où l'auteur traduisit en partie et étendit son œuvre précédente. Il décéda à Madrid.

Antonio Vázquez de Espinosa (1580 ?-1630)

Religieux de l'ordre du Carmel, né à Jerez de la Frontera (Andalousie). Il voyagea beaucoup au Pérou et en Nouvelle-Espagne. Il retourna en Espagne en 1622. Son œuvre principale est le *Compendio y descripción de las Indias occidentales*, (*Recopilation et description des Indes occidentales*), un texte de grande valeur géographique et ethnographique resté longtemps méconnu. Il semble avoir décédé à Madrid.

Juan Ruiz de Alarcón (1581-*Ca.* 1639)

Né à Taxco, ville minière au sud de Mexico. De la même manière que des Européens gagnaient le Nouveau Monde, des *indianos*, c'est-à-dire des Espagnols nés aux Indes, prenaient le bateau et se rendaient en Castille. Le mexicain Juan Ruiz de Alarcón en est probablement le plus illustre En 1600 il partit en Espagne entamer des études de droit à l'université de Salamanque. Il regagna Mexico en 1608 – sur la même flotte que Mateo Alemán –, y obtint une licence en droit et occupa divers emplois dans l'administration. Ce ne fut qu'en 1613, la trentaine passée, que Ruiz de Alarcón quitta pour de bon la Nouvelle-Espagne. La plupart de ses protecteurs se trouvant dans la Péninsule, celle-ci lui laissait espérer une carrière plus prometteuse que sa terre natale. Son chef-d'œuvre, *La verdad sospechosa*, connut un grand retentissement en Europe. Il inspira *Le menteur* de Corneille et *Il bugiardo* de Goldoni. Ruiz de Alarcón serait mort en Espagne, pourtant en rêvant de retourner aux Indes. Ses vingt-cinq pièces font de lui l'un des dramaturges majeurs du siècle d'or espagnol.

Antonio de León Pinelo (1590-1660)

Érudit, législateur et chroniqueur, né probablement à Lisbonne dans une famille juive. Encore enfant, il passa en Amérique du Sud où il fut formé par les jésuites. Il devint prêtre, étudia à l'université de Lima et gagna la confiance de l'archevêque Arias Ugarte. L'un de ses frères fut recteur de la même université, un autre fut nommé chanoine de Puebla en Nouvelle-Espagne. Il rentra en Espagne en 1622 et exerça comme maître des requêtes (*relator*) du Conseil des Indes pendant de longues années. Il se lia d'amitié avec le dramaturge mexicain Juan Ruiz de Alarcón. En 1658, alors qu'il était juge (*oidor*) de la Casa de Contratación, il fut nommé chroniqueur officiel des Indes. Il établit l'*Epítome de la Biblioteca Oriental y Ocidental, Naútica y geográfica* (1629). Il s'agit de la première bibliographie qui réunit toutes les œuvres imprimées ou manuscrites sur le Nouveau Monde, ouvrage réédité et augmenté par la suite en 1738. Lors de sa brève gestion comme chroniqueur des Indes, il compléta son *Paraíso en el Nuevo Mundo* (1656, mais publié seulement au xxᵉ siècle) (*Paradis dans le Nouveau Monde*), masse d'érudition où il reprit la théorie si chère à Colomb selon laquelle le paradis terrestre s'y trouvait. León Pinelo fut également responsable des premières ébauches d'une collection des lois des Indes (*Sumario de recopilación de leyes para las Indias*). On lui doit enfin un traité moral sur la consommation du chocolat et le jeûne (1636). Il décéda à Madrid.

Alonso de Ovalle (1601-1651)

Historien jésuite, né à Santiago de Chile. En 1640 il fut envoyé à Rome comme *procurador* (procureur) de la province du Chili. Il alla à Madrid pour demander à Philippe IV de l'aide pour les victimes du terrible tremblement de terre du 13 mai 1647 à Santiago. Il revint aux Indes avec dix-sept jésuites, mais il mourut de fièvres à Lima avant de pouvoir atteindre le Chili. C'est à Rome qu'il rédigea sa fameuse *Historia relación del reino de Chile y de las misiones y ministerios que ejercita en él la Compañía de Jesús* (*Histoire et relation du royaume du Chili et des missions et ministères exercés par la Compagnie de Jésus*), d'une grande qualité littéraire, où il exalte les beautés de son pays. L'ouvrage, paru en italien et en espagnol (1646), comporte une carte et de nombreuses gravures qui constituent une source iconographique importante.

Francisco Núñez de Pineda y Bazcuñán (1607-1680)

Écrivain et soldat, né au Chili de parents espagnols. Capturé par les Indiens araucans au cours de la bataille de Las Cangrejeras (1629), il fut racheté au bout de sept mois de captivité dont, à la fin de sa vie, il écrivit le récit, *Captiverio feliz y razón de las guerras dilatadas del reino de Chile* (1673) (*Heureuse captivité et raison des longues guerres du royaume du Chili*). Il s'agit d'un témoignage ethnographique irremplaçable sur les mœurs et la vie quotidienne des Araucans ou Mapuches. Il constitue aussi, partiellement, une défense de ces Indiens dont il dénonça la mise en esclavage. L'ouvrage est orné de gravures originales. Il semble avoir décédé au Chili.

Antônio Vieira (1608-1697)

Le plus célèbre des auteurs jésuites du Brésil naquit à Lisbonne dans une famille qui émigra aux Indes en 1614. Éduqué au collège jésuite de Bahia, il entra dans la Compagnie de Jésus à l'âge de quinze ans. Son talent oratoire se révéla dès sa jeunesse. Ses lettres des années 1624 et 1625 décrivent les horreurs de l'invasion hollandaise du Brésil. Son intérêt pour les plus hautes affaires du royaume éveilla très tôt sa sensibilité et sa vocation politique. Ses sermons de jeunesse abordent en même temps l'esclavage des Noirs et l'espoir d'une éventuelle sécession du Portugal et de ses possessions de la Couronne d'Espagne. Le sommet de sa carrière eut lieu pendant la restauration portugaise. Il fut autorisé à rentrer à Lisbonne où il arriva en février 1641. Son rattachement à la cour entraîna pour lui une série de missions diplomatiques en Europe, visant à trouver une solution au problème de l'occupation hollandaise de Pernambouc. La question juive devint alors pour lui d'une extrême importance. Il revendiqua un pardon général pour les judaïsants portugais comme solution à la conservation économique du royaume. La mort de son protecteur, le roi João IV, son inclination pour les juifs et son avis favorable à un accord avec les Hollandais affaiblirent sa situation politique. Il revint à l'activité missionnaire et fonda la mission de Maranhão au Brésil. Un procès inquisitorial mené contre lui visa ses écrits prophétiques et lui interdit la prédication en 1667. Cet interdit fut cependant révoqué par le pape lors d'un séjour de Vieira à Rome. Le père retourna à Bahia en 1681 où il organisa les 12 volumes de ses sermons. Il y décéda.

Juan de Espinosa Medrano (1632-1688)

Poète, né à Calcauso (Pérou), surnommé le *Lunarejo* (Le tacheté). Il fit ses études à Cuzco et y exerça ses talents d'orateur, pour les lettres et la musique. Il enseigna en outre la philosophie. Sa carrière ecclésiastique fut couronnée avec sa nomination comme archidiacre de la cathédrale de Cuzco. Il écrivit une apologie du poète espagnol Luis de Góngora ainsi que des sermons dont les plus remarquables furent réunis et publiés après sa mort, en 1695, sous le titre *La novena maravilla* (*La neuvième merveille*). À propos de l'utilisation de la langue et de la littérature grecque et latine dans la rhétorique sacrée, Espinosa aimait dire : « Avec les humanités, nous ne prouvons rien, mais nous expliquons beaucoup. » Ses réflexions philosophiques, empruntées en particulier à Sénèque, apparaissent souvent en exorde de ses sermons. Elles insistent notamment sur le thème de la résolution humaine des difficultés. On lui attribue quelques *autos sacramentales*, pièces dramatiques qui représentent les mystères de la foi adaptées comme instrument d'évangélisation,

L'HISPANO-AMÉRICAIN

dont celui du fils prodigue, le plus célèbre, qu'il écrivit en quechua. Le *Lunarejo* mourut à Cuzco.

Carlos de Sigüenza y Góngora (1645-1700)

Scientifique et homme de lettres, né à Mexico. Neveu du poète Luis de Góngora, son père avait été précepteur du prince Baltasar Carlos, l'héritier de Philippe IV prématurément décédé. Sigüenza entra dans la Compagnie de Jésus en 1662, mais il la quitta en 1669, n'ayant pas de vocation pour la vie religieuse. En 1672 il devint professeur titulaire d'astrologie et de mathématiques à l'université de Mexico. Sigüenza participa à des controverses scientifiques au sujet d'une comète de passage en 1680. Ordonné prêtre, il exerça comme chapelain à l'hôpital del Amor de Dios de Mexico. Lors des émeutes du 8 juin 1692, qui mirent le feu au palais royal de cette capitale, Sigüenza put mettre une partie des archives et quelques peintures à l'abri des flammes. Il légua sa bibliothèque aussi bien que des instruments scientifiques et d'importants documents à la Compagnie de Jésus. Il a par ailleurs écrit sur les sujets les plus variés : géographie, astronomie, histoire, mathématiques. Parmi ses principaux ouvrages littéraires, il faut compter la *Primavera indiana* (*Le printemps des Indes*, 1668) ; le *Triunfo parténico* (1683), une description des actes universitaires en l'honneur de l'Immaculée Conception, enfin la *Libra astronómica y filosófica* (1691). Il décéda à Mexico.

Sor Juana Inés de la Cruz (1648-1695)

Juana Ramírez de Asbaje naquit à Nepantla (près de Mexico). Elle fut une enfant illégitime, reconnue mais bientôt abandonnée par son père. Remarquablement douée, elle s'instruisit seule avec passion grâce à la bibliothèque de son grand-père, un fermier latiniste. À l'âge de huit ans, elle faisait des vers. Toute jeune fille, elle fut dame d'honneur de la vice-reine. Aussi belle et sociable que douée, elle devint l'idole de la cour de Mexico. Mais, pauvre, éprise d'études, elle était difficile à marier : elle fit profession chez les hiéronymites en 1669, devenant ainsi à la fois une pieuse moniale et la « dixième muse » de Mexico. Sa cellule contenait des livres profanes et sacrés aussi bien que des instruments d'astronomie et de musique. Elle écrivait et étudiait, mais était en butte à la jalousie et aux préjugés. Son premier confesseur l'abandonna, la trouvant « trop mondaine ». En 1690 son ami, l'évêque de Puebla, caché sous le nom de sor Filotea, lui demanda d'abandonner la culture profane pour les sciences religieuses. Mais, pour Juana, il n'était pas facile de les séparer. Après une période de famine et d'émeute à Mexico, en 1694 elle donna ses biens aux pauvres et renonça à toute activité intellectuelle et mondaine. Ce sacrifice lui fut-il imposé ? Il semble bien que non, mais cela est discuté. Après un an de pénitence, elle mourut à Mexico de la peste pour avoir soigné ses sœurs malades. Sor Juana était consciente de se trouver dans une situation sociale difficile. Elle revendiqua pour les femmes le droit à l'étude, dans un texte autobiographique, *Respuesta a sor Filotea* (*Réponse à sœur Philotée*). Son œuvre est variée : beaucoup de poèmes de circonstance, mais aussi d'admirables vers d'amour, en particulier des sonnets, et un grand poème philosophique, *Primero Sueño* (*Premier songe*), tentative de percer le secret du monde par l'intuition poétique. Elle écrivit, pour le théâtre profane et sacré, par exemple le bel « auto » *Divino Narciso* (*Divin Narcisse*), représentation allégorique du Christ et, pour l'Église des *villancicos*, des poèmes destinés à être chantés lors des fêtes, où elle met en scène les Indiens et les Noirs tout en insufflant une nouvelle vie à ce genre populaire.

Juan del Valle Caviedes (1652-1697)

Poète, né à Porcuna (Jaén), en Espagne, mais qualifié souvent de « Quevedo péruvien ». Il se rendit tout enfant avec sa famille au Pérou. À l'âge de vingt ans, il retourna en Espagne pour trois ans et regagna ensuite le Pérou où il écrivit des satires et des sermons panégyriques. Il est considéré comme le meilleur représentant à son époque de l'esprit liménien. Ses œuvres furent réunies et publiées sous le titre *Diente del Parnaso y poesías diversas* (*Dent du Parnasse et poésies diverses*). Sa poésie est essentiellement amoureuse, religieuse et satirique. Il est également l'auteur de quelques pièces dramatiques. Il décéda à Lima.

Teresa Margarida da Silva e Orta (1711-1793)

Née à São Paulo, Teresa Margarida fut la première femme à écrire un ouvrage critique sur les abus de la monarchie absolue, sur les façons de les éviter et de les corriger. Ses *Máximas de virtude e fermosura* (*Maximes de vertu et de beauté*) furent écrites au Portugal (1752), pays où elle vécut à partir de l'âge de six ans. Teresa Margarida était favorable à une monarchie réformée dans laquelle il fût possible d'exercer un paternalisme éclairé, assisté par des ministres honnêtes et compétents. Elle mourut au Portugal.

L'HISPANO-AMÉRICAIN

Pedro de Olavide (1725-1802)

Homme politique et écrivain, né à Lima. Membre du haut tribunal de Lima (*audiencia*) à l'âge de vingt ans. Accusé de malversations, il dut se rendre en Espagne pour se disculper. Marié à une riche veuve, sa maison devint l'un des premiers salons de réunion des Espagnols éclairés. Il consacra ses loisirs à la traduction de pièces de théâtre de langue française, parmi lesquelles *Zaïre*, de Voltaire. Ami de Jovellanos et protégé du comte de Aranda, il devint intendant des provinces d'Andalousie où il essaya de réformer l'enseignement. Emprisonné par le Saint-Office, il réussit à s'enfuir à Paris. Protégé des encyclopédistes, applaudi par la Convention, puis persécuté à l'époque de la Terreur, il retourna en Espagne en 1798. Il mourut à Baeza. Son œuvre principale est *El evangelio en triunfo o historia de un filósofo desengañado* (*L'Évangile triomphant, ou histoire d'un philosophe désabusé*), publiée à Valence en 1798 sans nom d'auteur.

Francisco Xavier Clavijero (1737-1787)

Théologien, humaniste et historien, né à Veracruz. Il entra dans la Compagnie de Jésus en 1748. Il enseigna la philosophie et la théologie dans plusieurs collèges de son ordre, notamment celui de San Ildefonso à Mexico, et de Valladolid (Michoacán). Clavijero connaissait les principales langues européennes et le nahuatl. Expulsé avec ses frères jésuites en 1767, il passa à Bologne où il rédigea l'essentiel de son œuvre. Il s'intéressa surtout à l'histoire préhispanique à laquelle il consacra son *Historia Antigua de México* (1780) (*Histoire antique du Mexique*). Avec celui de Sahagún, datant du XVIe siècle, cet ouvrage scientifique est le plus vaste portant sur les civilisations autochtones de la Mésoamérique. Clavijero écrivit également *La Historia de la antigua o Baja California* (1789) (*Histoire de l'ancienne ou basse Californie*). L'auteur a voulu y montrer l'importance de l'œuvre missionnaire des jésuites dans cette région. Il traite aussi de la religion et des mœurs des Indiens. Clavijero mourut à Bologne.

José Antonio Alzate y Ramírez (1737-1799)

Homme de sciences, né à Ozumba (Nouvelle-Espagne). Ordonné prêtre en 1756, il s'intéressa aux mathématiques, à l'astronomie, aux sciences naturelles et à la médecine sous le tutorat des pères jésuites du collège de San Ildefonso à Mexico. Il fonda deux revues : *El Diario de México* et *La Gaceta de literatura*. Il fut membre de l'académie des sciences de Paris et du Jardín Botánico de Madrid. En 1769, lors de la réorganisation des limites paroissiales entreprise par l'archevêque Francisco Antonio de Lorenzana, Alzate dressa un plan de la ville de Mexico peint à l'aquarelle. Outre de nombreux articles et publications dans les journaux qu'il a fondés, on lui doit : *Consejos para socorrer la necesidad en tiempos de escasez* (*Conseils pour subvenir à la nécessité publique lors de la pénurie*) écrit en 1785 à l'occasion de la famine survenue en Nouvelle-Espagne centrale.

Luis dos Santos Vilhena (1744-1814)
Auteur de la plus importante description et analyse de l'Amérique portugaise de la fin du XVIIIe siècle. Né dans la ville de São Tiago do Cassino (Portugal). Ayant étudié le latin et le grec et servi le régiment d'infanterie de Sétubal, il fut nommé professeur de grec à Bahia en 1787, où il demeura jusqu'en 1799. Rentré au Portugal afin d'obtenir sa retraite (en 1801), il retourna à Bahia. Sa *Recopilação de noticias soteropolitanas e brasílicas* (*Compilation des nouvelles du Brésil*) est un recueil de 24 lettres dont l'auteur dédia quelques-unes au ministre de la marine du Portugal. L'ouvrage aborde différents aspects de la vie à Bahia, dont l'agriculture, l'organisation militaire, l'éducation, l'administration de la justice, les finances et l'organisation ecclésiastique. Il décéda à Bahia.

Alexandre de Humboldt (1769-1859)
Naturaliste, voyageur, géographe et géologue, historien et homme politique, le baron de Humboldt est né à Berlin où il reçut une éducation très soignée. Il fut nommé ingénieur des mines à Freiberg. À la mort de sa mère, il décida de voyager. Avec son ami Aimé Bonpland, il se rendit en Espagne où il obtint du roi Charles IV l'autorisation de visiter les colonies d'Amérique. Après un bref séjour aux Canaries où il réalisa des observations et des mesures, il débarqua à Cumaná (Venezuela) en 1799. Dans un premier temps il remonta l'Orénoque. Après un premier séjour à Cuba (1800-1801), il débarqua à Cartagena de Indias, remonta le Magdalena, se rendit à Bogota, traversa le royaume de Quito et le Pérou jusqu'à Lima (mars 1801-décembre 1802). Il fit l'ascension de plusieurs volcans dont le Pichincha et le Chimborazo. De Lima il rejoignit par l'océan la Nouvelle-Espagne, qu'il visita entre mars 1802 et mars 1804. Après une escale à La Havane et un séjour de trois mois aux États-Unis, il regagna l'Europe en août 1804. L'œuvre scientifique de Humboldt est considérable. À ses études de climatologie, à la découverte du courant froid qui porte son nom le long des côtes péruviennes, il faut ajouter sa description des « étages de végétation » de l'Amérique

L'HISPANO-AMÉRICAIN

tropicale (*Essai sur la géographie des plantes*). En décrivant l'homme américain, il rectifia les erreurs de Buffon sur la faiblesse de l'Indien et son uniformité raciale. Il prouva l'origine asiatique des Américains. Ethnologue, il étudia la vie économique, l'organisation sociale, les mœurs, les arts, les religions des anciens Mexicains et Péruviens, ainsi que des groupes de l'Orénoque (Chaymas et Caribes). Il aborda les problèmes de l'esclavage qu'il condamna dans son *Essai politique sur l'île de Cuba*. Enfin il dressa un tableau complet de l'économie hispano-américaine, en remarquant que l'Espagne avait perdu le contrôle du commerce avec ses colonies. En collaboration avec Aimé Bonpland, Humboldt laissa une œuvre considérable de 30 volumes in-folio. Les ouvrages américanistes les plus importants sont : *Vues des cordillères et monuments des peuples indigènes de l'Amérique* (1810) ; *Voyage aux régions équinoxiales du nouveau continent* (1799-1804) et *Essai politique sur le royaume de Nouvelle-Espagne* (1811).

José Joaquín Fernández de Lizardi (1774-1827)

Écrivain, né à Mexico, il sut harmoniser en lui le croyant et le critique. Ce « penseur mexicain », tel qu'il se nommait lui-même, influencé par les penseurs espagnols du XVIIᵉ siècle, s'inspira aussi profondément des principes littéraires français. Issu de la classe moyenne, journaliste, il profita de la Constitution de Cadix proclamant la liberté de presse pour fonder *El pensador mexicano*, mais aussi *El hermano de Perico* (*Le frère de Perico*) et *Ratos entretenidos* (*Passe-temps agréables*). La presse est, aux yeux de Lizardi, le plus efficace instrument de la liberté. Son esprit irrévérencieux, caustique et réaliste, sa clairvoyance dans l'analyse des réalités mexicaines donnèrent à son œuvre un ton polémique qui lui valut plusieurs emprisonnements. Malgré son importance idéologique et politique comme journaliste, Lizardi s'est rendu célèbre par ses créations romanesques, la plus fameuse étant *El periquillo sarniento* (*La perruche galeuse*) dont la publication fut entreprise en 1816 et achevée en 1831. Roman autobiographique de veine picaresque, où Lizardi retrace l'histoire de toute une époque. La finesse extrême de ses observations, la vérité de sa peinture des diverses classes sociales, son refus de céder au sentimentalisme ambiant font de lui le premier réaliste de l'Amérique espagnole. Il mourut à Mexico.

Andrés Bello (1781-1865)

Érudit, penseur et poète, né à Caracas. Il fit des études d'humanités au collège de Santa Rosa, puis à l'université où il s'initia au français. Jeune professeur, parmi ses élèves il eut Simón Bolívar. Bello fut rédacteur du premier journal imprimé au Venezuela, *La Gaceta de Caracas*. En 1810 il fut envoyé à Londres pour obtenir l'appui de l'Angleterre contre Joseph Ier (Bonaparte), roi d'Espagne. En 1827 il fut nommé ministre des finances du Chili et directeur du collège de Santiago. Éducateur et philosophe, il est aussi l'auteur du code civil chilien qui servit de modèle aux autres républiques indépendantes d'Amérique. Dans ses *Silvas Americanas*, il chanta l'avènement de l'émancipation de l'Amérique espagnole. Ses *Obras completas* comportent 22 volumes.

L'HISPANO-AMÉRICAIN

VIII

LES ARTS

L'implantation du christianisme est le principal sujet de l'art de l'Amérique espagnole. Les thèmes et la plupart des maîtres sont d'origine européenne, même ceux nés aux Indes. Pourtant, dès le début, la main autochtone est présente dans les expressions plastiques et musicales ; au Pérou, après 1550, surtout à travers la décoration aussi bien de la pierre de taille que du textile et du bois. En Nouvelle-Espagne, elle est le résultat des premières décennies d'évangélisation (1524-1570 environ), riches en enseignement de savoirs et de techniques.

Il faut ajouter la circulation des idées et des objets artistiques entre des territoires aussi divers que les Pays-Bas, l'Italie ou l'Extrême-Orient. Rappelons que l'Amérique ibérique est difficilement compréhensible sans le mouvement permanent des hommes et des choses dans l'immensité spatiale de la monarchie catholique. **Des courants artistiques flamands et italiens parvenant aux Indes à travers l'Andalousie influencent de façon décisive les expressions locales.**

Les écoles artistiques les plus originales sont indigènes ou métisses, comme celles de la vallée de Puebla-Tlaxcala en Nouvelle-Espagne ; de Quito et Cuzco au Pérou, ou encore celles de Minas Gerais au Brésil. Cependant l'appropriation et la transformation des idées et des tendances ne sont pas déterminées par le facteur ethnique. L'art « métis » et l'art « populaire » sont nés d'une reproduction systématique et artisanale des modèles européens, à des variantes près de couleurs locales.

L'ENSEIGNEMENT DES ARTS

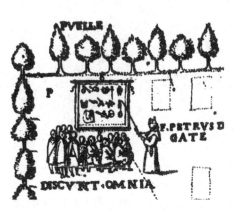

Fray Pedro de Gant apprend les arts plastiques aux Indiens (Mexico, Ca. 1526)

Les religieux franciscains, dominicains, augustins, carmes et jésuites **apprennent aux Indiens, aux métis et aux Noirs les clés du nouveau système de codes visuels et auditifs** développés pendant des siècles en Europe occidentale : la représentation de la figure humaine, les conventions pour la construction des espaces à travers la perspective, l'utilisation de la lumière, la connaissance de la technique et la fonction de la couleur, les traditions gestuelles, le plain-chant ou la polyphonie. Parallèlement, quelques peintres résidant en Nouvelle-Espagne prennent des Indiens, des métis ou des Noirs comme apprentis dans leurs ateliers. Des arts décoratifs, de luxe et d'agrément s'ouvrent aussi aux artisans locaux. Typographes, peintres, sculpteurs contribuent à entretenir dans la somptuosité des églises et des palais l'image d'une société victorieuse, ostentatoire et pieuse. À la fin du XVIᵉ siècle, à Mexico, il n'est pas question de fabriquer le carrosse du Saint-Sacrement pour la Fête-Dieu sans recourir aux spécialistes réputés que sont les ébénistes. C'est avec une stupéfiante rapidité que ces technologies exotiques et complexes, lentement mises au point dans le Vieux Monde, pénètrent l'univers des Indes. Le regard, le mimétisme, jouent ici un rôle remarquable, tout comme l'appétit de la nouveauté ou encore le plaisir des sons qui entraînent des milliers d'Indiens à jouer des instruments européens, à s'initier au plain-chant, à apprendre des hymnes grégoriens. Mais aussi l'art des forgerons, des serruriers, des charpentiers, des maçons et des orfèvres vient se substituer à des savoirs disparus ou en voie de disparition. La confection des armes et des bouches à feu, la fonte des cloches, perdent le mystère qui les avait entourées dans les premiers temps de la conquête.

CENTRES ET RÉGIONS ARTISTIQUES

Le concept de tradition locale, plutôt que celui d'une diffusion simpliste et peu utile des styles européens (gothique, Renaissance, baroque, etc.) paraît mieux caractériser les arts de l'Amérique ibérique. Ces traditions comportent la présence de centres artistiques et de régions dont dépend leur production. Des innovations promues par les artistes aussi bien que par leurs clients ou commanditaires ont lieu dans des villes importantes telles que Mexico, Puebla, Lima, Cuzco ou Ouro Preto. Par la suite leur prestige et leur rayonnement deviennent la source de l'adoption de goûts, de modèles et de techniques par les régions avoisinantes ou parfois plus lointaines (vallée de Mexico, vallée de Puebla-Tlaxcala ou la zone de Chucuito dans le haut Pérou), dont l'évolution est différente selon la capacité d'assimilation de chacune. Les motifs et les thèmes iconographiques tels que les scènes de l'Ancien Testament, celles consacrées à la Vierge Marie ou au culte des saints sont ainsi fixés et réitérés dans les régions. Les clients ou commanditaires des artistes (cathédrales, ordres religieux, vice-rois, confréries, couvents, grands entrepreneurs, etc.) constituent ainsi le maillon central de la tradition locale dans la mesure où leur conservatisme et leur orthodoxie aident à préserver certaines caractéristiques qui permettent la continuité de la production artistique (cf. Orientation bibliographique, Sigaut).

Les images sont une constante et un élément extrêmement important de l'évangélisation. Elles font appel à la sensibilité afin d'exciter la piété, raison pour laquelle les images se doivent d'être élaborées de façon belle et correcte, tout en restant fidèles aux dogmes. Le manque de beauté et d'harmonie est considéré comme aussi grave que le manque de considération « pieuse et dévote ». Le contrôle ecclésiastique sur la production des images devient, au XVIIe siècle, plus important à partir de l'application des décrets du concile de Trente. Toutefois cette législation atteint les régions de façon différenciée selon les problèmes locaux spécifiques. Les estampes pieuses sont un instrument largement utilisé, et toute chapelle ou église de mission renferme aussi bien des toiles et des images de la Vierge et des saints que des sculptures en bois et des crucifix. Ce sont là des éléments indispensables pour le culte, et en même temps des objets d'enseignement et de vénération. Par ailleurs la diffusion de tableaux chez les particuliers les plus riches, et d'estampes et d'autres illustrations sur papier ou lame de plomb, pour les plus démunis, est largement attestée dans les inventaires après décès de la période. Ces estampes complètent les représentations publiques des mystères représentés par des tableaux et sculptures à l'intérieur des églises, et permettent un rapport plus intime avec le sacré que l'on possède « chez soi ».

L'ARCHITECTURE ET LES ARTS PLASTIQUES

En dépit d'une législation stricte qui tente de délimiter les domaines de chaque corporation et métier – celui de peintre est réglementé en Nouvelle-Espagne dès 1557 –, **certains artistes exercent en même temps dans divers champs d'activité.** Les maîtres-d'œuvre des couvents ou des cathédrales sont souvent aussi des sculpteurs ou des doreurs renommés. Les ateliers de peinture se consacrent en même temps à l'assemblage des retables en bois doré dont les colonnes sculptées participent du même programme que les images peintes choisies pour des autels ou des chapelles. Malgré une normativité qui tend à cloisonner les artistes dans leurs corporations, **il existe** donc, de fait, **une trame ou un réseau des patrons, maîtres et artisans caractérisé par un système de contrats et de sous-contrats auquel participent des individus et des ateliers de métiers très divers.** Il est par conséquent difficile de séparer l'architecture de la peinture et de la sculpture en raison de la fluidité caractéristique des contenus narratifs, fines didactiques et composition des grands ensembles.

ÉGLISES, COUVENTS ET COLLÈGES

Sous les auspices des ordres mendiants, un premier art chrétien se cristallise en Nouvelle-Espagne centrale entre 1524 et 1550. Ce phénomène de dizaines d'imposants couvents-forteresses, qui parsèment les territoires d'anciennes chefferies indigènes, n'existe guère au Pérou, où la volonté de contrôle et d'unification religieuse réussit à donner à la christianisation une évolution artistique différente, plus subordonnée aux critères romains de centralisation imposés dès les années 1560 (cf. Différences de christianisation, chap. VI). **Un véritable foisonnement des arts plastiques caractérise** donc **les ordres mendiants en Nouvelle-Espagne.** Il s'agit des églises et des couvents fortifiés, aux voûtes en croisée d'ogives, avec d'énormes parvis carrés et de petites chapelles processionnelles érigées sur chacun des quatre angles. Ces dimensions rappellent les espaces ouverts des sites préhispaniques propices au rassemblement des foules. D'où la présence d'une cinquième chapelle sur l'un des côtés du parvis, celle-ci ouverte, et dont les fresques contenaient des scènes comme le « dernier jugement » pour la catéchèse des Indiens. L'intervention des sculpteurs indigènes s'avère primordiale dans certains couvents (Calpan et Huejotzingo dans la vallée de Puebla) et dans certaines régions (sculpteurs des crucifix en pâte de maïs du Michoacan). Dans d'autres couvents, comme Acolman, la présence des constructeurs de retables, héritiers de la tradition espagnole de la fin du xv⁰ siècle, paraît plus importante. La décoration intérieure des églises et des cloîtres est confiée à la peinture murale, mais la richesse ornementale se substitue parfois également au bois des plafonds mudéjars, à la céramique et au stuc.

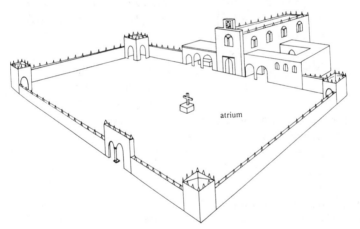

Ensemble d'église, couvent, chapelle ouverte et chapelles processionnelles (Nouvelle-Espagne, xvi⁰ siècle)

La voûte à croisée d'ogives arrive au Pérou plus tard. Quelques couvents dominicains, dans la zone de Chucuito (haut Pérou), en sont les meilleurs exemples vers la fin du xvi⁰ siècle. Dès les années 1570, le vice-roi Toledo dépossède les dominicains des *doctrinas* pour les rendre aux jésuites et au clergé séculier. Les voûtes à croisée d'ogives sont aussi employées au couvent de Saint-Dominique à Lima, ou à l'église des augustins de Saña sur la côte, près de Trujillo, afin de renforcer les structures en cas de tremblements de terre.

L'HISPANO-AMÉRICAIN

191

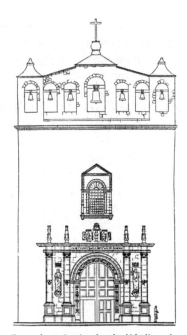

Façade principale de l'église de Meztitlán (Nouvelle-Espagne, XVIᵉ siècle)

Le siècle qui s'étend de 1650 à 1750 environ est celui des plus nombreuses réalisations dans le domaine des arts plastiques pour l'ensemble des Indes. Des centaines d'églises, collèges, hôpitaux et palais sont édifiés selon les traits particuliers de véritables écoles locales qui, sous l'influence de modèles péninsulaires picturaux ou sculpturaux, deviennent des expressions supérieures de la maîtrise du mouvement international appelé « baroque ». **Plusieurs dynasties de peintres travaillant à Mexico pour de nombreux commanditaires s'étalent entre 1607 et 1750 environ.** Elles donnent lieu à une école de peinture dont la célébrité se répand aux principales villes de la vice-royauté.

Les grands couvents de religieuses sont construits entre 1640 et 1690, alors qu'à Puebla la décoration devient l'aspect le plus remarquable des arts plastiques. De grands maîtres du stuc et du plâtre y excellent avec des chefs-d'œuvre dont la chapelle dite du Rosaire, en l'honneur de la Vierge, dans l'ensemble architectural de Saint-Dominique. Le stuc polychrome de Puebla, d'origine andalouse, suit sa propre évolution et rayonne au-delà de la ville. Il brille de mille couleurs sous la main autochtone, aussi bien à Tonanzintla, un village des alentours, que sous des programmes iconographiques théologiquement complexes à l'église des dominicains de Oaxaca, capitale diocésaine située quelque deux cents kilomètres au sud-est du royaume.

Les églises du XVIIIᵉ siècle en Nouvelle-Espagne trouvent leur originalité principalement dans leurs tours et leurs coupoles. Les premières sont sveltes et cherchent à élever l'âme vers Dieu. La cathédrale de Puebla est la reine des tours ; on les trouve déjà beaucoup plus petites en Amérique centrale et aux Andes en raison de conditions sismiques plus prononcées. Les coupoles de bases octogonales chevauchent un corps vertical appelé « tambour » et sont souvent couvertes de carrelage ; elles brillent au loin même sur des églises modestes.

L'essor architectural de Mexico et de ses alentours pendant la première moitié du XVIIIe **siècle est impressionnant.** Aux éléments mentionnés ci-dessus s'ajoute l'utilisation réussie des matériaux locaux, responsables d'une élégante polychromie dans de nombreux édifices : la basilique de Notre-Dame de Guadalupe, le *sagrario* ou paroisse de la cathédrale, l'église de Saint-Dominique, celle des jésuites appelée « casa Profesa », la Trinidad et San Fernando. Les autorités centrales de la vice-royauté tentent sans succès d'imposer ailleurs dans certaines provinces les éléments de cette tradition locale. Pourtant l'influence des modalités ornementales de Mexico est décisive pour certaines agglomérations de la vallée de Chichimèques, connue un peu plus tard sous le nom de *Bajío*. Il s'agit de la région la plus urbanisée et certainement l'une des plus riches de l'Amérique ibérique.

Sanctuaire de Notre-Dame de Guadalupe (Mexico, XVIIIe *siècle).*

Le Guatemala est de longue date un foyer privilégié des sculpteurs de bois dont les œuvres, de très grande qualité, circulent partout. Ses principaux chefs-d'œuvre, notamment des images mariales et des crucifix, se localisent dans les églises de l'Amérique centrale (la cathédrale et le couvent de saint François à Guatemala, Antigua et Chichicastenango ; la cathédrale de Comayagua au Honduras ; la cathédrale de Granada au Nicaragua ; l'église de Santo Domingo à San Salvador).

193

Santa Fe de Bogotá (Colombie) devient le berceau d'une **brillante école de sculpteurs, de constructeurs de retables et de plafonds à caissons** dont les meilleures expressions sont l'église jésuite Saint-Ignace et le couvent Sainte-Claire. La capitale du Nouveau Royaume de Grenade est le centre d'une école de peinture dont l'évolution est couronnée par Gregorio Vázquez au début du XVIIIe siècle. Comme dans le cas de Mexico et de Puebla, les écoles dépassent les limites de la ville principale : la chapelle du Rosaire de Tunja en est le plus bel exemple. Cette dernière ville a d'ailleurs été l'atelier de la meilleure peinture du Nouveau Royaume de Grenade au siècle de la conquête.

La seconde moitié du XVIIe siècle est décisive pour les couvents et surtout pour l'église de la Compagnie de Jésus de Quito, où l'exubérance de la décoration en stuc et en bois rappelle les créations de la charpenterie mudéjar. La façade constitue le chef-d'œuvre de l'architecture de ce royaume andin au XVIIIe siècle. Pourtant **le prestige artistique de la ville de Quito est dû à son école de sculpteurs, dont les nombreuses œuvres circulent jusqu'en Europe** au-delà de la chute de l'empire espagnol (1808). En dépit des influences sévillane, grenadine et castillane, la sculpture de Quito suit sa propre évolution : les « incarnations » des visages, résultat d'une brillante polychromie, en sont le trait le plus caractéristique.

Après 1650 le baroque trouve au Pérou une définition plus nette. **Aucune autre ville n'accueille autant d'artistes sévillans que Lima,** surtout des sculpteurs et des peintres responsables du développement des écoles régionales. Les commandes d'images aux grands maîtres andalous, comme le sculpteur Martínez Montañez et le peintre Zurbarán, en attestent. Les couvents liméniens de saint Dominique et surtout l'ensemble constitué par l'église, le cloître, la loge et la chapelle de *la Soledad* de saint François, entamés depuis la fin du XVIe siècle, atteignent des sommets décoratifs en architecture et en sculpture. L'église du second suit l'influence du système architectural préventif des tremblements de terre de la cathédrale de Lima. Les splendeurs de cette capitale s'étendent aux villes côtières de Trujillo, au nord, dont la cathédrale est construite entre 1647 et 1663, et d'Arequipa au sud, où se trouve l'une des créations les plus splendides du baroque péruvien : l'église de la Compagnie de Jésus, chef-d'œuvre d'un ensemble décoratif à base de représentations naturalistes et chimériques en stuc : branches, feuilles, petits oiseaux, et l'emploi d'un thème préhispanique, le chat-tigre, animal mythologique du lac Titicaca dont les stylisations font l'objet de la céramique

L'HISPANO-AMÉRICAIN

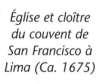

*Église et cloître
du couvent de
San Francisco à
Lima (Ca. 1675)*

andine. Comme en Nouvelle-Espagne, **il est difficile de dégager les traits communs de l'architecture du** XVIIIe **siècle au Pérou sans distinguer plusieurs écoles et traditions régionales. La décoration est l'aspect le plus original, surtout dans des régions de population indigène et métisse dense,** non à cause de l'utilisation stylisée des motifs de la flore et de la faune américaine, mais de la technique du relief et de la façon d'interpréter les thèmes. Comme à l'église des jésuites d'Arequipa, les décorateurs ne conçoivent pas la nature d'une manière classique mais plutôt antinaturelle, ce qui conduit à des résultats comme ceux atteints plusieurs siècles auparavant par des artistes coptes ou byzantins : des incisions autour de thèmes ornementaux accentuent les contrastes d'ombre et de lumière. Il existe la possibilité que ces décorations géométriques et aplaties soient influencées par le goût du mudéjar si étendu aux Andes.

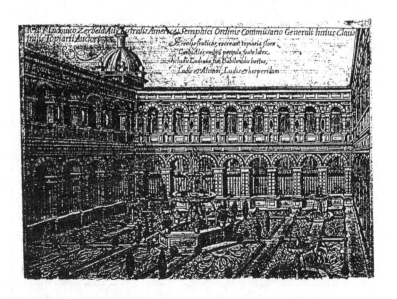

Église et couvent de Santo Domingo à Lima (1681)

L'archevêque de Cuzco **Mollinedo y Angulo, grand mécène des arts, entreprend la reconstruction de la ville suite au tremblement de terre dévastateur de 1650.** Un style local se consolide progressivement. Ses éléments se trouvent exprimés dans les édifices suivants : la nouvelle église de Saint-François, celle des jésuites, principal chef-d'œuvre du baroque de Cuzco, située à côté de la grande place de la cathédrale ; la tour de la Merci et son cloître, peut-être l'œuvre architecturale la plus importante de l'Amérique du Sud au XVIIᵉ siècle. Enfin la façade de San Sebastian, l'un des sommets de l'art péruvien. Les artistes excellent lorsqu'ils développent des thèmes d'origine préhispanique donnant lieu à des ensembles décoratifs sans égaux en Amérique espagnole.

Mais **la ville impériale des Incas est aussi le siège d'une très importante école de peinture** qui rappelle l'organisation des corporations de la fin du Moyen Âge aussi bien en raison des techniques employées (le fond doré des toiles) que des thèmes traités d'où émanent une candeur et un primitivisme remarquables. La présence d'artistes andalous et castillans de modeste importance et la circulation de gravures, plus que l'influence de peintres de première ligne, ont dû contribuer à la continuité et au

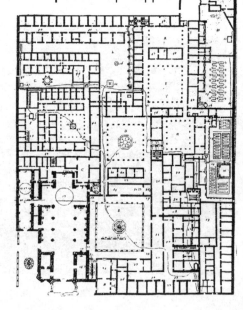

L'HISPANO-AMÉRICAIN

caractère archaïque de cette école encore active au XVIIIᵉ siècle. Ses grandes compositions narratives portant sur les grands événements de la vie urbaine, de moindre qualité artistique, sont pourtant des témoignages historiques et iconographiques d'une extrême importance.

Au nord-est du Brésil, les jésuites, puis les franciscains, édifient de grands ensembles architecturaux. Les plus anciens sont les églises de la Compagnie, qui exercent une influence importante sur celles des autres ordres religieux. Ces églises sont d'une grande simplicité inspirée des traités d'architecture de Vignole, à une seule nef et sans coupole. Cette sobriété tient aux modèles romains ramenés au Portugal par Felipe Tersi, si vivement soutenus par Philippe II. Les meilleurs exemples sont ceux de Bahia (l'actuelle cathédrale et l'église des Carmes), d'Olinda et de Recife. Les édifices franciscains sont caractérisés, d'abord à Bahia et ensuite à Olinda et Recife, par l'italianisme de leurs cloîtres dont les colonnes montrent d'imposants chapiteaux toscans. Les églises suivent les lignes directrices générales de l'architecture jésuite. Dans le nord du Brésil, deux villes conservent des églises des deux premiers siècles de la colonisation : Maranhão, fondée en 1614, dont l'actuelle cathédrale était un temple jésuite, et Pará ou Belem datant de 1616, où les jésuites édifièrent l'imposant collège Saint-François-Xavier.

Les désastres de la guerre contre les Hollandais, la perte du marché des épices et la ruine de Goa amènent le Portugal à concentrer ses efforts sur le Brésil au XVIIIᵉ siècle (cf. Le Brésil, chap. II). L'essor des arts plastiques a donc lieu sous l'influence des

Église de la Compagnie de Jésus à Cuzco, coupe transversale

L'HISPANO-AMÉRICAIN

modèles métropolitains, due en partie à la reconstruction de Lisbonne suite au tremblement de terre de 1755. Pourtant **nulle part ailleurs qu'à Minas Gerais le baroque n'atteint les manifestations les plus originales,** notamment grâce à la découverte de gisements d'or dès la fin du siècle précédent. Mais à la fièvre de l'or s'ajoute la découverte des mines de diamants.

Dans l'espace d'un siècle, une école régionale évolue à Minas Gerais. L'un des traits les plus originaux de l'architecture est le plan de certaines églises en courbe comme celle du Rosario dans la ville d'Ouro Preto. Les tours deviennent cylindriques dès leur base, et leurs arêtes s'arrondissent en accentuant l'élégance de leurs proportions. La grande richesse sculpturale des

Plan de l'église du Rosario à Ouro Preto (Brésil)

façades les intègre à l'ensemble majestueux. L'originalité de ses manifestations est due en partie au sculpteur et architecte local Antonio Francisco Lisboa, dit l' Aleijadinho (le déformé) (cf. Repères biographiques). Les meilleurs exemples sont les églises du Carmel de Mariana (1784) et celles du Rosaire, de Saint-François, du Carmel (1766-1794) et la Matriz del Pilar (1720-1733) à Ouro Preto.

LES PALAIS

Un premier centre de diffusion artistique est Saint-Domingue. Le palais de Diego Colomb y permet d'imaginer le faste d'une petite cour du xve siècle finissant. La même solution apparaît une vingtaine d'années plus tard en Nouvelle-Espagne, à Cuernavaca, la capitale du marquisat octroyé par Charles Quint à Cortés. Le conquistador s'y fait bâtir un château à deux étages avec une galerie faite d'arcades. **Les premiers hôtels de ville, de caractère andalou et de**

facture indigène, sont calqués sur les maisons des conquistadors. Les quelques rares exemples conservés soulignent leur aspect défensif lorsque des attaques indigènes sont encore possibles dans les années 1540-1550 faute d'enceintes fortifiées qui protègent les villes. Huamanga (l'actuelle Ayacucho) conserve les meilleurs palais du xvie siècle au Pérou, mais on les trouve également à Cuzco (*Casa del Almirante*). En Nouvelle-Espagne, en plus du palais de Cortés déjà évoqué à Cuernavaca, on peut encore admirer des chefs-d'œuvre d'architecture civile du xvie siècle à Tlaxcala (l'hôtel de ville) et à Mérida dans le Yucatán (maison des Montejo) (cf. La maison, chap. X).

À quelques exceptions près, dont les palais des vices-rois de Mexico et de Lima, le xviie siècle constitue une espèce d'entracte avant l'essor artistique du siècle suivant. **La richesse et l'étendue architecturale de la Nouvelle-Espagne au** xviiie **siècle ne trouvent pas d'équivalent en Amérique ibérique.** Les édifications du temps de la conquête avaient été une entreprise constructive à caractère défensif alors qu'un sens essentiellement décoratif est le trait marquant des nouveaux temps. **Lima est victime d'un tremblement de terre en 1746, dont elle souffre considérablement.** Parmi les édifices subsistants, les grands cloîtres du xviiie siècle témoignent d'une évolution des couvents du siècle précédent. La splendeur ornementale et le luxe de Lima se retrouvent au palais des marquis de Torre-

L'HISPANO-AMÉRICAIN

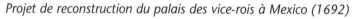

Projet de reconstruction du palais des vice-rois à Mexico (1692)

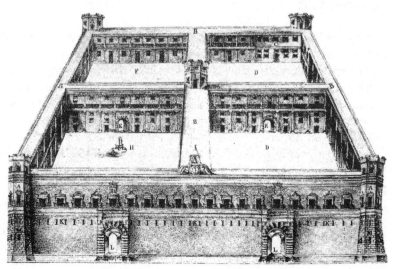

199

LES ARTS

Tagle, édifice qui a aussi échappé à la ruine. Pourtant **les travaux de reconstruction de la ville, patronnés par les vice-rois de la seconde moitié du siècle, favorisent le goût français à la mode sous les Bourbons.** En revanche, en Nouvelle-Espagne de nouvelles traditions se consolident sous le signe du baroque : une décoration profuse, aussi bien pour les intérieurs que pour les façades des maisons, alterne avec la polychromie des matériaux (la pierre rougeâtre appelée *tezontle* de Mexico et le carrelage multicolore de Puebla) et l'exubérance de la sculpture en pierre de taille. À Mexico les palais de l'Inquisition et de la douane, l'hôpital de Betlemitas, le collège jésuite de San Ildefonso et celui de Vizcaínas pour jeunes filles, ainsi que de nombreux hôtels particuliers, en sont les meilleurs exemples.

Cette opulence est due en grande partie aux Indiens et métis qui, sous le signe de la récupération démographique, maîtrisent le métier et les formules de la décoration. Mais une croissance économique sans précédent et le goût pour le luxe et l'ostentation en sont aussi responsables. Les maisons mexicaines adoptent des caractères plus définis au XVIIIe siècle : d'élégantes cours entourées de colonnes ou d'arcades suspendues, parfois décorées de fontaines. La richesse de leurs façades est souvent plus remarquable aux coins des rues ; les tours du XVIe siècle se sont transformées en corps rehaussés de niches abritant des statues de vierges et de saints (cf. La maison, chap. X).

LES CATHÉDRALES

Le long XVIIe siècle est aux Indes comme le XIIIe en Europe occidentale, un siècle des cathédrales. Cela non seulement à cause de la construction définitive des églises qui, grosso modo, a lieu entre 1570 et 1750, mais surtout en raison de nombreux groupes sociaux qui s'organisent autour d'elles et sous les auspices de leur clergé. Or l'un des traits essentiels de ce processus est, semble-t-il, celui d'une étroite correspondance des cathédrales entre elles.

La série des grandes cathédrales péninsulaires (Tolède, Séville, Salamanque, Saragosse, Grenade, Jaén) **s'achève à Valladolid et se prolonge en Amérique espagnole aux alentours de 1560-1570.** La cathédrale de Mexico est l'édifice le plus grandiose jamais construit aux Indes en l'espace de trois siècles. Celle de Puebla (Nouvelle-Espagne) est conçue à l'origine avec quatre tours, d'après le modèle de Valladolid, en Castille, œuvre de Juan de Herrera, l'ar-

L'HISPANO-AMÉRICAIN

chitecte de l'Escurial, dont les débuts coïncident avec ceux des cathédrales des vice-royautés américaines. Francisco de Becerra, le maître d'œuvre de Puebla, nommé en 1575, voyage d'un extrême à l'autre du continent. Vers 1581 on le retrouve à Cuzco, où il intervient également dans la construction de la cathédrale de la cité des Incas, édifiée sur l'ancien palais de Viracocha. Plus tard il participe à celle de Lima, dont les débuts datent, comme à Mexico, de 1572.

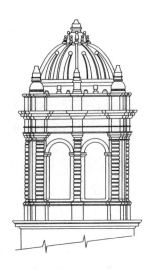

La structure des grandes cathédrales étant achevée aux alentours de 1650-1660, la construction de leurs tours et façades fera ensuite l'objet des grandes réalisations architecturales jusqu'à la fin de l'empire espagnol. La fréquence des tremblements de terre paraît plus importante dans la vice-royauté du Pérou. Elle est responsable des solutions archaïsantes en ce qui concerne les volumes et la hauteur des tours dans les cathédrales de Lima et de Cuzco. **La fondation de nombreuses confréries, chapellenies et œuvres pieuses dans ces cathédrales contribue à établir les rythmes artistiques**. Mais elle donne lieu en outre à toutes sortes de réaménagements des chapelles et des autels, ainsi qu'aux changements des programmes iconographiques.

Coupe transversale de la cathédrale de Cuzco

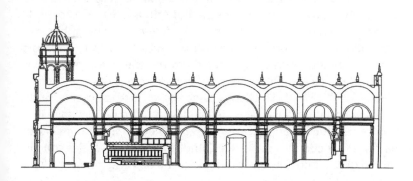

L'HISPANO-AMÉRICAIN

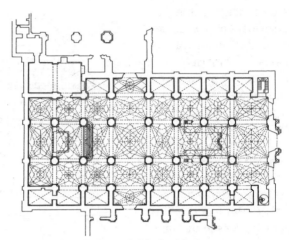

Plan de la cathédrale de Cuzco

Les sièges diocésains constituent des centres d'arts et métiers aussi bien que des foyers d'écoles artistiques. **Les chapelles dites « royales » des cathédrales de Puebla et Mexico se font orner de grands retables, encore existants,** respectivement aux XVIIe et XVIIIe siècles. Celui de Mexico est un chef-d'œuvre de proportions gigantesques qui, depuis son achèvement en 1725, devient le modèle le plus prestigieux de la sculpture et de l'architecture de la Nouvelle-Espagne. La sculpture des grandes cathédrales est aussi célèbre pour la construction de stalles de chœur – dont celles de Puebla – et de tabernacles, la plupart du temps placés sur l'autel majeur, à savoir des tours de 10 jusqu'à 15 mètres de hauteur en bois doré contenant l'ostensoir du Saint-Sacrement. L'excellence d'un groupe célèbre de constructeurs de retables à Cuzco a été responsable de l'influence exercée sur les façades de la cathédrale, de l'église des jésuites et de celle de la Merci, mais aussi de la qualité supérieure de la sculpture de leurs chœurs.

L'école de peinture de la Nouvelle-Espagne, déjà évoquée, **se consolide à l'intérieur de la cathédrale de Mexico.** Cristóbal de Villalpando en est l'artiste responsable (cf. Repères biographiques). Ses toiles à grand format de la sacristie sont le meilleur exemple d'une adaptation locale impeccable des modèles européens. Sous l'esprit de la Contre-Réforme, une série de triomphes y est représentée : de l'Église, de l'archange saint Michel, de l'assomption et du couronnement de la Vierge et de saint Pierre. L'on peut en faire une lecture essentielle : appuyées sur des privilèges et immunités ecclésiastiques sanctionnés par le Roi Catholique, les cathédrales conçoivent l'Église comme le corps dirigeant vital de l'empire.

Cathédrale de Mexico

Cathédrale de Lima

LA MUSIQUE

La plus grande part de la musique qui nous soit parvenue est religieuse et préservée dans les archives des cathédrales et des couvents. En revanche **la musique profane semble avoir été transmise de préférence par tradition orale.** Généralement associée à la danse et au théâtre, elle est jouée à la cour, à l'intérieur des maisons, dans la rue lors des fêtes, ou dans les *coliseos* (théâtres publics) de Lima et de Mexico. Des instruments espagnols comme la harpe et la guitare sont vite adoptés et maîtrisés par les musiciens locaux. **Au XVIIᵉ siècle, la guitare est l'instrument de choix grâce à la possibilité de le transporter partout.** Les instruments à percussion sont aussi communs en raison de leurs antécédents américains, africains et européens.

La musique est l'un des moyens privilégiés de la christianisation. Elle est donc interprétée et écoutée dans les églises. **Au cours du XVIᵉ siècle, le répertoire musical de l'Amérique ibérique trouve sa source d'inspiration dans les écoles de Tolède, de Séville et de Lisbonne.** Dès le début, les premiers répertoires du plain-chant apparaissent aux Indes. Ils proviennent généralement de la cathédrale de Tolède, foyer du chant mozarabe. La Nouveau Royaume de Grenade (actuelle Colombie) possède plusieurs livres de cantiques, six grands psautiers de Tolède et, précédant l'importante réforme qui interviendra en 1547, six manuels en provenance de Séville. **Il faudra attendre la seconde moitié du XVIᵉ siècle pour observer** deux phénomènes d'une importance capitale : d'une part l'ordonnancement de toute la liturgie selon le rituel sévillan, et d'autre part **l'apparition et le développement des écoles locales de composition** d'une très grande richesse.

Le 1ᵉʳ juillet 1547, le pape Paul IV promulgue une bulle privilégiant les rites de la cathédrale de Séville dans le domaine de la polyphonie vocale, en particulier pour le répertoire de la semaine sainte. Très rapidement cette mesure est étendue aux cathédrales de Santa Fe de Bogotá, Puebla, Lima, Cuzco et surtout Mexico. Les membres des chapitres cathédraux aussi bien que les religieux circulent beaucoup en raison de leur avancement, de leurs promotions et de diverses destinations. De ce fait ils contribuent à enrichir les pratiques locales en y évoquant les coutumes des églises qu'ils viennent de quitter.

Le clergé des Indes conçoit l'organisation du culte en continuité avec la tradition millénaire de la Péninsule ibérique. Les

L'HISPANO-AMÉRICAIN

contacts étroits des cathédrales des Indes avec celles de Tolède et Séville contribuent à la diffusion des œuvres des plus grands polyphonistes espagnols, dont les figures les plus éminentes sont Cristóbal de Morales (1500-1553), Francisco Guerrero (1528-1599) et Tomás Luis de Victoria (1548-1611). Il s'en dégage des mouvements et des influences essentiels dans la formation des compositeurs américains. Les compositions associent deux courants musicaux : l'un proprement espagnol, l'autre d'origine franco-flamande. Pendant les règnes de Charles Quint et de Philippe II, **la structure hétérogène de l'empire permet la circulation de musiciens et d'œuvres à travers les domaines de la monarchie catholique.**

Les Indiens associent habilement certaines fêtes locales avec le calendrier chrétien, comportement toléré car il favorise la participation des peuples autochtones lors des festivités religieuses. C'est à partir de cette participation dans le rite, l'exécution et l'introduction de nouveaux instruments que **la musique d'origine européenne incorpore certaines pratiques et tournures musicales autochtones et africaines,** lui conférant ainsi un caractère original. On sait que dès 1543 le chapitre cathédral de Mexico recrute des Indiens instrumentistes en tant que musiciens de la chapelle. Ils jouent le chalumeau, la saquebute et la flûte presque aussi fréquemment que la musique vocale.

Artistiquement parlant, il existe dans l'ancienne vice-royauté du Pérou deux pôles d'attraction au xviie siècle : dans le sud celui de Potosi et Chuquisaca (le nom indigène de l'actuelle ville de Sucre qui s'appela aussi La Plata), **et dans la zone centrale celui de l'axe Lima-Cuzco, le plus actif.** Pour des raisons aussi diverses que l'alternance des maîtres de chapelle, le prestige des musiciens, la variété de commandes reçues ou la vitalité de l'émulation entre les grandes villes, **l'œuvre des compositeurs se diffuse abondamment et partout.** Aux xviie et xviiie siècles y excellent Cristóbal de Belsayaga, Juan de Araujo, Roque Ceruti, José de Orejón y Aparicio et Tomás de Torrejón y Velasco dont l'exécution de *La púrpura de la rosa*, en 1701, à Lima, marque la première représentation d'un opéra au Nouveau Monde.

Pour les cathédrales de Potosi ou de Cochabamba (haut Pérou), dès le xvie siècle on invente l'un des artifices sonores les plus efficaces : l'accompagnement des chœurs par des violons « bajos » (basses). Leur utilisation correcte – avec des encordements très épais en tripe de lama tressés en cordon avec des archets larges et durs qui exigent une attaque claire et brève de chaque note – rend possible la diffusion puissante du son dans tous les recoins de ces espaces majestueux. Les Andes manquent des voix graves dans des chœurs où prédominent les sopranos et les petits chanteurs. Le recours à ces grands instruments à cordes facilite donc la diffusion dans les grandes enceintes, comme celles des missions jésuites, auprès des Mojos et des Chiquitos. **L'essor des arts plastiques dans la province de Minas Gerais (Brésil) est parallèle à celui de la vie musicale pendant la seconde moitié du XVIIIᵉ siècle.** Plusieurs chanteurs et instrumentistes, vivant de leur métier et caractérisés par la maîtrise technique et la connaissance des nouveautés européennes, s'y rassemblent.

Peu de métropoles musicales des Indes peuvent rivaliser en sophistication et en splendeur avec Mexico. À l'époque où les colons de Boston composent leurs rudes « airs fugués », les maîtres de chapelle des cathédrales de la Nouvelle-Espagne produisent une musique extraordinairement raffinée, du Guatemala dans le sud, jusqu'aux missions de Californie dans le nord. En raison d'une forte demande, et malgré l'immensité des territoires, un véritable processus d'échange de musique et des musiciens se met en place entre Mexico et Puebla, Oaxaca, Valladolid et Guadalajara. Aux grands polyphonistes Hernán Franco (1575) et Juan Gutiérrez de Padilla (1650) s'ajoutent au XVIIIᵉ siècle Manuel de Zumaya et Ignacio de Jerusalem. Zumaya est l'un des premiers musiciens du Nouveau Monde à composer un opéra, *Partenope* (1711), et l'un des premiers créoles à atteindre le haut rang de maître de chapelle, d'abord à Mexico (1715-1738), puis à Oaxaca (1738-1755). Jerusalem est né à Lecce (Italie) en 1710. Ses contemporains le décrivent comme un « miracle musical », et c'est au Coliseo de Cadiz qu'il est recruté en 1742 pour aller jouer au Coliseo de Mexico. En 1746 il compose déjà pour la cathédrale de cette capitale où il obtient en 1749 le poste de maître de chapelle qu'il garde jusqu'à sa mort en 1769.

Aux écoles espagnoles et flamandes s'ajoute plus tard l'influence italienne qui touche aussi bien les cours de Madrid et de Lisbonne que les Indes. Celle-ci devient plus sensible au XVIIIᵉ siècle, surtout à partir de l'arrivée de la maison des Bourbons sur le trône d'Espagne. Le baroque italien a des représentants directs aux Indes, dont Jérusalem et le jésuite Italien Domenico Zipoli qui arrive au Rio de la Plata en 1726 et s'installe à Córdoba. Beaucoup de ses œuvres se trouvent aux archives de cette ville, d'autres à La Plata (aujourd'hui Sucre) ou à Mojos, dans l'actuelle Bolivie. Les jésuites donnent un grand essor à la création artistique locale. En même temps qu'ils réunissent les indigènes dans les missions, ils savent éveiller les vocations, spécialement la fabrication d'instruments.

LA DANSE

Avant l'arrivée des Européens, les Indiens dansent au rythme de la flûte et des tambours auxquels s'ajoutera la guitare espagnole. Mais en plus des instruments arrive aussi le langage des pieds et du corps. La danse est une passion hispanique. On danse partout, à la cour du vice-roi aussi bien que dans les rues. La pavane, le branle, l'allemande entraînent, au son des instruments, seigneurs et grandes dames. La danse franchit même le seuil du sacré. Certaines danses du rite sévillan ont lieu dans les églises (cf. Le christianisme, chap. VI). **Les gens dansent dans les rues à l'occasion de la Fête Dieu, mais surtout dans les patios. Ils conservent les noms des danses espagnoles et africaines ou ils en inventent de nouveaux.** D'anciennes danses populaires espagnoles, telles que les « *damas encantadas* » (dames enchantées) ou des danses parlées, disparaissent, d'autres sont transformées. La contredanse donne lieu à des variantes locales comme le *pericón* argentin de riche chorégraphie qui obéit à la voix d'un bâtonnier. Le *molambo* se prête à des compétitions, le *gato* est connu à Lima aussi bien qu'à Mexico. **La pavane semble décliner alors que le menuet reste populaire dans les salons.** Les influences de l'Estrémadure et de l'Andalousie sont présentes au Chili en même temps que sur la côte du golfe du Mexique à travers des rythmes tels que la *zamacueca*, les *sones,* les *valonas* et les *huapangos*, qui suivent tous leur propre évolution.

L'une des plus intéressantes expressions de la danse est celle qui représente l'histoire de la conquête espagnole du Nouveau Monde. Les Indiens interprètent la conquête en dansant, depuis les années de 1570. Ces représentations traversent les siècles, et nous les trouvons encore dans des villages éloignés lors de grandes fêtes en l'honneur des saints titulaires. Il existe des danses au Mexique, au Guatemala et dans les Andes sur les thèmes des conquêtes locales. Elles ne sont pas seulement d'ordre chorégraphique. En alternance avec les parties dansées, les protagonistes récitent le *coloquio* ou *relación* où sont évoqués les divers épisodes de la conquête. D'où l'appellation de *danse-drame* qui leur est donnée (cf. Orientation bibliographique, VAL JULIÁN).

La danse de la conquête est en fait une variante américaine de la *danza de moros y cristianos* ou *morisma* de l'Espagne médiévale. Elle est introduite dès les années 1530 en Nouvelle-Espagne par les religieux des ordres mendiants. La danse et le théâtre étaient présents – sous une forme très stylisée et complexe – dans les célébrations du culte préhispanique aussi bien parmi les Aztèques que parmi les Incas. Les ecclésiastiques mettent donc à profit ces antécédents pour implanter, entre autres, les *morismas,* qui deviennent l'une des formes du théâtre d'évangélisation. Ces danses péninsulaires devaient remplacer celles des temps idolâtres que l'on s'efforce d'éliminer. On passe ainsi de la danse de la « reconquête » à la danse de la conquête : les Indiens prennent la place des Maures dans la lutte symbolique contre les infidèles. Le thème principal de la représentation dans la *Danza de los Santiagos* – l'une des variantes du cycle de Maures et chrétiens le plus répandues en Nouvelle-Espagne – est celui de la confrontation entre Pilate et saint Jacques.

L'ORFÈVRERIE

L'art des orfèvres est attesté dès les années 1530 à Mexico, lorsque des maîtres espagnols et portugais s'y installent. Ils sont attirés par les gisements d'argent dont l'exploitation devient de plus en plus intensive, aussi bien que par la demande croissante de la nouvelle société. À l'autre bout des Indes l'argent coule de Potosi et fait des grandes villes du Pérou (Lima, Quito, Charcas) des centres remarquables d'orfèvrerie. **Vers la fin du** xviie **siècle, l'on parsème d'argent certaines rues de Lima à l'occasion des grandes solennités.** Les ateliers construisent des autels argentés qui ornent les rues lors du passage du Saint-Sacrement.

Les chefs-d'œuvre sont des objets du culte tels que des croix processionnelles, des calices, des ostensoirs, des lampes votives ou des chandeliers. Les modèles et les langages décoratifs sont d'origine espagnole, peut-être plus de la Vieille Castille que de l'Andalousie, mais ils tendent à se fusionner aux Indes grâce à l'immigration des orfèvres et à la circulation des objets. Certaines solutions décoratives deviennent typiques d'une province comme Guatemala, dont le prestige de quelques pièces maîtresses rayonne bien au-delà des mers. En 1721 le chapitre cathédral de Caracas commande des vases en argent de la Nouvelle-Espagne, mais « à la

L'HISPANO-AMÉRICAIN

condition qu'ils soient comme ceux de l'église métropolitaine de Mexico ».

La possession d'un service en argent massif est aux Indes l'un des soucis de toute famille respectable. L'on fait fabriquer des assiettes, des tasses et sous-tasses, des pichets et des fontaines, des saladiers et des soupières. En Amérique du Sud, les familles sont fières de leur service à « mate », l'herbe aux effets digestifs que l'on boit en infusion. L'argent brille sur les bijoux (colliers, bagues, pendentifs, boucles d'oreilles, etc.), aussi bien que sur les encriers, les lutrins et les boîtes à tabac.

LES ARTS ÉPHÉMÈRES

Les expressions de la vie quotidienne donnent lieu à certaines manifestations artistiques que le temps n'épargne pas. À l'occasion des entrées solennelles des vice-rois et des évêques, de la Fête-Dieu ou des anniversaires de la conquête, on construit des arcs de triomphe en bois. Ils portent des emblèmes nobiliaires aussi bien que des représentations mythologiques que l'on fait peindre. Les poètes y produisent des vers à chaque occasion. Lors des processions de la semaine sainte, comme à Séville ou Valladolid en Espagne, **chaque confrérie fait bâtir de grands autels que l'on porte sur les épaules sous le nom de *pasos*** (pas). Ils consistent généralement en un baldaquin de tissus très fins sous lequel on place la sculpture de la Vierge, du saint ou du mystère titulaire de la confrérie. De grands reliquaires garnis de pierres précieuses sont également exposés.

Mais il est des manifestations plastiques encore plus éphémères. Lors de la célébration de la paix d'Aigues-Mortes entre Charles Quint et François Ier, sur la grand-place de Mexico en 1539, les Indiens reproduisent des forêts artificielles ornées d'arbres, de fleurs et d'une infinité d'oiseaux réels. Dans ce cadre ont lieu des simulacres de batailles célèbres qui exaltent les triomphes de la monarchie catholique.

La mort est une source inépuisable pour les arts éphémères. La passion et la mort du Sauveur donnent lieu chaque année à la construction d'un grand monument que l'on place à l'intérieur des églises. Les peintres et sculpteurs y représentent les principaux mystères de Pâques, tels que l'institution de l'eucharistie que l'on célèbre le jeudi saint au soir à la lumière de centaines de bougies. À l'occa-

L'HISPANO-AMÉRICAIN

sion des obsèques des rois et de reines d'Espagne, un catafalque est construit, sur lequel on place le cercueil vide du monarque. Autour sont représentés les passages héroïques de sa vie ainsi que des épitaphes.

Les gens les plus démunis expriment leurs liens d'affection à travers les ex-voto, ces petits tableaux ou plaques peintes qui portent une formule de reconnaissance suite à l'accomplissement d'un vœu ou d'une grâce obtenue. Des centaines de ces plaques couvrent les murs des maisons et des sanctuaires.

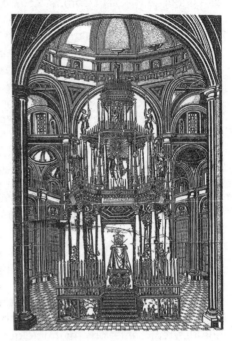

Catafalques de Charles Quint (en bas) et de Philippe IV dans la cathédrale de Mexico (1559 et 1666)

IX

LES LOISIRS

Les habitants des Indes aiment les loisirs, et les occasions ne leur manquent pas. En raison du calendrier religieux, les jours chômés sont nombreux tout au long de l'année. Les fêtes familiales, les célébrations municipales et les événements royaux fournissent d'autres motifs de ne pas travailler. La théologie morale ne cesse pas de rappeler que **l'oisiveté n'est pas une vertu, certes, mais le travail n'est pas non plus une fin en soi.** Il doit pouvoir mieux intégrer les hommes dans la création et dans l'ordre voulu par Dieu, mais le travail ne rachète pas du péché. Les gens d'Église prêchent donc la nécessité de parvenir à un équilibre entre le travail et le loisir. Les jésuites insistent par exemple sur l'éducation d'une sensibilité orientée vers la « plus grande gloire de Dieu », et les médecins parlent de « l'équilibre des humeurs ». Cet équilibre doit laisser la place à la conversation, aux divertissements, à la lecture, à l'écoute des sermons et de la musique ainsi qu'aux processions et aux promenades.

LIEUX DE RÉCRÉATION

La grand-place est le point de rencontre obligé de la vie sociale : on s'y retrouve pour les affaires mais aussi pour le plaisir. Le plan en damier des villes et des villages, l'organisation structurée de l'espace leur donne un air de famille, quelle que soit la région, l'importance et l'opulence. Centre du pouvoir, la place d'armes est aussi celle des loisirs, des apparences et du prestige. Les rues, aux noms souvent évocateurs des corporations qui y sont installées, dessinent une géographie assez nette des activités artisanales et marchandes. **Les marchés à ciel ouvert sont des endroits de loisir.** De nombreux étalages y sont tenus par des Indiennes, des Noires ou plus souvent encore par des métisses. Ils donnent à la rue animation, couleurs et odeurs. Les foires et les marchés fermés – aménagés sous les arcades des places – sont souvent réservés aux produits exotiques ; ils prolongent le plaisir de l'arrivée des flottes d'Europe ou d'Extrême-Orient : draps de Hollande et de Cambrai, nacre des Philippines, damas de Castille, soieries de Chine et du Japon, meubles d'Allemagne et coffres en cuir de Moscovie qui excitent les regards émerveillés (cf. Le commerce, chap. IV).

Les fêtes religieuses et profanes confirment le rôle de capitale des villes comme Mexico, Lima, Santa Fe de Bogotá, La Havane ou Santiago du Chili **en drainant les populations des alentours** lors des grands événements. Ces fêtes sont l'occasion d'un déploiement de richesse et de pouvoir qui met en mouvement toute l'oligarchie locale : l'ostentation, signe distinctif de la qualité sociale, fait ainsi de la place une scène théâtrale pour l'amusement des plus démunis. Comme en Europe à cette époque, la vie collective a une extrême importance. Tout y concourt : la nature à la fois diversifiée et solide des liens familiaux, la conception aristocratique de la maisonnée chez les patriciens, la multitude des relations sociales encadrant l'individu dans sa paroisse, sa confrérie, sa corporation. Tout est prétexte à des célébrations et à des manifestations publiques.

Les petits spectacles ne manquent pas dans les rues animées des grandes villes, surtout dans les quartiers le plus éloignés de la place. Toutes sortes d'acrobaties, de marionnettes, d'animaux exotiques, de femmes et d'enfants déformés s'y produisent. Les acrobates s'installent de préférence dans les cours des immeubles à louer et y restent quelques semaines, avant de partir se faire connaître dans un autre quartier. La plupart des acrobates sont des Espagnols qui n'ont pas « fait l'Amérique » et qui probablement menaient aussi une vie nomade dans leur pays d'origine, errant de ville en ville avec leurs familles. Certains défilent dans les rues, parfois déguisés en femmes, jouant du tambour, du violon et des bassons afin d'attirer les voisins.

Dès le XVIᵉ siècle, Mexico possède un parc extra muros appelé *Alameda* en raison des peupliers qui y abondent. Au début réservé en partie à un marché indien, ce parc est devenu le site préféré pour les promenades du dimanche. La navigation en canoë sur plusieurs voies des lacs ramène des légumes, de la viande et des fleurs, mais elle constitue également l'un des principaux loisirs de la vallée de Mexico (cf. L'aspect de la ville, chap. II). En plus de ces places aux jardins ornés de palmiers, l'une des rues qui partent de la grand-place de Lima, celle dite des « Frères déchaussés », devient une chaussée agréablement arborée qui mène à la colline de San Cristóbal située à l'est. Elle constitue le principal lieu de récréation de la ville.

Les auberges et les cours sont des lieux de rencontre pour les groupes démunis, où l'on converse, boit, danse et joue aux cartes. Faute d'autres divertissements, **les habitants des villes s'amusent à écouter et à répéter les conversations de leurs voisins,** qu'ils peuvent reproduire lors des interrogatoires ou en laissant échapper des rumeurs. Les hôtels particuliers, les tavernes et les cafés, qui ne datent que de la fin XVIIIᵉ siècle, sont fréquentés par des seigneurs et par des voyageurs.

LES TAUREAUX

La « fête sauvage » (*fiesta brava*), expression qui désigne les courses de taureaux, est considérée comme un spectacle extrêmement populaire. Il s'agit d'un jeu d'action, importé par les conquistadors, dont ils sont friands, car ils visent à recréer toutes les conditions d'une célébration, comme en Espagne. **Il est normal que toute fête se termine par une course de taureaux.** De fait, la première *corrida* à Mexico eut lieu le 13 août 1529, date de la chute de Tenochtitlan et de la victoire définitive de Cortés huit ans auparavant. Désormais les festivités sont couronnées par le jeu des « sept taureaux » à cette date. Il en est de même pour la Saint-Jacques (25 juillet), pour l'accession d'un nouveau monarque au trône, pour les accouchements royaux ou les anniversaires princiers. La première corrida à Lima date du 29 mars 1540, pendant laquelle le conquistador Francisco Pizarro lui-même tua le second des taureaux. Cependant au Pérou les corridas sont supprimées et ne reprennent pas avant 1630.

La « fête sauvage » n'est pas considérée comme un jeu à part ou un « sport ». Elle fait partie de célébrations plus larges et variées aussi bien que des joutes comme le jeu de cannes, car **la sensibilité de l'époque se fatigue vite et trouve son plus grand plaisir dans le changement.** Il n'y a même pas d'arènes fixes, elles sont toujours improvisées, parfois sur la grand-place. La joute et le combat à cheval avec la bête sont aussi importants que les défilés et cérémonies. Des taureaux sont présents également lors de la prise de pouvoir de chaque nouveau vice-roi à Lima et à Mexico. Les corridas durent trois jours en ces occasions et 100 taureaux sont fournis par certains bouchers, ceux qui affermaient la fourniture de viande aux municipalités.

Même si les courses sont un divertissement populaire, **le spectacle reflète toute la hiérarchie sociale.** Il est présidé par le vice-roi dont le balcon est plus élevé que ceux des autres ministres et des nobles. Malgré les interdictions fréquentes lancées par les ecclésiastiques, les prélats ne manquent guère aux grandes *corridas*. En fait c'est l'archevêque fray García Guerra, alors qu'il exerce comme vice-roi intérimaire (1611-1612), qui fait construire des arènes à l'intérieur du palais royal à Mexico. Même certaines religieuses écrivent des relations en vers des corridas. Des places spéciales sont réservées au Saint-Office, aux chapitres cathédraux et aux docteurs de l'université lors des grandes fêtes.

Dans la seconde moitié du XVIIIe siècle, **sous le despotisme éclairé des Bourbons, l'attitude des autorités change.** Les courses sont considérées comme un divertissement populaire barbare et sanguinaire, donc opposé au progrès et à la civilisation, qu'il faut limiter. La participation des seigneurs qui affrontent le taureau à cheval disparaît du centre du spectacle et laisse la place à des roturiers. Le jeu devient alors peu honorable. Certains nobles le pratiquent dans la clandestinité de leurs *haciendas* ou passent inaperçus derrière un masque (*tapados y preparados*). En même temps tout le spectacle est restructuré afin d'augmenter l'exaltation du public jusqu'au moment de l'apothéose, le dernier épisode où le *toreador*, debout, c'est-à-dire sans monture, tue la bête. **De nombreux petits divertissements sont alors glissés tout le long de la** *corrida* : un fou sorti de l'hôpital qui provoque le taureau et se cache ensuite ; des chiens de chasse qui aboient et luttent contre la bête ; des combats de coqs durant les entractes. L'arène se remplit de mendiants et de vendeurs ambulants, de gâteaux et de sucreries. Le spectacle est parfois suivi de bals bruyants énergiquement interdits dans les années 1780 et 1790 aussi bien à Mexico qu'à Lima. La nouvelle logique n'est plus favorable à l'installation des arènes improvisées d'autrefois. En 1790 on conseille au vice-roi de Mexico de construire une place définitive, meilleur remède contre les abus induits, alors que celle de Lima, avec une capacité de 10 000 spectateurs, ouvre ses portes en 1768.

LE THÉÂTRE

Dès le début, **le théâtre** est un instrument important de christianisation, mais, en tant que spectacle profane, il **est rapidement intégré à la vie urbaine** aussi bien en Nouvelle-Espagne qu'au Pérou. Diverses compagnies d'acteurs tentent d'obtenir les concessions des autorités pour les représentations. Au début, celles-ci ont lieu à l'extérieur des cathédrales, parfois dans les cimetières où la cohabitation quotidienne avec les défunts est assez courante ; à l'intérieur des églises, malgré les interdictions, ou enfin sur des chars. Des pièces sont jouées en même temps à l'intérieur du palais royal. **Dès 1597 les grandes capitales comme Mexico et Lima disposent de cours privées appelées** *corrales*, **pour la représentation de pièces.** Il s'agit de cours ouvertes (*patios*) aménagées de façon rudimentaire. Elles étaient précédées à Mexico par l'hôpital royal des Indiens, autorisé dès 1553 à représenter des pièces afin d'aider à son financement. Il eut le monopole des représentations théâtrales jusqu'au début du XIXᵉ siècle. De la même façon, le somptueux hôpital royal de Saint Andrés à Lima accueille des représentations publiques à partir de 1601. À ses emplacements divers, le théâtre est aux Indes un divertissement fréquenté par de nombreux groupes (cf. Le théâtre, chap. VII).

Les spectacles de marionnettes ont lieu dans les maisons des anciens comédiens. Une fois que la séance du Colisée est finie, quelques-uns des acteurs partent aider leurs anciens collègues à manœuvrer les fils des pantins. Dans cette ambiance cordiale animée par les voisins du quartier, les comédiens présentent des spectacles satiriques. Vers la fin du XVIIIᵉ siècle, on essaie de professionnaliser les comédies de marionnettes de façon à en faire un spectacle éducatif.

Ne pouvant plus faire la fête dans les espaces publics pendant le carême et la semaine sainte, **les gens organisent des colloques (***coloquios***) pour leurs familles, amis et voisins.** Ils ont lieu pendant le carême et au cours des cinq semaines précédant Noël. Le but de ces réunions est la représentation d'une pièce courte traitant des mystères de la saison. Les *coloquios* sont célébrés dans les cours intérieures. Après la représentation, on sert le goûter composé de biscuits, de sucreries et de jus de fruits. Souvent on consomme aussi des boissons alcooliques qui mettent de l'ambiance pour l'improvisation des bals accompagnés de musiciens.

L'HISPANO-AMÉRICAIN

215

Les *coloquios* qui précèdent Noël s'enrichissent au cours du XVIIIᵉ siècle. Ils reprennent la tradition du XVIᵉ siècle, consistant à faire du feu et à chanter autour des crèches. C'est là l'origine des *posadas* au cours desquelles quelques-uns des participants placés dans le patio portent les figurines de Marie et de Joseph. À l'intonation des chants, ils demandent d'être hébergés au reste des invités qui répondent, placés à l'intérieur de la maison. La *posada* (l'auberge) se termine par les litanies de la Vierge ainsi que par la *piñata*, un grand vase en terre cuite rempli de fruits et de sucreries, décoré de papier multicolore parfois en forme d'étoile. On pend ce vase à hauteur de façon à ce que chacun des participants essaie de le rompre, les yeux bandés, à l'aide d'un bâton. La *piñata* est censée représenter l'étoile de Bethléem qui contient les grandes richesses de la grâce de Dieu prodiguée au monde lors de la naissance du Christ. Les *posadas* sont au nombre de neuf, la dernière ayant lieu lors du réveillon de Noël. C'est alors que la figurine représentant le Nouveau-Né est bercée.

Un nouveau style de théâtre, le Colisée, ouvre ses portes d'abord à Lima, puis à Mexico en 1753 et en 1778 à Buenos Aires. Il s'agit d'un espace immense et bruyant pour quelques centaines de spectateurs, qui accueille plusieurs groupes à divers étages, galeries et balcons. Le public s'y rend non seulement pour voir les pièces, mais pour y parler des événements les plus récents faute de cafés (le premier à Mexico date seulement de 1785). Le coût des billets est relativement modéré, un demi-réal, soit la plus petite pièce de monnaie (cf. La monnaie, chap. IV). Pendant les entractes s'intercalent des pièces courtes et comiques (*sainetes*), assez frivoles, ainsi que des danses sensuelles dont la décence est parfois mise en doute. À l'instar d'un élan moralisateur, **les Lumières conçoivent le spectacle comme une source des sentiments orientés vers l'efficacité, le travail, et qui empêche l'oisiveté et des divertissements trop relâchés.** Une loi de 1786 interdit la représentation des pièces de contenu religieux, afin d'assurer le respect du public. Il s'agit en fait d'une mesure de sécularisation qui réserve les célébrations religieuses strictement aux espaces sacrés.

LE CARNAVAL

Toutes les fêtes ne sont pas liées au calendrier religieux. Depuis le jeudi gras et jusqu'à la veille du mercredi des cendres, il règne dans les grandes villes une ambiance de gaieté et de liberté

L'HISPANO-AMÉRICAIN

avec partout des danses, des promenades et des bals. Il s'agit du carnaval – *carnestolendas*. Les gens se déguisent, portent des masques et parcourent la ville. Ils se moquent des autorités en profitant de leur anonymat. Certains s'habillent même en religieux. Selon un édit du vice-roi de Mexico datant de 1731, **il est courant que les hommes se travestissent en femmes, ce qui arrive plus souvent que l'inverse.** En portant des tenues compliquées, les jeunes Indiens se déguisent en vieillards et dansent les *huehuenches* selon une ancienne tradition qui mêle éléments préhispaniques et péninsulaires (cf. La danse, chap. VIII). Le mardi gras même a lieu la cérémonie du « pendu », suivie de la parodie d'un procès. Il s'agit du simulacre d'une pendaison censée tuer le carnaval sous la forme d'un personnage qui incarne le mal, le relâchement et la dissipation.

JEUX DE HASARD

S'il est licite de s'adonner au jeu pour le délassement de l'esprit, il est cependant interdit de le faire pour l'argent. Malgré cette mise en garde, de nombreuses parties s'achèvent par des rixes, des violences et des blasphèmes. Les cartes et les dés intéressent en raison de la passion que les gens y mettent. Pourtant **étudier un jeu ou s'y concentrer de façon exclusive est inusuel.** C'est d'ailleurs en raison de cette passion que l'on fixe peu à peu un certain nombre de règles générales afin d'éviter les disputes. Jouer aux cartes n'est en fait qu'un prélude à des passions plus fortes et plus « honorables ». Gagner une partie est certes important, mais toujours insuffisant, car la gloire que cela donne est moindre (cf. L'honneur et la réputation, chap. X).

Les cartes

Avant l'arrivée des Espagnols, les Aztèques dessinaient deux lignes diagonales avec des divisions internes qui, selon les chroniqueurs, représentaient des périodes chronologiques. Ils jouaient dessus en lançant des haricots marqués d'un certain nombre des points qu'il fallait gagner contre de petits cailloux bleus. Avant de commencer le *patolli*, les joueurs priaient et demandaient la fortune aux haricots. Alors qu'ils les lançaient, ils invoquaient leur déesse

217

Macuilxóchitl (Cinq-fleurs), protectrice du jeu. Certains de ces jeux ont survécu à la conquête. **Les conquistadors apportent le goût des cartes à jouer**, Cortes lui-même est un bon joueur, selon le chroniqueur Bernal Díaz (cf. Quelques auteurs majeurs). Cet auteur relate également la façon dont un des soldats, Pedro de Valencia, fabrique des cartes à partir des morceaux d'un ancien tambour. Lors de longues veillées, les chefs conquistadors permettent à leurs subordonnés de jouer afin de rester éveillés en attendant une attaque indigène. Les paris sur leur or ne se passent pas toujours dans le calme. Avec des hauts et des bas, les disputes finissent parfois d'une façon violente.

Les villes des Indes disposent d'établissements pour jouer aux cartes, et les juges de paix (*alcaldes*) doivent y arrêter les vagabonds. Les cartes séduisent les Indiens citadins aussi bien que les métis. Là où on joue le plus, c'est à l'intérieur des foyers domestiques, au cours d'une soirée ou d'un bal. Les membres de la famille et quelques invités, dont souvent des ecclésiastiques, se mettent à jouer sans qu'il soit toujours obligatoire de parier. Des jeux divers en apparence et dont les noms diffèrent (le *gatillo* – petit chat – aussi appelé *española* ou *a cuentas*) ne sont que des variantes d'un même système.

LES LOTERIES

L'un des jeux familiers préférés est la loterie à cartons accompagnés de cartes à dessins. Celui qui gagne est le premier qui remplit les figures des cartons à l'aide de fiches ou de simples grains de haricots, au fur et à mesure qu'un annonceur nomme les figures correspondantes représentées sur les cartes. Souvent il le fait sans les nommer de façon directe, mais au travers de petites devinettes. Par exemple, s'il crie : « Celui qui a chanté à saint Pierre », il faut vite deviner qu'il s'agit du coq.

Il existe enfin, depuis la seconde moitié du XVIIIᵉ siècle, la loterie à chiffres pour laquelle jouer suppose acheter des billets numérotés. Afin d'orienter ce jeu au bénéfice des plus démunis, le roi Charles III met en place en 1769 une loterie publique à Mexico. Lima en bénéficie déjà depuis une décennie, en raison d'un très fort tremblement de terre dont les dégâts décident le vice-roi, comte de Superunda, et l'archevêque, même sans autorisation royale, à en entreprendre la fondation.

JEUX D'ACTION

Certaines activités de loisir sont liées au dressage et à l'utilisation quotidienne du cheval. Elles donnent lieu à des expressions diverses de cavalerie qui recouvrent une série de valeurs de courtoisie et d'honneur comme mode de vie d'abord et, à partir de la fin du XVIIIe siècle, comme spectacle équestre. En principe seuls les Ibériques chevauchent et portent des armes, cependant le roi octroie l'autorisation aux nobles Indiens.

LES JOUTES

Jeu de cannes

Dès la fin du Moyen Âge, les cavaliers chrétiens jouent volontiers au *juego de cañas* (jeu de cannes), représentation symbolique du combat contre les musulmans, où deux équipes de cavaliers se poursuivent avec les tactiques et les feintes qui leur sont propres. La lice où le combat a lieu est parfois spécialement construite à cet effet, et délimitée par des estrades de bois garnies de riches tapisseries. Au signal donné par le juge de la joute, l'un des quadrilles se lance à l'attaque : les cavaliers qui le composent traversent l'arène au galop, en jetant leurs cannes ou javelines sur leurs adversaires qui s'efforcent de les parer du bouclier. **Organisé par la municipalité, l'un des premiers combats accompagné de mascarades et de taureaux eut lieu à Mexico en 1538** à l'occasion des fêtes qui commémoraient le triomphe de Charles Quint sur François Ier à Aigues-Mortes. On le joue à Puebla (Nouvelle-Espagne) en 1580. Puis, lorsque les habitants de Buenos Aires n'assistent plus aux grandes fêtes en 1660 en raison de leur peu de moyens, le gouverneur leur enjoint d'assister à la joute de cannes. À partir de 1790 environ, des mesures de contrôle préventif interdissent aux *gauchos* les combats de cannes et d'autres divertissements tels que les jeux de hasard. Ces personnages sont la source d'inspiration d'une riche poésie populaire où se trouvent recueillies des chansons épiques pleines d'archaïsmes qui décrivent les modes de vie et la cavalerie sauvage de la pampa.

L'HISPANO-AMÉRICAIN

Les charros

En Nouvelle-Espagne apparaissent les *charros*, dont le nom est originaire de la province de Salamanque, en Espagne. Mais le mot désigne aussi l'ornementation élaborée du vêtement de ces cavaliers, maîtres de toutes sortes de pratiques de monte, dont la capture du bétail, les jeux de corde ou la joute de taureaux. Les premiers *charros* apparaissent au XVIIe siècle. Ce sont les propriétaires des *haciendas* ainsi que leurs domestiques. Ils dressent les bêtes sauvages dans une grande cour fermée de l'hacienda, espèce d'arène à laquelle accèdent les animaux par une piste fermée appelée *lienzo* et qui relie les étables à la cour. En ville ces espaces sont beaucoup plus grands, ils servent à l'entraînement des jeunes cavaliers et disposent de places réservées aux spectateurs. **Les *charros* font la démonstration de leur habileté à l'occasion de fêtes locales** comme celle des saints patrons du village. L'ambiance se prête à l'exécution des airs locaux par des orchestres d'instruments à cordes et à vent, aussi bien qu'aux danses d'origine andalouse qui utilisent les talons et les bottes comme des instruments de percussion (cf. La danse, chap. VIII).

Capture d'un taureau par les charros.

X

LA VIE PRIVÉE

Toutes **les grandes tendances des sociétés de l'Amérique ibérique trouvent une expression dans la vie de l'individu, qu'il soit Européen, créole, Indien, Noir africain ou métis.** Or cette expression passe par la communauté dans laquelle l'individu est intégré et qui lui assure un cadre de vie et une protection. Toute la vie d'une personne se déroule au sein de groupes plus ou moins étendus, depuis la famille et la paroisse jusqu'à la ville et le royaume, en passant par la corporation professionnelle, la confrérie ou l'ordre religieux. Les courants migratoires européens et africains se heurtent à la polygamie des sociétés indigènes et interviennent dans les formations familiales ; l'ascension sociale et l'idéal nobiliaire des Ibériques imprègnent les notions d'honneur et la réputation des individus ; les attaches de la parenté élargie soudent de nouveaux mondes par l'intermédiaire des réseaux ; les rapports « illégitimes » tissent enfin des groupes dont le statut ethnique devient de plus en plus incertain en même temps que complexe. Ces tendances exercent une influence déterminante sur le nom des personnes, sur leur famille, sur leur éducation aussi bien que sur la notoriété de leur vie au sein des villes où les apparences sont essentielles. Ces tendances ont des effets marquants sur la mobilité, la fortune ou la misère des gens, en dépit du poids de la société.

LE NOM

Le nom identifie la personne comme individu et comme membre d'une lignée ou d'une communauté. Il est aux Indes patronymique, toponymique ou se réduit au seul prénom qui, par le baptême, crée une filiation spirituelle. **La plupart du temps, les Indiens de Nouvelle-Espagne portent un double prénom** tel que Lucas Santiago. Il est habituel que les parents donnent des prénoms du Christ (dont *Jesús ou Salvador*), de la Vierge (*María, Guadalupe, Pilar* ou *Carmen*) ou choisis parmi les saints à leurs enfants. Cependant on constate une tendance, habituelle en Amérique ibérique, qui consiste à donner au nouveau-né un prénom plus par rapport au jour ou au mois de naissance qu'aux préférences personnelles des parents ou des parrains.

Le nom rappelle la filiation familiale et parfois l'origine géographique. Il existe également des noms « de religion » que les moniales ou les religieux des ordres mendiants se donnent à eux-mêmes pour symboliser leurs vœux. Le nom aide à repérer l'individu parmi ses homonymes. **La filiation n'est pas toujours paternelle.** Les patronymes peuvent être choisis par les parents en puisant dans le fonds que leur offrent les quatre grands-parents, afin de faciliter un héritage, pour marquer un rang social supérieur, ou encore pour incorporer les enfants à l'ensemble de la parenté. Ainsi le fils aîné porte souvent le nom du père alors que le fils cadet porte celui de la mère, le lien entre les deux frères n'étant pas toujours évident, au moins sur le papier. Ce n'est qu'à partir de la fin du XVIIIe siècle que le port du nom paternel suivi du maternel devient peu à peu systématique comme une pratique commune dans le monde hispanique qui dure jusqu'à nos jours. Un toponyme tel que *Montes* (monts) devient souvent un nom de famille. Cela peut être le cas de certains *conversos* (juifs convertis) dont le passage aux Indes est en principe interdit. Les titres de noblesse octroyés pour les royaumes des Indes adoptent souvent des toponymes associés au bénéficiaire, dont par exemple le marquisat de Oaxaca attribué à Cortés. Il existe enfin le surnom, qui peut être associé à la position gardée par l'individu dans une lignée, dont « le vieux » (*el viejo*) ou le jeune (*el joven*), à l'exercice d'une charge, comme la célèbre *monja alférez* (la moniale sous-lieutenant), ou à un défaut physique tel que *L'Aleijadinho*, « le déformé », surnom du plus grand sculpteur de Minas Gerais (Brésil) au XVIIIe siècle (cf. Repères biographiques).

Les différentes dévotions se répandent, et leur parcours trace une toponymie. L'apôtre Jacques le Majeur (*Santiago el Mayor*), le saint de la « reconquête » en Espagne, l'est aussi de la conquête des Indes. Il devient patron d'une dizaine de villes importantes (Santiago de Cuba, Santiago de Chile, Santiago de los Caballeros de Guatemala, Santiago de Querétaro), et de centaines de villages en

Amérique ibérique. La croyance selon laquelle les Indiens chrétiens participent de la formidable puissance de l'apôtre les mène à en adopter le nom, soit pour leurs caciques, soit pour leurs villages. Au début du XVIIIe siècle, plusieurs dizaines d'haciendas, de mines, de villages, de quartiers portent le nom de Guadalupe, notamment à Mexico et dans le centre et le nord de l'actuel Mexique.

L'IDENTIFICATION ETHNIQUE

Il existe aux Indes une autre façon de nommer les personnes, par rapport à la place qu'elles occupent dans la société pluriethnique dont elles font partie. Classer et **définir les personnes se fait de plus en plus présent en raison de l'étendue du métissage** au sein d'une population en essor démographique. La complexité et la rapidité des transformations rendent cependant cette classification moins aisée pour un sang-mêlé que pour un Indien de service domestique ou un Noir esclave. **En vertu de l'appartenance ethnique de leur père, bon nombre d'enfants d'Indiennes sont très tôt enregistrés dans les livres des baptêmes réservés aux Espagnols.** Dans ce cas, la seule personne identifiée ethniquement est la mère dont le prénom et nom de famille sont suivis du mot « *india* ». La qualité du père est tout simplement suivie d'un nom de famille. Si la classification s'avère difficile pour les métis de première génération, la définition des descendants des personnes dont le prêtre a omis de préciser l'ascendance mixte devient encore plus complexe. À la différence des termes « Noir », « Indien » ou « mulâtre », le terme « métis » semble connaître une dérive ouvertement péjorative qui pourrait expliquer que l'on évite son utilisation (cf. Les sang-mêlé, chap. III ; cf. Orientation bibliographique, ZÚÑIGA).

Si, dans la première partie du XVIIe siècle, on ne trouve que peu d'allusions aux métis dans les registres paroissiaux réservés aux Espagnols, à partir des années 1660 la situation semble changer sensiblement, surtout en Nouvelle-Espagne centrale, au royaume du Chili et un peu plus tard au Pérou central. C'est alors que commencent à paraître les classifications plus précises des enfants baptisés. Il est révélateur de constater que, après les enfants trouvés, les premiers à bénéficier de l'adjectif « Espagnols » sont les enfants issus des groupes les plus modestes. **Un genre pictural apparaît alors sous le nom de « peinture de castes ».** Il s'agit de portraits au

L'HISPANO-AMÉRICAIN

milieu de scènes de la vie quotidienne représentant les diverses possibilités d'union entre les groupes ethniques, et les enfants qui en résultent. Les frontières deviennent plus difficiles à percevoir, ce qui explique les efforts de classement (cf. Les sang-mêlé, chap. III).

LA FAMILLE

L'Amérique ibérique tente de construire une société à l'image de celle de la Péninsule ibérique. L'unité de cette construction est la famille. **L'on pense et l'on apprend à penser la famille comme un tout solidaire représenté par le nom.** Les élites se servent des tactiques familiales pour achever l'idéal nobiliaire de la société. **Elle est donc la clé de voûte de toute l'organisation sociale.** La famille est aux Indes à la fois nucléaire et élargie. Elle se compose de parents et de nombreux enfants. La moyenne d'enfants par ménage a été calculée entre 4 et 8. La présence de nombreux mineurs à l'intérieur des enceintes familiales accentue l'importance de l'éducation reçue à la maison pendant les premières années de la vie. Elle est assurée par les parents, les grands-parents ou les tantes aussi bien que par les nourrices. Les grands-parents ont tendance, surtout s'ils ont peu de moyens, à vivre sous la protection familiale (cf. Les âges de la vie, chap. V). Les oncles et tantes jouent également un rôle protecteur lorsque leurs neveux ou nièces deviennent orphelins. D'où la présence de relations assez étroites entre des cousins germains et même issus de germains.

Dans la famille conjugale, le père est responsable de la maisonnée. Il administre les biens de sa femme en même temps que les siens propres, doit élever ses enfants et « gouverner » sa maison, même si ces responsabilités sont de fait exercées par la mère. **De nombreux foyers sont habités par des enfants trouvés** aussi bien que par un certain nombre de domestiques dont souvent quelques esclaves (cf. Les esclaves, chap. III). Le statut de l'enfant illégitime est largement conditionné par son groupe familial d'accueil. Lorsque les bâtards sont reconnus par leur père et portent leur nom, ils deviennent alors une sorte de catégorie intermédiaire faisant partie de la famille, mais subalterne. **Les hommes de l'élite considèrent en effet leur descendance illégitime comme une part importante de leur clientèle.** L'enfant illégitime s'insère dans un vaste réseau de relations verticales. Il est une sorte de trait d'union entre des milieux différents qui ne sauraient nouer des liens matrimoniaux.

C'est à l'intérieur de la famille que se règle la transmission du patrimoine. Celui-ci s'entend dans son sens le plus large possible. Il comprend des propriétés terriennes, des capitaux, mais aussi des charges d'administration que l'on gère, s'agissant de leur succession, comme un domaine foncier ou le bénéfice d'une *encomienda* : charges, dignités et bénéfices transitent par les filières qui sont largement celles de la famille consanguine, et par affinité. Les rapports de parenté constituent le seul paramètre stable dans un monde nouveau à bien des égards. **Le modèle familial est traditionnellement utilisé comme métaphore de la relation qui unit le roi à ses sujets,** et il prend tout son sens dans les sociétés des Indes. En l'absence d'un pouvoir central fort, les hommes sont livrés à eux-mêmes. En conséquent **les relations personnelles avec des individus prestigieux et puissants sont l'unique voie d'accès aux fonctions et aux distinctions.** Un bon nombre d'offices et de charges sont octroyés directement par la Couronne, et les habitants des Indes ne peuvent en bénéficier que sur recommandation d'autorités telles que les évêques pour les charges ecclésiastiques, des gouverneurs et des magistrats des tribunaux pour les charges civiles. Ainsi voit-on les individus solliciter auprès du roi l'octroi d'une charge pour doter une fille. Don Juan de Gama Lobo, par exemple, Portugais ayant pris le parti de l'Espagne et qui a arrangé un mariage entre sa fille et un capitaine d'infanterie résidant au Chili, demande, en 1647, pour son gendre le poste de capitaine de la garnison de la place forte du Callao, port de Lima (cf. Orientation bibliographique, Zúñiga).

LA PARENTÉ SPIRITUELLE

Aux règles sociales dérivées de la famille à travers des « obligations du sang » et de la solidarité entre individus originaires du même terroir péninsulaire s'ajoutent celles qui relèvent de la parenté spirituelle. Au fil des années, des liens entre les Indiens nobles et leurs *encomenderos* se perpétuent. Quetzalmamalitzin, cacique de Teotihuacan, près de Mexico, donne à sa fille aînée, née au début des années 1540, le nom de Francisca Verdugo. C'est une manière d'honorer la fille de don Francisco Verdugo, l'*encomendero,* que de la choisir comme marraine de l'Indienne. L'héritière du cacique et celle de l'*encomendero* portent donc le même nom. Dans une impeccable symétrie, des homonymes à répétition associent les pères et

225

leurs filles. À défaut d'alliance matrimoniale, **les attaches d'une parenté spirituelle formalisent des rapports de proximité et de dépendance.** Le procédé est courant : le seigneur de Texcoco, Hernando Pimentel, se flatte d'avoir « pris le nom de Pimentel », famille de grands d'Espagne que dirige le puissant comte de Benavente. Du côté espagnol, et de manière également symétrique, les mariages consolident les liens d'un régionalisme péninsulaire tandis que **le parrainage jette des ponts dans l'autre société : en Nouvelle-Espagne comme dans les Andes, régionalismes américains et régionalismes ibériques soudent les deux mondes d'une manière irréversible** (cf. Le commerce, chap. IV ; cf. Orientation bibliographique, BERNAND et GRUZINSKI).

Le parrainage joue donc un rôle déterminant. Ses liens (*compadrazgo*) constituent un moyen efficace pour cimenter le statut social d'une personne grâce à l'établissement d'alliances spirituelles entre pairs. Ce caractère est d'autant plus marqué que le milieu social est élevé. La tendance au choix du parrain à l'intérieur du cercle des proches explique les très nombreux cas de double parenté, spirituelle et naturelle. Grands-parents, oncles et tantes, et même frères et sœurs des baptisés, remplissent également le rôle d'un tuteur spirituel. Ce lien entre les deux formes de parenté est à juste titre considéré par les contemporains comme l'une des marques extérieures d'appartenance à une famille élargie. À l'image de cette attitude fermée des membres des élites, et à l'autre extrémité de l'échelle sociale, la population servile des *castas* semble adopter sensiblement le même comportement. Pour les esclaves et les Indiens d'*encomienda* de Santiago du Chili, la démarche la plus courante consiste à choisir un parrain issu exactement du même milieu, aussi bien sur le plan social qu'ethnique. Dans des sociétés où il est fondamental d'affirmer à tout moment sa condition et sa place, **le parrainage, forme de parenté, assume le statut de signe identitaire.**

L'HONNEUR ET LA RÉPUTATION

La vie privée est préservée par la demeure familiale. Mais **la vie en famille n'existe pas sans le regard des autres. Or ce regard assure à chacun sa place dans la société.** C'est cette notoriété qui fait peser des contraintes sur l'individu et sa famille au point de faire ou de défaire une réputation. Ainsi l'honneur d'une femme et celle de sa famille doivent s'entendre comme la préservation de sa virginité avant le mariage. **Le principal ingrédient des rapports de l'individu envers la société est l'honneur, vertu fondamentale basée sur la considération due au statut ethnique, au mérite, au talent ou à la dignité exercée.** L'honneur domine les codes du comportement et s'associe à la volonté de « valoir plus ». Comme sentiment de dignité, l'honneur possède des ingrédients qui doivent se déployer. Par exemple, à défaut de moyens nécessaires pour marier une fille conformément à son rang – ou des candidats à la hauteur des sommes consenties comme dot –, la seule solution honorable est le couvent. Pourtant la vie au couvent n'est pas bon marché. Pour l'entrée « en religion » dans un couvent à Lima, il faut compter 6 000 pesos. Mais si en plus une moniale veut disposer d'une cellule privée, d'une servante et de 100 pesos de revenu, il faut alors verser 12 000 pesos. C'est cet apparat qui alimente la réputation (*fama, honra*) de tout individu bien famé.

Tout homme voulant être véritablement considéré comme un homme d'honneur doit réunir les conditions suivantes : la valeur personnelle ; la richesse ; la noblesse et l'ancienneté de son lignage ; avoir quelque dignité ou charge honorable ; avoir un bon nom de famille et un prénom gracieux ; avoir une parure convenable, être toujours bien habillé, avec une suite de serviteurs.

En décrivant la présence espagnole dans un certain nombre de métiers de l'artisanat – uniquement ceux qui, bien que « mécaniques », ont une part de prestige –, fray Juan de Meléndez ne retient comme définition de l'Espagnol aux Indes, en 1680, qu'une image idéale. « **Les Espagnols,** écrit-il, **sont des *caballeros* et, s'ils ne le sont pas réellement, du moins en adoptent-ils le comportement.** » Lorsque les jésuites découvrent des Espagnols travaillant la terre de leurs propres mains dans la région centrale du Chili, ils décrivent le dénuement des hommes et des femmes dans les campagnes, qui vivent « en dessous de leur qualité », la pauvreté et le besoin les ayant écartés du commerce et du voisinage. Ils n'ont donc pas de quoi paraître décemment en public et sont obligés de ne pas sortir de chez eux, et ne pas être vus des autres. Il y a plus d'honneur encore à se vaincre soi-même, à savoir dominer la fortune, qu'elle soit favorable ou contraire. Ainsi les jésuites vont les chercher pour les conduire se confesser et communier. Poussés à mener un train de vie au-dessus de leurs moyens suite à l'installation d'un haut tribunal à Buenos Aires (1661), les voisins n'assistent plus aux grandes fêtes. Le gouverneur a dû en conséquent leur enjoindre, par exemple, d'assister aux jeux de cannes (cf. Jeu de cannes, chap. IX).

L'HISPANO-AMÉRICAIN

L'honneur divise les pauvres en deux catégories : le *pobre de solemnidad* (pauvre de solennité) est celui qui est officiellement reconnu comme pauvre, qui vit de la mendicité, qui est secouru par les confréries et les couvents, tandis que le *pobre vergonzante* ou *vergonzoso* (honteux) est celui qui est tombé dans la misère – à la suite d'une maladie, d'un veuvage, d'une faillite – et qui a honte d'être devenu pauvre : il n'ose pas sortir de chez lui, il n'est donc pas dans les circuits normaux de l'assistance aux pauvres. **L'honneur n'est pas réservé aux Espagnols, mais il renvoie à une notion d'hispanité conçue comme une identification** au sein de laquelle la volonté individuelle d'inscription dans un groupe et la perception des autres ont un poids décisif (cf. Orientation bibliographique, ZÚÑIGA).

LE MARIAGE

Se marier est honorable. Le mariage exerce ainsi une forte pression sur les tendances à l'illégitimité et à l'exogamie. D'autant plus que mariage et maison sont si intimement liés que le mot qui désigne la seconde – *casa* – indique aussi l'existence du lien matrimonial, *casarse*. Se marier **équivaut** donc **à prendre maison**. Ne pas être marié devient honteux, et de nombreuses couples décident de le faire ultérieurement, même en ayant déjà eu des enfants. **Néanmoins rien que le nombre plus élevé des Ibériques de sexe masculin arrivés aux Indes et la polygamie autochtone**, assez étendue, **imposent au mariage chrétien une période plus ou moins longue de « normalisation ».**

Le mariage chrétien divise le monde indien. Dès la fin des années 1520, les franciscains s'emploient à prendre en main tous les fils des nobles de la vallée de Mexico et de Tlaxcala – la principauté alliée de Cortés – pour leur inculquer la nouvelle foi. Le clivage que l'école chrétienne introduit, en dressant les jeunes néophytes contre les parents idolâtres, s'avère conflictuel. Suivre la tradition, c'est pratiquer une polygamie basée sur des accords interfamiliaux qui traduisent des alliances de toute sorte. Un mode de vie est pourtant préservé, qui réserve aux femmes, épouses, servantes et concubines des espaces particuliers dans les palais et les grandes demeures. L'abandon des mariages multiples engendre une source inépuisable de dilemmes : avec laquelle des épouses doit-on se marier chrétiennement ? Les autres femmes feraient-elles des concubines chassées

L'HISPANO-AMÉRICAIN

de la maison de leur mari ? ou seraient-elles réinstallées à l'écart dans d'autres maisons ? Quel sera le sort de leurs enfants ? (cf. Orientation bibliographique, BERNAND et GRUZINSKI).

Les hommes se marient entre 22 et 25 ans et épousent des femmes qui ont entre 15 et 20 ans. **L'homme marié jouit d'un statut social supérieur à celui du célibataire.** Il peut, en particulier, aspirer à exercer une charge municipale (cf. Les âges de la vie, chap. V). Les femmes possèdent des droits qui leur sont garantis par la justice. Elles s'adonnent à des activités diverses : enseignent, vont au marché, sont propriétaires de terres ou imprimeurs. Comme l'homme, la femme a droit à une part de la succession de ses parents. Cette part s'ajoute au douaire –*arras* – que lui donne son mari le jour des noces. Ces biens sont administrés par le mari pendant la vie. La veuve administre ce patrimoine seule et peut être tutrice de ses enfants mineurs. À l'heure de sa mort, elle peut disposer de ses biens ; elle choisit souvent d'améliorer la part d'une de ses filles, surtout si celle-ci entre dans un couvent où l'on exige d'apporter une dot.

Les créoles, toujours avides de relations qui leur permettront d'obtenir de la Couronne des grâces (*mercedes*) et des charges, sources de prestige et de pouvoir, **réservent un accueil extrêmement favorable aux jeunes Castillans qui se rendent partout aux Indes.** Représentants de la Couronne, magistrats des tribunaux ou marchands constituent des alliances prisées. **Rares sont ceux qui ne s'unissent pas à des familles locales,** malgré l'interdit qui pèse sur les membres des tribunaux et des officiers royaux. La plupart de ces fonctionnaires arrivent accompagnés de parents et d'amis qui, bien souvent, font souche dans les divers royaumes. La mobilité géographique, au gré des affectations des fonctionnaires, entraîne une démultiplication des possibilités pour les groupes auxquels ils sont liés, et notamment un élargissement potentiel du marché matrimonial. Ainsi, malgré les interdictions répétées, cette pratique devient une affaire courante (cf. Espagnols d'Espagne et d'outre-mer, chap. III).

Pourtant le mariage formel n'est que la norme pour certains. Les curés informent, au XVIIIᵉ siècle, qu'une partie considérable des couples parmi leurs ouailles vit en union libre, donc en « péché charnel ». Nombreux sont ceux, parmi les plus démunis, qui considèrent le sacrement du mariage comme moins important que le baptême ou l'extrême-onction, car ils le trouvent moins intimement lié au salut éternel (cf. Le christianisme, chap. VI). Cependant **la principale raison de renoncer au mariage est le paiement des droits à**

L'HISPANO-AMÉRICAIN

229

acquitter aux curés. Dans certaines régions, leur montant s'élève au salaire perçu par un journalier pendant six semaines ou plus.

LA SEXUALITÉ

Hommes de religion et moralistes prônent une sexualité contrôlée, par le mariage notamment. Tous établissent une barrière entre un appétit sexuel « bestial » et le plaisir charnel « normal », qui est pratiqué dans le mariage. Le « péché de la chair » est loin de susciter la réprobation que voudraient les hommes d'Église. **Le concubinage, sous la forme d'un mariage non légalisé ou d'une cohabitation (*mancebía*), est très répandu.** Les Ibériques sont convaincus, au XVIᵉ siècle, que l'acte sexuel entre deux personnes libres et consentantes – par plaisir ou contre paiement – n'est pas nécessairement un péché. Bien évidement il existe une sexualité interdite (inceste, adultère, sodomie, onanisme, bestialité, etc.) et la modération est recommandée (cf. Orientation bibliographique, RUCQUOI).

Les catastrophes climatiques comme l'inondation de Mexico de 1629-1635 ou les relations de travail et de dépendance ne sont pas les seules forces à battre en brèche le principe de juxtaposition en deux républiques d'Indiens et d'Espagnols. Dans les villes, le tissu des amours interdites que persécute sans succès la justice ecclésiastique se joue ouvertement : Espagnol et Indienne, Espagnol et métisse, métis et Indienne, mulâtre et Indienne, tailleur et bonne, barbier et veuve, métis et vendeuse de chocolat ; musiciens, charpentiers, aubergistes, fondeurs, tous Espagnols, et des Indiennes d'origine modeste qui ne portent qu'un nom de baptême : Lucía, Juana, Luisa, María Ana. La liaison est d'autant plus solide que la partenaire indienne est *ladina*, c'est-à-dire qu'elle maîtrise l'espagnol, preuve que **l'hispanisation est un préalable souhaitable au concubinage au début du** XVIIᵉ **siècle** (cf. Les langues, chap. VII).

Les rapports entre le maître célibataire et la domestique, et plus souvent l'esclave, prennent fréquemment la forme proscrite mais généralisée du concubinage, compris à l'époque comme le partage journalier de la table et du lit. **L'opinion considère que « ce n'est pas un péché que d'être le concubin de son esclave »**, ce qui se répercute quotidiennement dans les faits, malgré les poursuites de l'Inquisition et les sermons de l'Église qui s'efforce de régulariser les couples scandaleux. Les charmes et les atouts de la femme africaine ne laissent pas indifférents Espagnols, Portugais et visiteurs européens. Le dominicain anglais Thomas Gage, mi-amusé, mi-scandalisé, note dans son journal de voyage en Nouvelle-Espagne : « L'habit et l'ajustement de ces femmes nègres et mulâtres est si lascif et leurs façons de faire si charmantes qu'il y a plusieurs Espagnols, même d'entre les gens de qualité, qui méprisent leurs femmes à cause d'elles » (cf. Le vêtement).

Aux mélanges inévitables s'ajoute une liberté de mœurs considérable. Entremetteuses métisses et mulâtresses expertes en magies d'amour, affaires sentimentales et scandales sapent l'austère façade des fonctionnaires de l'Audience et des courtisans. Noirs et mulâtres sont réputés posséder des secrets pour infléchir les volontés ou faire réussir toutes sortes d'entreprises. Les Espagnols respectent ces savoirs dont ils craignent l'efficacité. En 1689 **les autorités de Nouvelle-Espagne craignent que les** *temazcales*, **c'est-à-dire les bains de vapeur d'origine autochtone dont on se sert en principe pour des raisons salutaires** (cf. La santé, chap. X), **incitent la promiscuité,** l'adultère « et d'autres vices abominables ». Ils pensent notamment au « concours d'hommes seuls qui, dans des circonstances d'obscurité, tacts, fouets… soient incités aux péchés si énormes que la sodomie ». Pourtant l'essor démographique de Mexico amena les autorités à y autoriser 24 *temazcales*, douze pour hommes et douze pour femmes (cf. Orientation bibliographique, Bernand et Gruzinski).

Quant à la prostitution classique, elle semble encore se cantonner aux femmes européennes, les seules dont le corps est susceptible d'être monnayé, et dont la compagnie efface la nostalgie des bordels andalous : ruinées, célibataires ou « mal mariées », veuves, orphelines ou abandonnées, ces Européennes y trouvent un moyen de subsistance dans une société qui ne leur offre guère d'autres débouchés, sauf l'asile dans des béguinages, les *recogimientos*. Les femmes d'autres groupes ont moins de peine à se procurer un travail manuel ou une place de domestique.

La littérature du xviie **siècle construit la légende de don Juan, l'un des protagonistes de la vie sexuelle du monde hispanique.** La séduction des femmes devient, dans l'aristocratie espagnole, une source de prestige. Plus l'entreprise amoureuse devient difficile et risquée, plus on en dégage du mérite. L'aventure galante réunit tous les obstacles et défie toutes les autorités, Dieu inclus, car la séduction des religieuses est le péché que craignent la plupart des moralistes de l'époque.

Les « conséquences » de cette sexualité sont les enfants illégitimes et les enfants abandonnés. L'illégitimité est pourtant loin d'être l'apanage exclusif des liaisons entre Espagnols et Indiennes. La proportion élevée d'enfants trouvés paraît indiquer une extension de cette pratique à tous les niveaux de la société. Les enfants illégitimes sont donc, dans une forte proportion, davantage le fruit de liaisons entre membres de groupes socio-économiques différents que le résultat de rapports interethniques.

LA MAISON

L'image la plus typique des demeures de jadis préservées dans les villes de l'Amérique ibérique est celle d'une profusion de balcons saillants protégés soit par des grilles en fer forgé ornés de pots de fleurs, soit par des volets en bois ajouré. La plupart de ces maisons appartiennent aux familles aisées du XVIIe siècle, et surtout du XVIIIe. Il s'agit de bâtiments d'un ou deux étages, avec des annexes à louer (*accesorias*) par des propriétaires de quelques magasins. La maison dispose également, au rez-de-chaussée, de celliers pour la conservation des provisions.

Lieu par excellence de la vie privée, la maison s'ordonne, comme à l'époque ancienne, autour d'une ou de plusieurs cours intérieures, les *patios*. La maison est en contact avec le monde extérieur grâce à un espace semi-privé, une sorte d'antichambre qui précède les appartements privés, le *zahuán* : cette antichambre permet d'ouvrir les portes vers la rue, de recevoir ceux que l'on n'admet pas à l'intérieur, d'entreposer les outils agricoles ou le harnachement des bêtes. Autour de la cour il y a quelques arcades et un couloir souvent orné de plantes. Trois ou quatre pièces sont disposées en enfilade, mais une fenêtre longue pour chacune donne généralement sur le *patio*. Les chambres ont de hauts plafonds (plus de 3 mètres) renforcés de poutres. Un escalier en pierre avec des mains courantes en fer est souvent installé sur l'un de côtés de la cour. À l'étage, face à l'escalier, il est commun de trouver le salon dont une ou deux de ses fenêtres à balcon donnent sur la rue. À côté, les maîtres disposent d'un oratoire pour la prière en famille. **Le plus grandes demeures comptent jusqu'à onze chambres.**

La cuisine se situe souvent derrière la cour, avec une issue sur l'arrière-maison. Elle dispose parfois d'une ou de deux petites pièces, pour l'allumage du charbon, pour sécher la viande et pour moudre le maïs ou le chocolat. Dans l'arrière-maison se trouve un verger avec un bassin en pierre qui reçoit l'eau des canaux. À côté, un local en torchis est réservée aux latrines. Le verger dispose en outre d'une pièce pour les domestiques et d'une autre à outils. L'écurie et les étables ont un accès différent, par une porte moins importante qui donne sur la rue à l'arrière.

L'essentiel du mobilier est constitué par des tables, des coffres, des fauteuils, des tabourets et des bancs, des écritoires, des armoires et des lits à baldaquin. Les ustensiles de la cuisine sont en cuivre, en terre cuite, en pierre ou en bois, et les plus riches possèdent une vaisselle en faïence ou en argent. Les mobiliers les plus opulents comprennent de même un plus grand nombre d'objets artistiques : il s'agit notamment de tableaux, de sculptures sur bois, de porcelaine et d'orfèvrerie (cf. L'orfèvrerie, chap. VIII).

Plan du palais du conquistador Francisco de Montejo à Mérida (Yucatán, début XVIe siècle).

1. Antichambre
2. Basse-cour
3. Couloir
4. Escalier
5. Jardin
6. Latrines
7. Banc de sable
8. Puits
9. Chambre à coucher
10. Salon
11. Tour
12. Cuisine

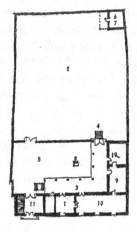

En ville on trouve des demeures beaucoup plus modestes où habitent plusieurs familles (*vecindades*). Les bâtiments s'ordonnent souvent autour d'un grand patio ou d'une cour (*corral*), et ce groupe de maisons constitue un îlot séparé que seule une porte relie à la rue. Lorsque la pression démographique augmente, les édifices croissent en hauteur. **Chaque famille dispose d'une salle principale dotée d'une alcôve, d'une modeste chambre à coucher et d'une petite cuisine.** Le sol des maisons modestes, en pierre, brique ou bois, est recouvert de nattes ou de paille. La nuit, des lampes à huile, des torches en résine ou des bougies de suif éclairent la maison. La cire, plus chère, est souvent réservée à l'illumination des églises et des oratoires domestiques.

L'ENSEIGNEMENT

L'éducation est le fondement de la vie sociale. Elle transforme les esprits, d'où son importance pour l'Église et pour la Couronne. C'est par l'intermédiaire de la « *urbana policía* » (les manières d'urbanité) que les rustres deviennent des hommes civilisés dignes de la vie citadine. L'éducation **comprend l'enseignement de « bonnes mœurs »** dans le sein familial, mais aussi la maîtrise de la langue, de la lecture et de l'écriture, considérés comme indispensables à la vie urbaine. **Elle consiste également dans la transmission des savoirs** de toute sorte : linguistiques, catéchistiques, rhétoriques, juridiques, philosophiques, théologiques ou médicaux.

Le souci d'éducation se traduit par l'ouverture d'écoles. Deux temps forts marquent l'alphabétisation : les deux générations qui succèdent à la conquête bénéficient de l'enseignement assuré par les religieux des ordres mendiants, à l'aide aussi bien des jeunes indigènes que des vieux qui fournissent la mémoire des savoirs préhispaniques. **L'enseignement se fait dans les langues indigènes avec un fort contenu religieux, mais incorporant les rudiments essentiels de la lecture et de l'écriture en caractères latins,** ainsi que du chant et de la musique (cf. Les langues, chap. VII).

L'enthousiasme initial, limité à cause principalement du déclin démographique autochtone, reprend toutefois dans les années 1670-1690 par l'intermédiaire d'une nouvelle conscience de la nécessité d'alphabétiser. En 1686 le roi demande que soient créées des écoles dans les villages « comme le moyen le plus efficace de mettre un terme aux idolâtries ». C'est le prélude au grand mouvement de scolarisation du XVIIIe siècle que la Couronne fait mener de pair avec l'apprentissage intensif de l'espagnol.

LES ÉTAPES

L'éducation informelle reçue à la maison est extrêmement importante. Elle développe le sens commun, assure l'apprentissage de la langue et permet de faire les premiers comptes. **Un texte**

s'avère fondamental, le catéchisme du père jésuite Jerónimo **Ripalda (1591)**, fidèle interprète des normes établies par le concile de Trente. Même si ce petit ouvrage consiste en une synthèse des dogmes de la foi et de la morale chrétiennes, il inclut des principes fondamentaux de ce qu'on appelle « manières de l'urbanité ».

Conforme à la tradition héritée du Moyen Âge, en ville, l'instruction formelle des enfants commence par les écoles dites de « premières lettres » dans lesquelles on apprend à compter, mais aussi la grammaire latine et castillane, ainsi que la rhétorique, c'est-à-dire l'art de « bien parler ». Ces écoles sont nombreuses, plusieurs dans chaque diocèse. Elles sont administrées par les ordres mendiants, les jésuites, les oratoriens de saint Philippe de Néri et le clergé séculier. Les séminaires diocésains dits « tridentins » ouvrent leurs portes partout à partir des années 1640. **Les couvents de moniales constituent, eux aussi, des écoles de premières lettres pour les petites filles et jeunes filles.** Il faut attendre la fin du XVIIIᵉ siècle pour voir se fonder les premières écoles féminines.

La population illettrée n'est pas en marge de l'éducation. Elle s'y intègre par l'intermédiaire de la lecture à haute voix, une pratique très courante à l'usage dans les bateaux, les auberges, les églises et les cours des maisons. Cette lecture aide à approfondir les idées et à les transmettre. **Toute une série des manifestations littéraires s'est développée grâce à la transmission orale** : contes, proverbes, devinettes, aphorismes, poèmes et chansons. L'écriture exposée, c'est-à-dire celle que l'on affiche sur les boutiques, les feuilles imprimées, l'épigraphie populaire et la poésie murale lors des fêtes publiques, est enfin une autre source de diffusion de l'écriture accessible à toute la population (cf. Les genres littéraires, chap. VII).

Les maisons de formation des ordres mendiants dispensent des cours de grammaire. À Mexico, à Lima ou à Bahia, les pères jésuites ont un « pensionnat » que l'on appelle « séminaire », lequel complète la formation par le moyen des répétitions et de l'assistance aux élèves. **Le latin que l'on apprend au XVIIIᵉ siècle est basé sur des anthologies d'auteurs comme Cicéron, Virgile et Ovide, alternant avec des fragments de la Vulgate et des saints Pères.**

Vient ensuite l'étape consacrée à la formation philosophique, appelée des « arts », qui se fait à l'université, même si certains bénéficient de meilleures conditions dans les collèges de la Compagnie de Jésus ou dans les séminaires diocésains, alors que tous les élèves doivent obtenir leurs diplômes à l'université. Le cursus philosophique débute par des études de logique, suivies par

235

celles de physique et de métaphysique. Les textes fondamentaux sont ceux d'Aristote, développés ou résumés par des commentateurs. Les thèmes sont regroupés en trois livres : celui qui traite des principes intrinsèques des corps naturels, de leur forme substantielle et de leur union en un tout ; sont étudiées ensuite les causes externes des corps naturels ; vient enfin l'étude du mouvement, de l'action, du lieu, du vide et de l'infini. En métaphysique, appelée « philosophie ultra-naturelle », on aborde l'être, ses attributs, l'être possible et l'être concret, la substance et les accidents, la subsistance, les êtres mauvais et chimériques ; les origines et la fin des choses, enfin l'âme. En logique, les opérations de l'intellect sont objet d'analyse, ainsi que les concepts universels, les notions d'identité, de genre et d'espèce. La formation philosophique n'est pas considérée comme une spécialité en elle-même, mais plutôt comme un cycle propédeutique ou de préparation élémentaire qui fournit des concepts clés pour les facultés supérieures. De nombreux élèves s'y arrêtent, raison pour laquelle un baccalauréat ès arts est la norme.

Il existe ensuite trois facultés : droits (civil et ecclésiastique), théologie et médecine. Par la suite, le cycle des études s'organise en trois étapes, selon les grades universitaires : baccalauréat, maîtrise et doctorat. Celle de droit, d'une durée de cinq ans, conforme la pensée aux grandes traditions culturelles de l'Occident : saintes Écritures, saints Pères, conciles, droit romain, droit royal, jurisprudence, et surtout le droit ecclésiastique à son apogée médiévale. Les cours de théologie regroupent la dogmatique et la morale. La première, à caractère spéculatif, consiste en une réflexion systématique de la révélation chrétienne selon les opinions, toutes de méthode scholastique, des principales écoles théologiques. À côté de cette théologie spéculative, il existe la théologie positive qui insiste sur la compilation et la critique directe des sources : les saintes Écritures, les Pères de l'Église, le magistère (enseignement des évêques), l'histoire de l'Église et la philologie.

La faculté de médecine insiste sur l'étude des traités de Galien et d'Hypocrate. La fusion des études de médecine avec celles de chirurgie, dans la seconde moitié du XVIIIe siècle, à Lima aussi bien qu'à Mexico, suppose un renouvellement de la profession. Les étudiants doivent passer leurs examens dans les deux facultés, d'autant plus que le roi d'Espagne ordonne que les professionnels des deux soient tenus au même niveau.

Jusqu'en 1740 environ il semble y avoir plus de diplômés en droit ecclésiastique que civil. Il s'agit de licenciés et de docteurs sortant des universités de Mexico et Lima, de Saint-Domingue, de La Havane, de Chuquisaca ou de Córdoba, qui exercent des charges dans l'administration de l'empire, et ceux nés en Amérique sont de plus en plus nombreux. **Dès la fin du XVII⁰ siècle, le nombre de théologiens augmente** dans les rangs du clergé régulier et séculier. Poursuivre des études en Europe ne semble être une habitude courante que pour les premières décennies des vice-royautés, alors que l'inverse est souvent le cas pour des individus originaires de Castille qui n'ont pas pu obtenir leur diplôme avant de traverser l'Atlantique. Le nombre de médecins est toujours insuffisant pour une population toujours croissante au XVIII⁰ siècle, malgré la présence de nombreux chirurgiens, pharmacologues, barbiers, accoucheuses et simples charlatans (cf. La santé).

L'ALIMENTATION

Les conquistadors emportent de quoi assurer leur subsistance, car on ne peut, du jour au lendemain, bouleverser les habitudes alimentaires séculaires. Volailles, porcs, légumes, céréales, agrumes sont donc embarqués et, selon les chroniqueurs, ils réussissent fort bien aux Indes. Cependant la flore et la faune des terres nouvelles ne laissent pas indifférents les nouveaux venus, et **les voyages de retour vers l'Espagne permettent de rapporter des produits inconnus dont les premiers échantillons sont souvent offerts au roi**. Ces produits insolites demeurent cependant longtemps des curiosités botaniques avant de devenir des ingrédients culinaires. **De toutes les nouveautés, seul le dindon, originaire de la Nouvelle-Espagne centrale, est rapidement adopté.** Apparus en Europe dès le premier quart du XVI⁰ siècle, dindes et dindons font partie des mets de choix offerts par les seigneurs indiens aux Espagnols (cf. Orientation bibliographique, ALLARD). Il est par contre beaucoup plus difficile de déterminer quand apparaissent, sur les tables espagnoles, piments, tomates, pommes de terre, avocats, maïs, cacao. D'après le père jésuite Joseph de Acosta, qui écrit en 1580, **les produits venus d'Europe s'acclimatent beaucoup mieux sur le continent américain que ceux du Nouveau Monde en Europe.** En Espagne les plantes nouvelles, contrairement au dindon, meilleur que le paon, d'élevage délicat, cher et difficile à se procurer, donc volaille aristocratique par excellence, sont accessibles au plus grand

L'HISPANO-AMÉRICAIN

237

nombre et ne représentent pas, pour la cour et les milieux privilégiés, un moyen de se distinguer du commun. **Aux Indes, les soldats mangent les mets indigènes, préparés par leurs épouses et concubines indiennes** ; en Espagne, c'est hors des grandes maisons que l'on utilise le piment et la tomate, cultivables sur place, donc peu chers.

Les réponses données au questionnaire de la grande enquête de la Couronne, menée partout dans les Indes dans les années 1580, illustrent quelques aspects du quotidien des foyers domestiques. L'intégration culturelle semble plus étendue ou moins profonde selon les régions. Avant l'arrivée des Ibériques, l'alimentation indigène n'est guère variée. Axée sur le maïs, les haricots et les tubercules, elle était pauvre en protéines animales, étant donné l'absence presque totale d'animaux domestiques. **Soixante ans après la conquête, les sociétés autochtones ont intégré plusieurs produits européens à leur alimentation.** De façon inversée, **la variété et la richesse des produits des Indes donnent lieu à un Nouveau Monde culinaire, mais aussi à une révolution de la cuisine européenne** (cf. Orientation bibliographique, BERNAND et GRUZINSKI).

La diversification des plantes cultivables, ainsi que l'introduction de l'élevage, contribuent donc à modifier substantiellement le régime alimentaire. Des coqs, poules et poussins, s'égaillent autour des maisons et courent dans les patios. Les cultures d'antan demeurent, malgré la bonne acclimatation des agrumes et du blé : haricot, maïs, cerises du pays, agaves, figues de Barbarie, avocats et manioc. Il faut se rendre au monastère pour trouver dans le verger des fruits d'origine européenne : poires, coings et pieds de vigne. **Les Indiens du Brésil ont le manioc pour base de toutes sortes de mets, comme le tapioca,** et de boissons ; ceux de la Nouvelle-Espagne centrale ramassent des « boues vertes » qu'ils cuisent pour en faire le *tecuitlatl* que les Espagnols appellent le « fromage du pays ». L'*ezcauhitli* est fait d'une masse de vers si fins qu'ils forment une pâte dont on a peine à déceler si « c'est chose vivante ou non », tandis que l'*ahuauhtli* désigne des œufs minuscules de moucherons. Ces produits sont toujours des nourritures recherchées. Les Indiens mexicains font une sauce délicieuse avec des tomates hachées et du piment, qui agrémente la saveur de presque tous les plats et réveille l'appétit, et qui est rapidement adoptée.

En plus des feuilles de cactus, des racines et des serpents d'autrefois, les Indiens consomment dorénavant la viande d'origine européenne : poules, viande de bœuf et surtout de porc et de mouton.

L'HISPANO-AMÉRICAIN

La prolifération de boucheries modifia les habitudes alimentaires

Le vin et ses dérivés des vignes péruviennes sont, en Amérique du Sud, la boisson espagnole de référence, de préférence aux produits fermentés ou distillés de la canne à sucre, comme l'eau-de-vie brésilienne, et surtout la bière de maïs (*chicha*) typiquement indienne. Chez les Incas, le mois de mai, succédant à la récolte, est celui des plaisirs, et la vénération du maïs se manifeste par une grande consommation de *chicha*. Même après l'effacement de ces vestiges du passé, la consommation de boisson pendant les fêtes est un moyen de souder les liens communautaires. **En Nouvelle-Espagne, le vin du nord ou importé, donc cher, demeure la boisson des Blancs aisés, tandis que les classes moins favorisées privilégient les eaux-de-vie de canne, les jus d'agave fermentés (*pulque*) ou distillés (*mezcal*).** De fait, l'usage du premier, réputé pour ses vertus médicinales, s'étend à toutes les couches de la population. C'est le breuvage dont les métis pauvres et les Indiens s'enivrent à bon compte dans les quartiers populaires. Tous ces produits sont les responsables d'un très important alcoolisme indigène, maintes fois dénoncé mais peu combattu de manière efficace.

Les Indiens continuent de produire du maïs consommé sous la forme, entre autres, de crêpes (*tortillas*) qui servent d'accompagnement aux plats les plus divers. Les mains agiles et chaudes des femmes les confectionnent au jour le jour. Toute une série de mets précolombiens connaît en Amérique ibérique une diffusion à la fois géographique et sociale très large, en même temps que de multiples transformations. En plus des *tortillas* déjà mentionnées, il faut évoquer le maïs broyé et bouilli dans des feuilles de bananier (*tamal, humita, hallaca*, etc.), agrémenté de viande, les fruits tropicaux et une infinité de condiments selon les régions et les goûts.

239

Les domestiques indigènes attachés aux Européens introduisent dans les grandes résidences et les demeures plus rustiques tout un monde d'épices et de piments. Fidèles à leur batterie de cuisine d'origine précolombienne – *metate* pour moudre le maïs et le cacao, mortier pour élaborer les sauces –, les Indiennes préparent pour leurs maîtres des plats où se mêlent viandes nouvelles et assaisonnements d'antan. C'est dans l'ombre enfumée de ces cuisines que les mondes s'affrontent, se combinent et se fondent sous forme de saveurs, de senteurs et de couleurs. **Les sauces, notamment dans l'actuel Mexique central, acquièrent une complexité et un raffinement sans égal.** Ainsi le *mole*, d'origine très composite, au cacao pimenté, se diversifie en une multitude de possibilités et s'enrichit des mélanges les plus subtils et les plus étonnants. Il en est de même du **chocolat. Ses origines remontent à la fève d'un arbuste des régions chaudes et humides de Guatemala et du sud-est de la Nouvelle-Espagne.** À l'époque préhispanique, une seule des quatre variétés connues, la plus petite ou *tlalcahuatl*, est utilisée pour préparer une boisson mousseuse souvent offerte aux dieux. Les autres servaient de monnaie. Son usage, sous forme de *chocolatl*, fut modifié par l'adjonction de sucre et d'ingrédients pour la plupart non américains, et s'est répandu parmi les Espagnols des Indes, puis en Europe (cf. Orientation bibliographique, BERNAND et GRUZINSKI).

Comme le maïs, la pomme de terre, originaire des Andes, est vite intégrée dans l'alimentation européenne jusqu'à devenir un produit essentiel. Il en est de même pour la cacahuète, appelé *maní* dans la vice-royauté du Pérou, et dont les diverses utilisations et combinaisons sont décrites par l'Inca Garcilaso (cf. Quelques auteurs majeurs). Les chroniqueurs vantent le monde des nouvelles saveurs et des parfums des fruits exotiques tels que l'avocat, l'ananas, la chirimoya (annone), le *mamey* (abricotier de Saint-Domingue), la papaye ou les figues de barbarie. Alors que le maïs est aux Andes la base de l'alimentation, la côte atlantique connaît depuis longtemps une racine farinée appelée *yuca* (manioc) ou *cazabe*, de plus en plus répandue en Amérique du Sud. Au Brésil elle est unique avant que le riz, introduit au XVIIᵉ siècle, ne devienne l'un des ingrédients privilégiés de la cuisine brésilienne et des Antilles. Les fêtes sont souvent accompagnées de plats spéciaux, quelquefois préparés dans les couvents féminins qui s'adonnent à la confection de pâtisseries et surtout de sucreries, devenues l'une des marques distinctives de la société de l'Amérique ibérique. Celui de la *Encarnación* à Lima est peut-être le plus remarquable. L'extraordinaire expansion de la canne à sucre (cf. L'économie agricole, chap. IV) est sans doute à l'origine des innovations les plus notables en matière d'alimentation.

LA SANTÉ

La santé est un état d'équilibre de l'individu en même temps qu'une absence de maladie. Elle est donc **associée à l'hygiène et à une sexualité contrôlée. La santé publique est l'un des problèmes les plus difficiles à résoudre aux Indes.** Même dans les grandes villes, les médecins et chirurgiens sont peu nombreux. Les municipalités doivent autoriser parfois l'exercice de la médecine à de simples barbiers dont les connaissances ne vont guère au-delà de la purge et de la saignée. Les médecins s'occupent parfois davantage des problèmes politiques de maintien de l'ordre et du bon gouvernement que de santé publique comme on l'entend de nos jours. En fait ils assistent les vice-rois dans des affaires de « vie policée » qui impliquent des problèmes de santé. Ils écrivent sur des aspects tels que l'utilisation de l'eau, les aliments ou le danger des épidémies. Mais ils se prononcent également sur la météo, les éclipses ou les comètes en les liant avec les influences astrologiques sur la santé des hommes.
Le grand fléau des Indes consiste en épidémies de variole, rougeole et typhus qui ravagent les populations. La syphilis, *morbus gallicus* ou « mal français », existe aux Indes de façon endé-

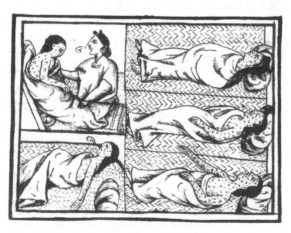

Une épidémie de variole touche Mexico (Ca. 1545)

L'HISPANO-AMÉRICAIN

mique. Les hommes cachent les plaies (*bubas*) qui en résultent avec des morceaux de tissu sur une partie de leur visage. Les premiers établissements de santé sont censés soigner ces malades (cf. Crise démographique, chap. III).

Les lois prévoient que toute ville doit avoir au moins un hôpital. Les plus importantes en ont plusieurs. Ils dépendent soit des municipalités qui y délèguent un administrateur, soit des cathédrales ou des ordres religieux comme les frères de Saint-Jean-de-Dieu, puis des ordres hospitaliers fondés en Amérique espagnole comme celui de Saint-Hippolyte (*Ca.* 1565) à Mexico et l'ordre de Bethléem au Guatemala (1653). Seconde en importance après l'ordre de Saint-Jean-de-Dieu, ce dernier fonde 33 couvents-hôpitaux à travers les Indes, dont celui de Notre-Dame du Carmel à Lima. Au Brésil, il n'existe pas d'hôpitaux à proprement parler. Cependant les ordres religieux y tiennent des lazarets pour les lépreux ainsi que des *Casas de Misericordia* pour l'accueil des malades. Les collèges de la Compagnie de Jésus disposent en outre des infirmeries.

Les hôpitaux plus importants sont ceux de Mexico. En 1739, celui de Saint-Jean-de-Dieu dispose de 130 lits. Pendant les grandes épidémies du XVIe siècle, l'hôpital royal de *Naturales* abrite des centaines de malades à la fois ; dans la décennie de 1770-1779, il assiste en moyenne 4 000 malades par an, 600 y décèdent. Placé sous le contrôle direct des autorités royales, l'hôpital des *Naturales* est alimenté par les recettes du théâtre de Mexico appelé le Colisée. Les hôpitaux de San Andrés, de l'Amour-de-Dieu et de la Conception accueillent tous les milieux.

Lima s'est dotée d'hôpitaux dès les premières années de sa fondation : on en compte huit au début du XVIIe siècle. Dans le plus important, celui de San Andrés, Espagnols et Noirs affranchis sont soignés dans des salles séparées ; lui fait pendant celui de Santa Ana, réservé aux Indiens. Vers 1775, Lima compte un total de dix hôpitaux pour une population inférieure à 100 000 habitants. Ces établissements sont conçus pour soigner les maladies infectieuses, les démences, et pour prendre en charge la misère et le désarroi : orphelins, vieillards, jeunes filles abandonnées échouent en ces lieux, cependant que « **les pauvres honteux » reçoivent une aide à domicile organisée par la confraternité de la Charité.** Les esclaves noirs fournissent l'essentiel du service domestique, tandis que des jeunes filles métisses assurent les soins d'infirmerie, aide que l'on récompense en leur attribuant une dot qui leur permet de trouver mari. Comme dans la Péninsule Ibérique, ces institutions charitables sont les héritières de

L'HISPANO-AMÉRICAIN

la tradition médiévale de la bienfaisance. Aux Indes elles tiennent à répondre aux besoins d'une société composite au sein de laquelle, en dépit de leurs insuffisances, elles introduisent une ébauche de solidarité vis-à-vis de tous les groupes sociaux et de toutes les « nations ».

En conclusion, le nombre d'hôpitaux, médecins, chirurgiens, botanistes et simples barbiers demeure restreint pour l'ensemble de l'Amérique ibérique. La santé doit faire appel aux remèdes, à la médecine naturelle et aux herbes, même dans les petites infirmeries dont certaines grandes haciendas disposent. **Partout, en Nouvelle-Espagne centrale et jusqu'au Guatemala, les villages indiens possèdent des bains de vapeur appelés** *temazcales.* Il s'agit d'une espèce de four à pain en brique, d'une étuve voûtée dans laquelle une personne peut entrer par une petite porte. La vapeur est produite par l'eau dont on asperge les pierres chaudes. Ces bains sont censés contribuer à guérir certaines maladies en faisant transpirer les malades. Vers 1730 certains médecins déconseillent l'utilisation de ces bains par les Espagnols, car ils trouvent que ceux-ci ont des « humeurs corporelles contraires aux Indiens ». Donc il leur faut plutôt des bains humides et non pas secs. Enfin les jésuites développent une méthode thérapeutique dans leurs *reductiones* au Paraguay : Ils commandent des instruments chirurgicaux, mais aussi des médicaments qu'ensuite ils fabriqueront et vendront eux-mêmes. **Les vergers des missions constituent des laboratoires de toutes espèces végétales autochtones qui font l'objet de leurs observations.**

LE VÊTEMENT

Le costume ne peut pas être isolé de l'ensemble de la civilisation matérielle. Il en suit les transformations et il y joue un rôle essentiel. Il **met en valeur les topographies sociales** ; il en distingue les situations ordinaires, la fête et le quotidien ; il permet de constater la circulation et les échanges.

Le coton est prédominant aux premiers temps chez les hommes libres aussi bien que chez les esclaves. Le nombre croissant d'esclaves en Amérique ibérique au XVIIᵉ siècle donne lieu à une utilisation plus intensive de cette matière textile, surtout en Nouvelle-Espagne et au Brésil. On tisse le coton à la main de façon rudimentaire dans les haciendas de canne à sucre de Recife et de

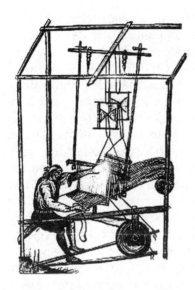

Tissage des étoffes au Pérou
(XVIIIᵉ siècle)

Bahia. Sa diffusion parmi les groupes les plus démunis est progressive mais soutenue. Les Indiens le paient très souvent en tribut, mais ils connaissent également la laine. **Les tissus en laine de lama, alpaga et vigogne ont une grande diffusion dans les Andes**. Parmi les groupes d'élite, il est courant de tisser la laine ou d'importer la soie. Des tissus de meilleure qualité sont présents dans les cargaisons des bateaux dès le XVIᵉ siècle : lins de Hollande, velours de Lille ou soieries orientales.

Les vêtements européens aux Indes sont chers, et leur consommation ne se régularise que progressivement. Ces produits sont considérés comme une marque de prestige, surtout en raison de l'influence internationale exercée par l'Espagne, plus sensible vers la fin du XVIᵉ et le début du XVIIᵉ siècle. **La sévère étiquette instaurée par les monarques de la maison d'Autriche donne libre cours au caractère sobre et à l'austère élégance du costume espagnol**. Les rois d'Espagne, comme ceux du Portugal, multiplient les lois somptuaires pour déterminer le port parmi les groupes et restreindre les excès. Par manque ou par excès, le vêtement exerce une fonction symbolique qui traduit la hiérarchie sociale, avec une forte connotation morale liée à la sexualité.

Le vêtement est la marque indiscutable d'un statut et d'une origine. Chaque groupe ethnique a en principe un costume et des coiffures spécifiques. Néanmoins les autorités sont amenées à rappeler avec insistance les règlements en vigueur, preuve de leur constante transgression. Alors que des mesures sont prises à l'encontre des négresses, des mulâtresses et des métisses qui persistent à s'habiller en Indiennes et non en Espagnoles, on fait une exception pour les femmes mariées à des indigènes : celles-ci sont obligées de s'habiller à l'indienne, comme si leur mariage les assimilait au groupe de leur époux. En revanche, d'autres édits permettent aux Indiens de s'habiller à l'eu-

Jeunes nobles indiens à l'époque de Philippe II

ropéenne, *en hábito de español*. **Dès la fin des années 1540, le vice-roi de Nouvelle-Espagne autorise les Indiens nobles des villages les plus éloignés à s'habiller à l'espagnole à la seule condition de ne pas utiliser la soie.** Le port de tissus coûteux réputés nobles et de bijoux trop voyants est effectivement interdit aux métis et aux mulâtres dont le costume ressemble d'autant plus à celui des Espagnols qu'ils ont plus de sang blanc ou disposent de plus de moyens économiques. Vers 1580 le vêtement européen se trouve assez répandu dans les contrées proches des capitales des vice-royautés. Les hommes se coupent les cheveux – modérément, car se raser est une sorte de châtiment, un outrage – et portent des capes et des chapeaux : **le chapeau mexicain, devenu très original et universellement connu, dérive de ceux faits en sparte et utilisés par les vachers andalous et les horticulteurs du Levant espagnol** ; celui des éleveurs du Nouveau Royaume de Grenade est une adaptation tropicale du chapeau en cuir des vacheries d'Estrémadure. Leurs habits ressemblent à ceux des laboureurs castillans : une espèce de jupe longue comme un manteau, toute fermée, hormis pour passer les bras et la tête, les manches pendant à côté, et le capuchon. Les jambières se boutonnent par la couture de derrière et les souliers sont des espadrilles. **En zone rurale brésilienne, les souliers sont considérés comme superflus. Avant d'entrer en ville, s'étant d'abord lavé les pieds, il fallait se chausser**, d'où le nom d'une des portes de São Paulo, *Lavapés* (Lave-pieds).

En ville, le vêtement n'est plus en 1650 un signe irréfutable d'appartenance ethnique, pas davantage que la monture ou la profession : tous les Indiens peuvent chevaucher des mules ou des mulets « avec selle et frein » ; les Indiens obtiennent de pratiquer tous les

L'HISPANO-AMÉRICAIN

métiers, sauf le commerce des armes et des soieries de Castille ; on leur reconnaît également le droit de posséder des bêtes de somme et d'élever des moutons. **L'un des premiers métiers à se diffuser est celui de tailleur, le plus aisé à « voler » et à imiter. Les Indiens y excellent sans tarder**, imitant tout ce qui tombe entre leurs mains. Les métiers à tisser, les rouets, les teintures d'origine européenne comme l'indigo et le pastel, constituent autant de nouveautés (cf. Orientation bibliographique, Bernand et Gruzinski).

En l'espace d'une trentaine d'années, les Indiens de Nouvelle-Espagne passent de la semi-nudité à un chaste habit à l'espagnole. Pourtant **le monde andin, avec une tradition vestimentaire plus riche en raison des tissus en laine, reste plus imperméable au vêtement espagnol.** Des milliers d'Indiens descendent le dimanche à la grand-place de Potosi, les hommes habillés de leurs ponchos tricotés en laine de lama, les femmes de tuniques en peluche.

Dans une société où le paraître est essentiel, **Espagnols d'Espagne et Espagnols des Indes rivalisent en matière vestimentaire**, au point de constituer un souci pour les autorités. Ces dernières redoutent les conséquences d'une manie somptuaire rui-

Couple d'Amérique centrale (début du XIXᵉ siècle)

neuse, car les fonctionnaires royaux augmentent la splendeur de leur trousse domestique et personnelle. L'élément le plus caractéristique et visuellement inséparable du vêtement des hommes est la *lechuguilla*. Elle trouve son origine dans l'évolution du petit ruché de la chemise qui pointe sous le pourpoint et couronne les *gorgueras*, de façon d'abord discrète, puis franchement ostentatoire. À plusieurs rangées de tuyaux ou ornée de fines dentelles, elle se juche au sommet de cols de plus en plus hauts et étroits. Elle est un véritable signe de l'appartenance sociale. *Letrados*, hommes de plume, médecins et grands marchands la portent jusqu'à la monotonie. Pourtant **le coût du vêtement masculin est inférieur au féminin dont le nombre de pièces est bien plus grand**.

Les femmes, qui dans un premier temps portent des tuniques (*saya* ou *cota*) et des voiles (*mantillas*) faits en laine, les abandonnent en raison de l'humidité et de la chaleur. Elles adaptent certains vêtements du Levant et de l'est de l'Andalousie aux climats du Nouveau Monde. Tel est le cas de blouses décolletées, brodées de soie, de laine de couleur ou de fils d'or pour les plus aisées, en coton pour les pauvres ; des corsages étroits et suggestifs, et des toques diverses et fantaisistes qui participent de la sensualité ambiante et dont elles se parent pour susciter le désir. Les maris sont d'ailleurs responsables de la tenue de leurs femmes. Les dessins de l'époque permettent de constater l'utilisation de deux jupes, celle de dessous et celle de dessus. Le tablier de drap, vêtement de travail, protège la jupe.

Le vêtement féminin atteint sa plus grande splendeur à Lima, dont plusieurs chroniques font la louange. La magnificence des costumes d'apparat tient davantage à l'ampleur, à la somptuosité des étoffes et des ornements qu'à l'originalité de la coupe : des jupes en brocart, des chaussettes écarlates et des souliers parsemés de paillettes marquent la plus grande élégance féminine jusqu'au début du XVIIIe siècle. **L'apparition d'impatientes bourgeoisies** vers la fin du siècle **a des effets sur le vêtement, qui adopte les modes françaises de casaques et de perruques, surtout à Mexico, à Lima et à Caracas** (Venezuela). Les femmes se parent enfin de colliers, souvent ajustés autour du cou, de bagues, de boucles d'oreilles plus ou moins longues, d'éclatantes médailles pieuses et de croix ornées, jusqu'aux amulettes d'origine africaine et d'autres objets magiques portés par les esclaves brésiliennes. Hommes et femmes possèdent en outre de riches ceintures ou ceinturons en cuir, des broches qui ferment les capes et les manteaux, et des boutons plus ou moins précieux.

L'HISPANO-AMÉRICAIN

Le costume devient un spectacle lors du grand théâtre de la fête au palais du vice-roi : l'affluence du beau monde vêtu de ses plus beaux atours ; le majestueux protocole qui assigne une place à chacun ; enfin les dames qui éblouissent par la richesse de leurs habits et par l'éclat d'une débauche de pierreries et de perles.

LA COULEUR

D'Espagne vient aussi la mode du noir, qui prédomine dans le costume masculin d'élite, comme en témoignent les portraits des vice-rois. Balthazar Castiglione, un auteur fort lu aux Indes, estime, dans *Le Courtisan*, que la couleur noire, plus qu'aucune autre, donne de la grâce au vêtement, et qu'à défaut il faut au moins porter une couleur sombre. Un certain nombre de legs vestimentaires faits par des femmes d'élite à leurs filles, à leurs belles-sœurs ou à des voisines souligne que les teintes sombres sont courantes pour les effets des femmes mariées. Mais ce ne sont pas les seules. Certains vêtements de dessus ont d'autres coloris. Des verts, bleus, écarlates, jaunes, blancs apparaissent. Cette opposition entre teintes sombres et vives souligne, sous le soleil des Indes, une différence entre les vêtements quotidiens ou de deuil et les vêtements de fête. **Plus encore que l'état civil, ce sont les événements jalonnant la vie, tristes ou joyeux, qui commandent l'utilisation des couleurs** (cf. Les âges de la vie, chap. V)

La plupart de l'Amérique ibérique est située sous les tropiques, la luminosité y est donc essentielle. Sur les hauts plateaux où l'altitude moyenne est supérieure à 1 500 mètres, la transparence de l'air rend les couleurs extrêmement variées et brillantes. Même le maïs vient en quatre coloris : blanc, jaune, rouge et bleu. **La couleur est ainsi la matière première des textiles et des arts.** Les Indiens mêlent divers pigments d'origine végétale et minérale afin d'obtenir des tons variés pour les enduits qu'ils appliquent sur les murs ou sur les vases ; ils écrasent aussi des insectes pour en tirer des teintures. **La meilleure pourpre pour teindre les étoffes est celle de la cochenille,** et l'ancienne tradition autochtone de confection des tapis en fleurs multicolores participe au spectacle de la Fête-Dieu dans de nombreux villages.

REPÈRES BIOGRAPHIQUES

Les biographies sont classées par ordre chronologique des dates de naissance.

CHRISTOPHE COLOMB (1451 ou 1452-1506)

Cristoforo Colombo était le fils d'un tisserand génois. Dès l'âge de quatorze ans il prit la mer, puis participa à des expéditions pour le compte de grandes entreprises génoises. Il navigua dans le Bassin méditerranéen et jusqu'en Angleterre en faisant étape au Portugal. En 1476 Colomb s'y établit durant neuf ans et en fit sa terre d'attache. Il épousa la fille du premier colonisateur de l'île de Porto Santo. Il navigua sans cesse : soit vers le nord, à Bristol, et de là jusqu'en Islande ; soit le long du littoral africain. Associé à son frère Bartolomé, il exerça avec lui le métier de cartographe. Il se procura certains livres afin d'étayer son grand rêve : une *Géographie* de Ptolémée, *L'Imago mundi* du cardinal Pierre D'Ailly. Colomb se livra à des calculs sur la largeur d'un même océan censé baigner les rivages d'Espagne et ceux de l'Asie. Pourquoi ne pas essayer de le franchir ? L'idée était dans l'air. Chercher la route de Cathay (la Chine) et des îles à épices de l'Inde par l'occident, tel était le projet que le Génois présenta à la cour de Lisbonne. En vain, car l'intérêt de Jean II était à ce moment-là de contourner l'Afrique pour parvenir jusqu'en Inde. Découragé, il quitta le Portugal en 1485 et se rendit en Castille. Il trouva bon accueil auprès de la reine Isabelle. Au lendemain de la prise de Grenade par les Rois Catholiques, Colomb obtint ce qu'il désirait. Il signa les capitulations de Santa Fe le 17 avril 1492, qui lui conférèrent les titres et prérogatives d'amiral, vice-roi et gouverneur des « îles et terres fermes » éventuellement découvertes. Après seulement trente-cinq jours de navigation, il débarqua à Guanahani qu'il baptisa « San Salvador », le 12 octobre 1492. La deuxième expédition eut lieu peu après, en 1493-1494, et fut celle de la découverte des Petites Antilles ; puis un voyage le long de la côte sud de Cuba, lors duquel l'amiral espéra arriver aux abords de Cathay. En 1498, une nouvelle mission lui fut confiée. Avant de rejoindre Hispaniola, il réalisa la découverte du continent sud-américain par l'embouchure de l'Orénoque. En raison des révoltes des colons à Hispaniola (déçus dans leurs espoirs d'enrichissement), il se fit arrêter et ramener enchaîné en Espagne en 1500. Il fut libéré, rétabli dans ses titres, mais pas dans ses fonctions de gouverneur. En 1502, dernier voyage d'exploration ; une errance d'une année le long des côtes de l'Amérique centrale. Colomb pressentit l'existence du Pacifique, mais ne trouva pas de passage. Épuisé, il rentra en Castille peu avant la mort de sa protectrice Isabelle. Il employa les derniers mois de sa vie à des démarches auprès de Ferdinand, pour rentrer dans ses prérogatives de gouverneur, satisfaction qui lui sera donnée *post mortem* : son fils Diego prendrait sa succession à Hispaniola. Il mourut à Valladolid.

JUAN PONCE DE LEÓN (1460-1521)

Page à la cour royale d'Aragon, Ponce de León commença sa carrière d'explorateur en 1495, en accompagnant Christophe Colomb lors de sa deuxième expédition vers le Nouveau Monde. Neuf ans plus tard, il se rendit aux Indes occidentales sous les ordres de Nicolas de Ovando, gouverneur d'Hispaniola. Il explora et colonisa Puerto Rico en 1508-1509, y fondant la plus ancienne colonie, Caparra, proche de l'actuelle San Juan. Ayant reçu du roi l'ordre d'aller à la recherche de terres nouvelles, et se fondant sur la croyance légendaire que la fontaine de Jouvence se trouvait sur l'île de Bimini aux Bahamas, il découvrit la Floride au printemps 1513, sans se rendre compte qu'il se trouvait en Amérique du Nord. La région reçut le nom de Floride parce qu'elle fut découverte au moment de la fête des Rameaux (en espagnol *pascua florida*). Après avoir débarqué près de l'actuelle Saint-Augustin, il longea la côte en direction du sud, passant par les Florida Keys et terminant son périple près de l'actuelle Charlotte Harbor sur la côte ouest de la péninsule. Nommé gouverneur en 1514 pour coloniser Birmini et la Floride, Ponce de León fit une première campagne contre les Indiens des Caraïbes et occupa la Trinité. Après un séjour en Espagne, il fit voile à nouveau vers la Floride en 1521 avec deux navires et deux cents hommes, débarquant une fois de plus près de Charlotte Harbor. Il fut alors blessé par une flèche séminole pendant une attaque des Indiens et mourut peu après. La deuxième ville de Puerto Rico, Ponce, fut ainsi baptisée en son honneur.

PEDRO ALVARES CABRAL (1467 ou 1468-1520)

Explorateur issu de la noblesse, né à Castelo de Belmonte (Portugal). Il est surtout connu pour avoir commandé la flotte de 13 navires qui, ayant quitté les côtes du Portugal (Restelo) en mars 1500 en direction de l'Inde, débarqua un mois plus tard sur les côtes du futur Brésil. Navigateur et homme d'armes, il se fit accompagner par des capitaines expérimentés, suivant l'exemple de Bartolomeu Dias, qui en 1488 réussit à contourner la pointe sud de l'Afrique, c'est-à-dire le cap de Bonne Espérance. Suite à une tempête sur l'Atlantique, Alvares Cabral débarqua à Porto Seguro et assura les premiers contacts avec les Indiens. Convaincu par ses capitaines que la terre découverte faisait partie d'un continent, il l'appela « Terra de Santa Cruz » (premier nom du Brésil). Parvenu à Calcutta, il obtint la permission du raja de fonder une factorerie, ce qui déclencha l'opposition des commerçants musulmans qui contrôlaient les principales routes du commerce de l'océan Indien. Suite à une série de combats, Alvares fonda une seconde factorerie sur la côte Malabar. Il retourna au Portugal en janvier 1501 avec les vaisseaux chargés d'épices, à l'exception de l'un d'eux qu'il dut faire brûler, ayant échoué sur le sable d'une côte africaine. Il fut reçu de façon honorable par le roi au palais de Santarem. Toutefois ses échecs militaires en Inde et le sacrifice du navire évoqué le réduisirent à l'ostracisme. Il décéda à Santarem.

VASCO NÚÑEZ DE BALBOA (1475-1519)

Conquistador appartenant à la noblesse de Galice, il découvrit l'océan Pacifique. Après quelques voyages d'exploration de la côte de l'actuelle Colombie et de la côte septentrionale de l'isthme de Panama, Vasco s'établit dans l'île Hispaniola. Il n'échappa à ses créanciers en 1510 qu'en se cachant dans un tonneau qui fut transporté à bord d'une caravelle amenant des renforts à la colonie fondée par Alonso de Ojeda sur la côte de l'actuelle Colombie. Balboa fit la traversée jusqu'à la côte de l'isthme, moins hostile. Il fonda au Darién le premier établissement fixe d'Amérique continentale, Santa María de la Antigua, dont il devint le chef en 1510. Lors de ses explorations, Balboa avait acquis la conviction que l'autre océan, longuement cherché, avec ses fabuleux royaumes, n'était pas éloigné. Cette rumeur l'incita à créer une colonie de la Couronne (Castille de l'or) peuplée de deux mille nouveaux habitants, dont Pedro Arias de Avila, dit Pedrarias, fut nommé gouverneur. Averti de son remplacement imminent, Balboa résolut de devancer son successeur et de trouver lui-même l'autre océan, qu'il appelait la mer du Sud, avant l'arrivée de Pedrarias. Il partit le 1er septembre avec 190 Espagnols (la moitié des effectifs du Darién) et 800 Indiens, franchit l'isthme, et le 25 ou 27 septembre 1513, du haut d'une colline près du golfe de San Miguel, il aperçut le Pacifique pour la première fois. Balboa pénétra dans l'intérieur des terres et arriva presque jusqu'à l'emplacement de l'actuel Panama, avant de traverser l'isthme pour retourner au Darién (19 janvier 1514). Impressionné par ces exploits, le roi Ferdinand le Catholique le nomma *adelantado* (gouverneur) de la mer du Sud et de Panama. Pedrarias, dévoré de jalousie, confina Balboa au Darién et lui créa toutes sortes des difficultés. Fin 1518, avant que Balboa n'ait pu tirer parti des navires que ses partisans et lui avaient peine à bâtir pour retourner au Pacifique, Pedrarias lui tendit un guet-apens et perpétra son meurtre sous couvert de la justice. Condamné après avoir été accusé faussement de trahison, Balboa se vit dénier tout droit d'appel et fut décapité en janvier 1519.

FRANCISCO PIZARRO (1475-1541)

Né à Trujillo, en Estrémadure. Il fut l'un des fils naturels de Gonzalo Pizarro, hidalgo sans fortune et militaire en Italie. Élevé comme un petit paysan, il resta toute sa vie illettré. D'abord soldat en Italie, il passa aux Indes en 1502. Pendant près de vingt ans, rien ne le distingua de ses compagnons d'aventure. Établi à Panama, bénéficiaire d'une *encomienda* d'Indiens travaillant à son profit, il élevait du bétail et paraît avoir connu une assez large aisance. Les rumeurs qui couraient depuis longtemps sur de grands empires dans le Sud connurent, après 1520, une vigueur nouvelle que renforcèrent encore les succès de Cortés en Nouvelle-Espagne. En 1524, Pizarro s'associa à parts égales avec un autre soldat de très humble origine, Diego de Almagro. Ils partirent en décembre 1524 avec une centaine d'hommes et trois embarcations. Pendant trois ans son énergie et son endurance surmontèrent les obstacles des mers, forêts et hommes inconnus. En 1526-1527, Pizarro atteignit la ville de Túmbez et put enfin mesurer la richesse et la puissance de l'empire incaïque. Mais pour le conquérir, il manquait des ressources et rencontrait l'hostilité du gouverneur de l'isthme panaméen. Il partit donc pour l'Espagne et obtint de Charles Quint des *capitulaciones* qui l'autorisèrent à tenter l'entreprise et lui accordèrent, entre autres privilèges, le gouvernement des pays conquis, Almagro ne reçut qu'un poste secondaire. De retour à Panama avec ses frères, Pizarro repartit vers le sud avec trois navires et cent quatre-vingt-cinq hommes en janvier 1531. Après avoir pris Túmbez, il fonda la ville de San Miguel de Piura, pour couvrir ses communications avec Panama, et commença à distribuer à ses hommes des *encomiendas* d'Indiens soumis. Au moment où Pizarro débarqua, l'empire incaïque sortait à peine de la guerre civile qui avait opposé les héritiers de l'Inca Huayna Capac : Huáscar et Atahualpa ; ce dernier l'avait difficilement emporté. Reprenant la stratégie de Cortés, Pizarro décida de pénétrer l'empire pour y rencontrer Atahualpa et l'inviter à reconnaître la souveraineté de Charles Quint. Il franchit la cordillère et atteignit la ville de Cajamarca où résidait l'Inca. Pizarro l'invita à lui rendre visite et, le lendemain, l'attaqua par surprise, dispersa les guerriers et le captura (16 novembre 1532). Il fit ensuite exécuter Atahualpa après un simulacre de procès, en juin 1533. Le 15 novembre 1533, Pizarro entra enfin au Cuzco, capitale de l'empire. Il confia le pouvoir impérial à l'un des frères d'Atahualpa, Manco Capac, afin de gouverner par son intermédiaire. Almagro, s'estimant lésé par le partage de la victoire, prétendit y inclure le Sud et occupa la ville, retenant en captivité Hernando et Gonzalo Pizarro : premier conflit, apaisé de justesse. Diverses tentatives de réconciliation aboutirent à la libération de Hernando Pizarro (Gonzalo s'était évadé), mais la guerre reprit. Les almagristes furent défaits en avril 1538. Hernando Pizarro fit juger et exécuter Almagro (juillet 1538). Installé au Cuzco, Francisco Pizarro s'efforça de pacifier et d'organiser le Pérou en luttant contre Manco Capac – révolté depuis 1536 – et en fondant des cités d'Espagnols. En 1540 il revint à Lima (fondée en 1535). Mal informé, Pizarro n'a pas su désarmer l'hostilité des almagristes, les « hommes du Chili » rassemblés autour de Diego de Almagro le Jeune. Avant qu'un magistrat de la Couronne n'arrive pour enquêter sur les troubles du Pérou et en assumer le gouvernement en cas de besoin, les almagristes passèrent à l'action : le 26 juin 1541, ils donnèrent l'assaut à la maison de Pizarro, qui succomba après une défense désespérée.

REPÈRES BIOGRAPHIQUES

ATAHUALPA (*Ca.* 1500-1533)

À la mort de Huayna Cápac, l'empire inca était en proie à une guerre qui opposait le fils légitime du défunt, Huáscar, officiellement couronné dans la capitale du Cuzco, à son fils bâtard, Atahualpa, qui, avec l'appui des généraux de son père, s'empara du nord du pays. En 1531, au moment où l'Espagnol Pizarro guerroyait dans le golfe du Guayaquil, Atahualpa triompha de son demi-frère Huáscar après une bataille décisive devant le Cuzco. Pizarro n'ignorait pas ces événements et, après avoir voulu soutenir Huáscar, reconnut Atahualpa comme souverain légitime ; sa stratégie conquérante commença par sa décision hardie de se rendre à Cajamarca auprès d'Atahualpa. L'empereur ne lui fit pas obstacle et même, en réponse à l'ambassadeur Fernando, il promit de venir rendre visite aux Espagnols. Le souverain arriva avec dignité « dans une litière toute garnie d'or », accompagné d'une escorte qui chantait et dansait autour de lui. Les Espagnols l'exhortèrent de se convertir au christianisme et lui présentèrent les Évangiles. Atahualpa répondit qu'il n'avait d'autre dieu à adorer que le soleil ; il feuilleta le livre et essaya d'écouter ce qu'il disait, mais, comme il n'entendit rien, il le jeta par terre. Ce refus fut suivi d'un massacre. Pour échapper à la mort, Atahualpa promit ses richesses. Sa promesse excita la cupidité de ses adversaires, et Pizarro, après avoir tiré tout le parti possible de l'Inca, le fit tuer.

MOCTEZUMA II (1466-1520)

Devenu roi des Aztèques contre sa volonté, Motecuzoma Xocoyotzin (« Le plus jeune ») régna néanmoins de façon très autoritaire. Il organisa l'administration publique de façon nouvelle. Grâce à lui l'empire atteignit son apogée : les tributs payés par les peuples soumis affluaient, et le trafic commercial s'épanouissait à travers tout le territoire mexicain jusqu'à l'isthme de Panama. Moctezuma semblait particulièrement sensible aux effets de sorcellerie et de divination. Or, au cours de dix années qui précédèrent l'arrivée des Espagnols, une série de présages funestes fut constatée. Lorsque Cortés et ses hommes furent repérés, Moctezuma fut terrifié par le récit des émissaires : « De tous côtés leurs corps sont emmitouflés ; on ne voit apparaître que leur visage. Il est blanc comme s'il était de chaux... ils chevauchent montés sur le flanc de leurs « cerfs ». Ainsi juchés, ils marchent au niveau des toits. » Persuadé au début que Cortés était le dieu Quetzalcóatl qui revenait, l'empereur lui fit envoyer des offrandes aspergées de sang. Les hommes blancs les refusèrent avec dégoût. Une fois que la ville de Mexico fut pillée, les Indiens injurièrent Moctezuma. La tradition rapporte que, déjà fait prisonnier par Cortés, Moctezuma fut poussé par celui-ci à apparaître à l'un des balcons du palais pour haranguer la foule, et il fut tué par une pierre.

HERNÁN CORTÉS (*Ca.* 1485-1547)

Né à Medellín, en Estrémadure, d'une famille noble mais sans fortune. Il fit quelques études d'humanités à l'université de Salamanque. Peu enclin à une carrière sédentaire, il s'embarqua en 1504 pour les Indes. À Hispaniola, puis à Cuba (1511), il prit part aux campagnes contre les Indiens insoumis et reçut une *encomienda*. Il était aussi éleveur de bétail et, à l'occasion, notaire (*escribano*). Ses qualités d'initiative et de commandement lui valurent d'être chargé par le gouverneur de Cuba, Diego Velázquez, d'une expédition vers les côtes du golfe du Mexique. Cortés prépara activement l'entreprise avec 11 navires, une centaine de marins, 508 soldats, 16 chevaux et 14 canons. L'expédition quitta Cuba le 18 février 1519 malgré les ordres de Velázquez qui, tardivement alarmé de l'ambition de son protégé, voulut le relever de son commandement. À partir de 1519 la vie de Cortés se confond avec l'histoire de la conquête de l'empire des Aztèques. Il imposa sa stratégie dès les contacts avec les Mayas de Yucatán : négocier avec les Indiens, s'interdire tout pillage et ne livrer combat que contraint. C'est là que sa bonne fortune lui fit rencontrer, parmi les captives que lui offrit un cacique, une Indienne de langue mexicaine, la célèbre doña Marina ou *Malinche*, qui devint sa maîtresse, son interprète et sa conseillère. C'est en débarquant sur les plages de Cempoala que Cortés donna aux événements une impulsion décisive. Il comprit que les peuples tributaires de Moctezuma, mal soumis, ne demandaient qu'à secouer le joug de Mexico-Tenochtitlan, et décida de s'appuyer sur eux pour entreprendre la conquête du pays tout entier. Enfin il s'émancipa de la tutelle de Velázquez par une adroite manœuvre : il inspira l'idée à la majorité de ses hommes de fonder une cité, la Villa Rica de Veracruz, dont la municipalité, utilisant les privilèges traditionnels des villes de Castille, lui conféra le titre de capitaine général et le droit de justice. Après plus d'un an de guerre, Cortés commença le siège de la capitale aztèque en mai 1521. Il lui fallut trois mois d'assauts répétés pour la prendre de vive force. Sous la conduite de

Cuauhtémoc, neveu de Moctezuma, les Aztèques lui opposèrent une résistance acharnée que ne firent plier ni la famine ni les ravages de la petite vérole. La ville tomba enfin le 13 août 1521. Sa malheureuse expédition au Honduras contre l'un de ses lieutenants révoltés (1525-1526) – au cours de laquelle il fit exécuter Cuauhtémoc – laissa le champ libre à ses ennemis. Après avoir rétabli l'ordre à Mexico, il partit se justifier en Espagne. Charles Quint devait lui conférer le marquisat « del Valle de Oaxaca » et des droits seigneuriaux sur les plus riches provinces de la Nouvelle-Espagne. De retour aux Indes en 1530, après s'être allié à la grande noblesse espagnole par un nouveau mariage, Cortés se consacra à l'exploitation de ses domaines. Il fut moins heureux dans ses tentatives d'exploration du Pacifique. Toutefois on lui doit la découverte de la péninsule de Californie (1534-1535). Les multiples procès dans lesquels il se trouva engagé le décidèrent à retourner en Espagne (1540). Il mourut à Castilleja de la Cuesta, près de Séville, alors qu'il se préparait à regagner la Nouvelle-Espagne.

CUAUHTÉMOC (1497?-1525)

Cuauhtémoc (ce nom signifie « aigle qui tombe ») fut le dernier empereur aztèque. Il prit le pouvoir à la mort de Cuitláhuac, lequel ne régna que quatre-vingts jours après la mort de Moctezuma, en 1520. Au contraire de celui-ci, qui reçut les conquistadors comme des dieux, Cuauhtémoc se dressa face aux troupes espagnoles et organisa la lutte contre les conquérants. La tradition rapporte que Cuauhtémoc fut étendu sur des braises par les Espagnols, qui espéraient ainsi l'obliger à révéler la cachette des trésors qu'on le suspectait de dissimuler. À un des ministres, également torturé, qui lui demandait s'il pouvait parler, il aurait répondu : « Et moi, suis-je sur un lit de roses ? » Il mourut dans la nuit du 28 février 1525, exécuté sous l'ordre de Cortés, qui se croyait menacé par une conjuration. Sa vie et l'endroit de sa mort sont mal connus.

VASCO DE QUIROGA (Ca. 1477-1565)

Homme d'Église et défenseur des Indiens, né à Madrigal de las Altas Torres (Castille). Il fit des études de droit à Salamanque et à Valladolid. Il fut nommé membre du haut tribunal (*audiencia*) de Mexico en 1530, puis évêque de la province et du diocèse de Michoacan en 1537. Inspiré par l'*Utopie* de Thomas More, il fonda des villages-hôpitaux pour l'accueil des Indiens, l'un à Santa Fe, *extra muros* de Mexico en 1531, l'autre à Santa Fe de la Laguna en 1534, au Michoacan. Ces hôpitaux où les Indiens seraient rassemblés comme une seule et grande famille devaient administrer quelques milliers de familles. Ces *pueblos hospitales* peuvent être considérés comme les modèles des futures « réductions » jésuites. Dans le but de consolider son diocèse, il séjourna ensuite sept ans en Espagne (1547-1554), puis reprit son œuvre pastorale en Nouvelle-Espagne jusqu'à sa mort, qui survint à Pátzcuaro, capitale du Michoacán.

PEDRO DE ALVARADO (1486-1541)

Né en Estrémadure comme de nombreux conquistadors. Faute de pouvoir nourrir un excédent d'hommes, ces régions fournirent toujours des émigrants et des soldats. Alvarado passa aux Indes en 1510, à Saint-Domingue puis à Cuba. Il prit part à toutes les campagnes de Nouvelle-Espagne et devint le second de Cortés. D'un extraordinaire courage lors des batailles, sa cruauté amena le désastre de la *Noche Triste*, c'est-à-dire l'épisode de la fuite désespérée des Espagnols de Mexico (juin 1520). Quelques années après, il conquit pour son compte le Guatemala et conduisit ensuite une escadre au Pérou où il disputa la conquête de Quito avec Almagro et Benalcázar. Il entreprit enfin d'explorer les côtes du Pacifique et projeta d'atteindre les Moluques, avant de se faire tuer en réprimant la révolte des Indiens de Nouvelle-Galice, à l'ouest de l'actuel Mexique (1541).

PERO FERNANDES SARDINHA (1495-1556)

Premier évêque du Brésil, né à Evora (Portugal). Il fit ses études dans le prestigieux collège Sainte-Barbe à Paris, un établissement financé par la Couronne du Portugal. Théologien, il enseigna à Paris, Coimbra et Salamanque. Dans la décennie 1540, il fut nommé visiteur général de l'Église à Goa (Inde). Érigé en 1551 par le pape Jules III, le premier diocèse du Brésil lui fut confié par le roi João III. Il y débarqua la même année en compagnie de quelques clercs et de quatre jésuites qui se sont ajoutés à ceux établis depuis 1549 au Brésil sous la direction de Manuel da Nóbrega. S'étant brouillé avec le gouverneur général, l'évêque Fernandes Sardinha fut rappelé à la cour pour se justifier, alors qu'il entamait l'organisation de son diocèse. Cependant le navire qui le ramenait en compagnie de 100 personnes fit naufrage à la hauteur de l'embouchure de la rivière Coruripe. Tous les passagers survécurent ; ils furent néanmoins emprisonnés et dévorés par les Indiens.

PEDRO DE VALDIVIA (1497-1553)

Conquistador, né à Villanueva de la Serena (Castille). Il servit comme soldat dans les Flandres, puis partit aux Indes où il participa à la conquête du Venezuela. Il était au Pérou en 1535 aux côtés de Francisco Pizarro. Il participa à la bataille de Las Salinas contre les partisans d'Almagro. Il entreprit une expédition vers le Chili, parvint dans la vallée du Mapocho, où il fonda Santiago del Nuevo Extremo (1540). Il revint au Pérou en quête de renforts pour combattre les Araucans. Il aida Pedro de la Gasca dans sa lutte contre Gonzalo Pizarro, ce qui lui valut le titre de gouverneur du Chili. Il repartit vers le sud et fonda plusieurs villes, Villarica, Valdivia, La Serena, Concepción. Il mourut dans un combat contre les Araucans au fort de Tucapel.

GONZALO JIMÉNEZ DE QUESADA (1499-1579)

Conquistador, né à Cordoue (Andalousie). Il s'embarqua dans l'expédition de Pedro Fernández de Lugo et prit la tète d'une expédition de 800 soldats avec qui il remonta le Magdalena (actuelle Colombie). Après un périple épuisant et dangereux – ils se trouvèrent réduits à 166 –, les Espagnols parvinrent sur le plateau de Cundinamarca. Ils affrontèrent les Chibchas et les mirent en déroute. Deux autres expéditions parvinrent au royaume chibcha au même moment, celle de Benalcázar venant du sud, et celle de Nicolas Federmann qui avait remonté l'Orénoque. Jiménez de Quesada resta seigneur du pays et fonda la ville de Santa Fe de Bogotá (6 août 1538). Riche, il revint en Espagne (1539), vécut en France et retourna aux Indes avec le titre de *regidor* (échevin) de Santa Fe. Ce ne fut que plus tard qu'il obtint celui de *adelantado* (investi des pouvoirs militaire et civil dans une région avancée de conquête) *del Nuevo Reino de Granada*. Jiménez de Quesada écrivit une histoire de la conquête du Nouveau Royaume de Grenade, aujourd'hui disparue. Il mourut à Mariquita, sur les bords du Magdalena.

REPÈRES BIOGRAPHIQUES

LOPE DE AGUIRRE (1511-1561)

Conquistador, né à Oñate (Guipúzcoa). Il passa au Pérou en 1537, se rendit au Nicaragua et revint s'installer à partir de 1548 dans le haut Pérou où il participa à la rébellion de Sebastián de Castilla (1553). Condamné à mort, gracié, il fut connu sous le sobriquet de Aguirre *el loco* (le fou). En septembre 1560, avec trois navires, 300 soldats et plusieurs centaines d'Indiens, il descendit le fleuve Huallaga, qui s'enfonce dans la forêt amazonienne, à la recherche de l'El Dorado. En décembre, sur les bords du Marañón, la discorde gagna les hommes. Aguirre se rebella contre son chef, Pedro de Ursúa, et le fit assassiner. Ensuite l'*alférez* (porte-enseigne royal) Fernando de Guzmán se proclama prince du Pérou, de Terre Ferme et du Chili, et cessa de reconnaître l'autorité royale. Aguirre le fit assassiner et le remplaça. La flottille, décimée, atteignit enfin l'océan et parvint à l'île Margarita. Affamés, rendus furieux par leur échec, Aguirre et ses hommes, les *marañones*, se livrèrent à toutes sortes d'excès. Dans sa folie, Aguirre défia Philippe II dans une missive célèbre. Capturé à Barquisimeto, il fut abattu à coups d'arquebuse.

PEDRO SARMIENTO DE GAMBOA (1532-1592)

Navigateur et cosmographe, né à Alcalá de Henares, probablement d'origine galicienne. Il fit des études à l'université d'Alcalá, puis vécut en Nouvelle-Espagne, au Guatemala et au Pérou. Découvreur des îles Salomon (1567), il participa aussi à la guerre contre Manco Inca et contre les Chiriguanos. Lié au vice-roi Toledo, il rédigea en 1572 une histoire des Incas, fragment d'une œuvre plus vaste, l'*Historia general del Perú*. En 1579 il dirigea une expédition dans le détroit de Magellan et, l'année suivante, se vit nommer gouverneur du détroit. En 1582 il y fonda une colonie baptisée *Nombre de Jesús*, puis une autre tout près de la première, en 1584, qu'il appela *Rey don Felipe*, et qui deviendrait Port Famine. Capturé par les Anglais, puis par les Français à Mont-de-Marsan, il parvint à regagner la Péninsule (1590) et rédigea sa *Relación y derrotero del viaje y descubrimiento del estrecho de la Madre de Dios, antes llamado de Magallanes*. Il mourut devant Lisbonne.

REPÈRES BIOGRAPHIQUES

TORIBIO ALFONSO DE MOGROVEJO (1538-1606)

Originaire de la province de León (Espagne), il étudia à Valladolid, Salamanque et Coimbra. Inquisiteur de Grenade en 1575, il fut nommé archevêque de Lima en 1579. Sa consécration épiscopale eut lieu à Séville, et il partit pour l'Amérique. Une fois à Lima, il réorganisa la vie religieuse, entreprit plusieurs « visites » pastorales, stimula la vie missionnaire au Pérou, et destina ses revenus aux pauvres ainsi qu'à la fondation d'œuvres pieuses. Il réunit enfin des conciles provinciaux, notamment le célèbre troisième concile de Lima de 1583. Il mourut à Lima. Sa béatification fut proclamée en 1679, et sa canonisation suivit en 1726.

MARTÍN DE PORRES (1569-1639)

Il naquit à Lima. Fils d'un gentilhomme originaire de Burgos et d'une mulâtresse de Panama qui lui inspirèrent une grande piété pour les malades, ce qui éveilla sa vocation pour la médecine. À l'âge de quinze ans, il fut accueilli en tant que lai dans le couvent de Saint-Dominique de Lima, où il se fit remarquer par l'exercice des vertus, notamment de l'humilité. Il y resta toute sa vie. Martin contribua également à la fondation d'un orphelinat pour les enfants trouvés ou abandonnés. Son dévouement, son action caritative, les soins qu'il prodigua aux malades firent de lui un modèle et le premier saint « de couleur » américain, très populaire partout en Amérique ibérique. Il mourut à Lima. Béatifié en 1837, il fut canonisé en 1962 par Jean XXIII.

FELIPE DE JESÚS (1572-1597)

Missionnaire, né à Mexico. Tout enfant, Felipe accompagna souvent son père jusqu'au port d'Acapulco afin d'y apporter des marchandises et d'en acheter d'autres en provenance des îles Philippines et du Pérou. Felipe prit l'habit de cordelier au couvent de Santa Barbara à Puebla, pour le quitter ensuite afin de se consacrer à l'orfèvrerie. Cependant lorsqu'il exerçait le commerce aux Philippines, il décida de devenir franciscain pour de bon, en 1593, sous le nom de Felipe de Jésus. En 1596 ses parents lui demandèrent de rentrer en Nouvelle-Espagne pour recevoir les ordres sacrés. Peu après s'être embarqué, les vents poussèrent la flotte contre la côte de l'île Shikoku au Japon. Le shogun et l'empereur de l'archipel venaient d'expulser les jésuites et d'interdire le christianisme, la présence des étrangers n'y étant permise qu'à des fines commerciales. Emprisonné, Felipe fut conduit à Kyoto en compagnie de ses compagnons religieux. Les autorités locales ordonnèrent la mort de cinq frères franciscains, trois jésuites japonais et dix-sept catéchumènes et interprètes d'origine japonaise. Ils furent crucifiés à Nagasaki le 5 février 1597. Le pape Urbain VIII proclama leur béatification en 1627. Leur canonisation dut attendre l'année 1862.

ANTONIO RUIZ DE MONTOYA (1585-1652)

Missionnaire jésuite, né à Lima. Il fut l'un des premiers fondateurs des missions du Paraguay, dans la région du Guayrá. Il dut faire face aux attaques des aventuriers en quête d'or et d'esclaves (*bandeirantes*), alors que les Indiens des missions n'étaient pas encore armés. Aussi dut-il déplacer les Indiens survivants dans la région de Itatín. Il fut détaché à Madrid en tant que procureur (*procurador*) des missions pour solliciter de l'aide contre les incursions portugaises. Il y resta de 1638 à 1642. De retour à Lima, il essaya de faire appliquer les décisions en faveur des « réductions ». Il représenta la Compagnie de Jésus dans son procès contre l'évêque de Asunción, Bernardino de Cárdenas. Il apprit le guarani et rédigea le premier dictionnaire de cette langue (*Tesoro de la lengua guaraní*). Il mourut à Lima « en odeur de sainteté », et ses restes furent transportés au Paraguay dans la ferveur populaire.

ROSA DE LIMA (1586-1617)

Isabel Flórez de Oliva naquit à Lima dans une famille créole de treize enfants. Dès l'année précédant celle de sa profession de foi auprès de l'archevêque Toribio de Mogrovejo (1599), elle porta une croix d'épines sur le front comme celle du Christ. En 1606 elle entra dans le tiers ordre dominicain, dont l'habit lui fut imposé dans la chapelle de Notre-Dame du Rosaire. Elle prit le nom de Rose de Sainte-Marie à partir de 1611. Étant donné qu'elle mena une vie faite d'abnégation, de foi ardente et avide de mortification, Rose fut soumise à un « examen de conscience » par des ministres du Saint-Office de Lima en 1614. Selon la tradition, le dimanche des Rameaux de 1617 l'Enfant Jésus, porté par la Vierge du Rosaire, reprit vie et épousa Rose de Lima, qui mourut le 24 août en disant : « Jésus, Jésus, sois avec moi ! » Le 1er septembre, et devant 183 témoins, commencèrent les procédures de béatification dont la proclamation eut lieu à Lima en 1669. La canonisation s'ensuivit par bulle de Clément X du 12 avril 1672, qui lui donna le titre de « patronne des Amériques ». Ses restes mortels sont exposés dans l'église de Santo Domingo de Lima.

CATALINA DE ERAUSO (1592-1650)

Religieuse basque, née à San Sebastián (Guipúzcoa). Novice au couvent dominicain de San Sebastián el Viejo, elle s'en évada avant de faire sa profession le 18 mars 1600, et elle traversa l'Atlantique habillée en homme. Arrivée à Lima, elle s'enrôla comme soldat dans l'armée d'Arauco, qui devait lutter contre les Araucans sur le pied de guerre, où son courage lui valut le grade d'*alférez* (sous-lieutenant). Accusée de divers homicides, elle fut condamnée à mort. Ayant avoué sa véritable condition et de retour en Espagne en 1624, elle se rendit à Rome où elle obtint une dispense papale pour pouvoir continuer à vivre en homme. Revenue en Amérique, elle finit ses jours en Nouvelle-Espagne où elle s'installa comme marchand sous le nom d'Antonio de Erauso. Elle mourut, à ce qu'il semble, victime d'un accident sur la route entre Mexico et Veracruz. Rendue célèbre en Espagne depuis 1618 par des opuscules et diverses lettres imprimées, son histoire fascina l'opinion publique. Après le passage de la religieuse à la cour de Madrid, Juan Pérez Montalbán écrivit sa comédie *La monja alférez* (*La moniale sous-lieutenant*) qui, bien que située à Lima, fait référence à l'engagement de Catalina dans l'armée d'Arauco.

JUAN DE PALAFOX Y MENDOZA (1600-1659)

Fils naturel, né à Fitero (Navarre) dans une famille noble aragonaise, celle du marquisat d'Ariza, qui le reconnut. Membre du Conseil des Indes, il fut nommé évêque de Puebla et chargé de l'inspection générale (*visita general*) de la Nouvelle-Espagne en 1639. En 1641, lors de la destitution du vice-roi, marquis de Villena, Palafox fut nommé vice-roi par intérim tout en conservant les charges précédentes. Pendant son mandat il entreprit de nombreux travaux publics, dont la cathédrale de Puebla, achevée en 1649. Il réforma le clergé, se heurta à la Compagnie de Jésus et envisagea le renforcement des municipalités de la Nouvelle-Espagne face à la bureaucratie vice-royale. Il fut l'auteur de plusieurs ouvrages, notamment de l'*Historia real y sagrada* (1645) (*Histoire royale et sacrée*) où il fit la critique des tendances autocratiques et centralisatrices du gouvernement central de l'empire espagnol, en défendant la diversité et le pluralisme de ses domaines. Dans *Virtudes del indio* (*Vertus de l'Indien*), il exalta la ferveur religieuse des Indiens et leur loyauté envers la Couronne. Il fut rappelé en Espagne en 1649, contre sa volonté. Il dut accepter de devenir évêque de Burgo de Osma (Castille) où il mourut.

EUSEBIO FRANCISCO KINO (1644-1711)

Missionnaire jésuite d'origine italienne (Trente), qui évangélisa les régions septentrionales de la Nouvelle-Espagne (Sonora et Californie). Ses méthodes personnelles, qui ne suivaient guère la discipline de l'ordre, et sa façon de concevoir la mission lui valurent des réprimandes. Il put cependant fonder de nombreux établissements, en particulier celui de Nuestra Señora de los Dolores (1687) et, avec le père José de Aguila, ceux de San Ignacio, San José de los Imurias et Nuestra Señora de los Remedios. Il explora les régions des fleuves Colorado et Gila avec le capitaine Diego de Carrasco. Surnommé « l'apôtre de la Californie », il laissa de nombreux écrits géographiques et religieux.

CRISTÓBAL DE VILLALPANDO (*Ca.* 1649-1714)

Il fut, avec José Juárez (1617-1661), le plus grand peintre baroque des Indes. Né à Mexico, il reçut l'influence du peintre espagnol Sebastián López de Arteaga et de Rubens, ainsi que celle de l'école mexicaine de peinture précédente représentée par les Echave et les Juárez. Ses œuvres les plus célèbres se trouvent à Mexico et à Puebla, les deux principaux centres picturaux de la Nouvelle-Espagne à l'époque. À partir de 1685, Villalpando consolida la grande tradition picturale du royaume à l'intérieur de la cathédrale de Mexico. Ses toiles de grand format de la sacristie sont le meilleur exemple d'une adaptation locale impeccable des modèles européens. Une série de triomphes, typiques de la Contre-Réforme, y est représentée : de l'Église, de l'archange saint Michel, de l'assomption et du couronnement de la Vierge, et de saint Pierre. Villalpando mourut à Mexico.

ANNEXES

FABIANO DE CRISTO (1676-1747)

Le plus populaire religieux franciscain du Brésil, né à Gimarães (Portugal), immigré au Brésil au début du XVIIIe siècle. Déçu du « monde » en tant que commerçant, il choisit la vie religieuse, d'abord comme frère lai au couvent de Saint-Bernard à Angra dos Reis, puis comme frère à Rio de Janeiro. Infirmier au couvent, il se consacra avec dévouement aux malades, depuis le gouverneur Gomes Freire jusqu'au dernier des esclaves. Lors de son enterrement, après une quarantaine d'années de vie religieuse, les foules s'y rassemblèrent, dont une multitude d'esclaves. Il fut tenu pour l'un des plus célèbres thaumaturges du Brésil.

MIGUEL CABRERA (1695-1768)

Peintre, né à Oaxaca (Nouvelle-Espagne). Il fut président de l'Académie de peinture de Mexico, fondée en 1763. C'est l'un de peintres les plus féconds de la Nouvelle-Espagne. Il est l'auteur de plusieurs images célèbres de la vierge de Guadalupe, de la vierge de l'Apocalypse, du portrait de soeur Juana Inés de la Cruz et de la décoration intérieure de l'église de Santa Prisca de la ville minière de Taxco. Il a également travaillé pour les jésuites à Tepotzotlán. Il a également peint des tableaux dits « de castas » dont la couverture du présent ouvrage. Il mourut à Mexico.

SEBASTIÃO JOSÉ DE CARVALHO E MELO, MARQUIS DE POMBAL (1699-1782)

Né au Portugal dans une famille de la petite noblesse provinciale. Il fit des études de droit et entra en contact avec la cour grâce à un oncle dont il hérita la fortune. Il fut chargé successivement de missions diplomatiques à Londres (1738) et Vienne (1744). Lors de sa nomination comme ministre de la guerre et des affaires étrangères, en 1750, il était convaincu de l'urgence d'une réorganisation générale du gouvernement portugais afin d'éviter que l'empire soit dépassé par la concurrence des grandes puissances européennes. Il s'appliqua par conséquent à élargir les bases financières de la monarchie à travers une politique fiscale agressive, aussi bien qu'à stimuler l'expansion commerciale et celle de la marine, de l'agriculture et des manufactures. Il entreprit également une réduction sensible du pouvoir et de l'influence de l'Église, notamment par l'intermédiaire de l'expulsion des jésuites des possessions portugaises (1759). Il transféra le siège du gouvernement général du Brésil de Salvador de Bahia à Rio de Janeiro (1763) et fixa les frontières brésiliennes avec les vice-royautés espagnoles d'Amérique. Tombé en disgrâce auprès de la reine Maria, il fut banni dans ses grands domaines à l'intérieur du Portugal, où il mourut.

FRAY JUNÍPERO SERRA (1713-1784)

Missionnaire espagnol, né à Petra (Mallorca) dans une famille dévote qui l'envoya étudier chez un chanoine aux côtés de qui sa vocation religieuse s'éveilla. En devenant frère franciscain en 1730, son prénom de naissance, Miguel José, fut changé en Junípero, en l'honneur du compagnon de saint François d'Assise. Théologien et philosophe, fray Junípero était également doué pour la prédication. Son vif désir de partir travailler comme missionnaire fut comblé lorsque ses supérieurs le destinèrent à la Nouvelle-Espagne. Arrivé à Mexico en 1749, dans un premier temps il exerça l'administration des sacrements aux alentours de la capitale. Puis en 1767, suite à l'expulsion des jésuites, le couvent franciscain de Saint-Ferdinand à Mexico devint la base du départ des missionnaires à destination de la Californie, censés remplacer la Compagnie de Jésus dans leur système de missions. En juillet 1769, fray Junípero et une quinzaine de ses compagnons fondèrent la mission de San Diego. Par la suite il fut responsable de la fondation des neuf missions suivantes en Californie : San Carlos de Monterrey (juin 1770), San Antonio de Padua (juillet 1771), San Luis Obispo (septembre 1772), San Francisco (aussi appelée Dolores, octobre 1776), San Juan Capistrano (novembre 1776), Santa Clara (janvier 1777) et San Buenaventura (mars 1782). Fray Junípero décéda à la mission de San Carlos.

JOSÉ DE GÁLVEZ (1729-1786)

Homme politique, né à Málaga (Andalousie). Formé au droit, il devint avocat de l'ambassade espagnole en France et secrétaire du marquis de Grimaldi en 1761. Étant membre du conseil des Indes, il fut envoyé en Nouvelle-Espagne comme *visitador* dans le but d'appliquer une série de réformes visant à augmenter les revenus des Indes en direction de la métropole. Il améliora les structures de la *Real Hacienda* (Trésor royal), créa toutes sortes de nouveaux impôts, lutta contre la contrebande, réorganisa l'armée et expulsa les jésuites (1767). À la mort de Julián de Arriaga, il devint ministre des Indes et mit en place une politique de réformes à l'échelle du continent. Il fut à l'origine de l'établissement du système des intendances aussi bien que de celui du libre commerce avec les Indes. Il mourut à Madrid.

ANTÔNIO FRANCISCO LISBOA (ALEIJADINHO) (1738-1814)

Le plus célèbre représentant des arts plastiques au Brésil est connu sous le sobriquet d'*Aleijadinho* (le déformé) en raison de la maladie dégénérative qui raccourcit ses extrémités inférieures et ses mains. Né à Vila Rica (actuel Ouro Preto) de l'union d'un architecte portugais (Manuel Francisco Lisboa) et d'une esclave. Ce fut probablement dans l'atelier du père que le jeune mulâtre apprit le métier de sculpteur ainsi que le dessin architectonique. Les techniques européennes introduites dans la province de Minas Gerais par João Gomes Batista semblent avoir complété sa formation. Parmi ses premières œuvres se trouvent des chaires en bois sculpté pour l'église du tiers ordre de Saint-François à Vila Rica aussi bien que les médaillons de sa façade. L'originalité de ses compositions et l'excellence de son exécution sont à la base des contrats dont il fut l'objet de la part de nombreuses confréries qui contournaient les restrictions imposées par la Couronne sur les expressions religieuses exubérantes. À partir de 1796 il consacra une dizaine d'années à la composition des autels monumentaux portables pour le sanctuaire du *Bom Jesus do Matosinhos* à Congonhas do Campo. Il décéda probablement à Vila Rica.

JOSÉ JOAQUIM EMERICO LOBO DE MESQUITA (1746-1805)

Musicien, né à Vila do Príncipe do Serro Frio (Brésil) de père portugais et de mère esclave. Auteur d'innombrables œuvres lors de l'essor musical et artistique de la province de Minas Gerais pendant la seconde moitié du XVIIIe siècle. L'intense vie artistique y rassembla plusieurs chanteurs et instrumentistes vivant de leur métier et caractérisés par la maîtrise technique et la connaissance des nouveautés européennes. Établi à Arraial do Tejuco (actuelle Diamantina), Lobo de Mesquita y enseigna pendant 20 ans en tant que maître de musique, puis comme organiste de la confrérie du Saint-Sacrement. En 1798 il déménagea à Vila Rica, et en 1800 à Rio de Janeiro. Tout au long de ces années, il combina l'enseignement avec l'organisation des orchestres pour les festivités et les rites religieux. Maître et

REPÈRES BIOGRAPHIQUES

organiste reconnu, en 1801 il rejoignit le tiers ordre du Carmel à Rio, charge qu'il exerçait lors de sa mort.

MIGUEL HIDALGO Y COSTILLA (1753-1811)

Prêtre et homme politique, né à Corralejo, province de Pénjamo (Nouvelle-Espagne). Il est le « père » de l'indépendance mexicaine (*padre de la patria*). Élevé chez les jésuites de Valladolid (Morelia), il fut licencié en théologie. En 1785 il rédigea une nouvelle approche pour l'étude de la théologie, qui accordait beaucoup d'importance à l'histoire. En 1790 il fut recteur du collège de San Nicolas à Valladolid. Il fut nommé successivement curé dans trois paroisses du diocèse du Michoacan (Colima, San Felipe et Los Dolores) où il organisa régulièrement des réunions littéraires et politiques appelées *tertulias*. Sa formation religieuse, sa maîtrise des langues indiennes, notamment de l'otomi, et son goût pour la musique et la littérature, qui lui donnèrent une formation humaniste, firent de lui un homme des Lumières. En septembre 1810, suite à la dénonciation d'une conspiration contre le coup d'État à Mexico, défavorable aux juntes opposées à l'invasion de Napoléon et à l'exil du roi, Hidalgo fit appel aux masses de sa paroisse pour se révolter contre les Péninsulaires (*gachupines*). Cependant il fut capturé à Chihuahua et fusillé, ce qui provoqua la guerre civile et populaire qui allait durer onze ans en Nouvelle-Espagne, jusqu'à la proclamation de l'indépendance en 1821.

JOSÉ MARÍA MORELOS (1765-1815)

Prêtre et héros de l'indépendance mexicaine, né à Valladolid (aujourd'hui appelée Morelia en son honneur). Il était d'origine métisse et fut curé de Carácuaro dans le diocèse du Michoacán. Lors du soulèvement dirigé par Hidalgo, il organisa une armée dans le sud de la Nouvelle-Espagne et continua la lutte contre le régime espagnol après l'exécution d'Hidalgo. Au plus haut de ses campagnes militaires, il organisa le premier congrès de « l'Amérique mexicaine » à Chilpancingo en 1813. Battu à Puruarán, il fut capturé, puis condamné à mort et fusillé près de Mexico.

AGUSTÍN DE ITURBIDE (1783-1824)

Né à Valladolid (aujourd'hui Morelia). Grand propriétaire, il commença sa carrière militaire dans les troupes royalistes comme *alférez*

ANNEXES

267

(sous-lieutenant) de la Nouvelle-Espagne. Le vice-roi Calleja lui confia un commandement important. Dirigeant une expédition contre les insurgés, notamment contre l'indépendantiste Guerrero, Iturbide finit par s'allier avec lui. Il rédigea le plan d'Iguala (1821), qui proposait trois garanties : 1) royaume indépendant gouverné par Ferdinand VII ou l'un des princes désignés par le souverain, et création d'une junte provisoire chargée de préparer les élections ; 2) la religion catholique serait la religion d'État ; 3) égalité de tous les Mexicains, et garantie de la propriété privée. Lorsque Juan O'Donojú, le nouveau et dernier vice-roi, débarqua à Veracruz, Iturbide le contraignit à accepter son plan. Le 27 septembre 1821, il entra triomphalement à cheval dans Mexico. Quelques mois plus tard, lorsque l'Espagne refusa les conditions du plan, Iturbide fut proclamé empereur du Mexique sous le nom d'*Agustín I*er. Il régna pendant un an. Les militaires proclamèrent la république et Iturbide abdiqua en mars 1823. Exilé en Italie, il revint en 1824 pour aider son pays face à une éventuelle invasion étrangère. À son arrivée il fut capturé et fusillé.

JOSÉ DE SAN MARTÍN (1778-1850)

Général et homme d'État argentin, né à Yapeyú. Libérateur du Chili et du Pérou, il fut, avec Simón Bolívar, la plus grande figure de l'indépendance. Élève de l'école militaire à Madrid, il prit part à la guerre contre les troupes napoléoniennes. Colonel à son retour en Argentine (1812), il forma l'armée des Andes dont il reçut le commandement avec le grade de général de brigade (1816). Il franchit la cordillère et battit les Péninsulaires à Chacabuco et à Maipú. Il s'embarqua, avec 4 500 hommes, à bord de la flotte chilienne commandée par Thomas Cochrane, débarqua à Pisco et entra à Lima en « *Libertador* ». Il rencontra Simón Bolívar lors de la fameuse entrevue de Guayaquil. Acclamé « *protector* », il tenta d'organiser un gouvernement, mais fut bientôt débordé par les rivalités et les factions. Il donna sa démission en 1822 et se retira au Chili puis en France. Il mourut à Boulogne- sur-Mer.

SIMÓN BOLÍVAR (1783-1830)

Né à Caracas d'une riche famille créole originaire de Biscaye. En 1799, Bolívar quitta le Venezuela pour l'Espagne puis la France. Tout en administrant ses propriétés, Bolívar participa aux conspirations préparées par l'aristocratie créole et auxquelles l'effondrement de la monarchie des Bourbons d'Espagne donna, après 1808, une nouvelle vigueur. Ce n'est qu'en 1810, toutefois, que Bolívar s'engagea vraiment dans l'action politique. Rallié aussitôt à la « junte suprême » qui détenait le gouvernement de fait, il fut envoyé à Londres pour y demander l'appui de l'Angleterre. Cette mission lui permit de rencontrer Francisco Miranda et de s'embarquer avec lui pour le Venezuela. Bolívar seconda les efforts de Miranda pour décider le Congrès, réuni en 1811, à proclamer l'indépendance du Venezuela (5 juillet). Bolívar s'engagea aussitôt dans la guerre civile qui opposait, à travers tout le pays, patriotes et loyalistes. Ce fut dans la défense victorieuse du Nouveau Royaume de Grenade contre les Espagnols en 1812 que s'affirmèrent ses talents militaires. De là il attaqua de nouveau le Venezuela et reprit Caracas (6 août 1813) après une campagne foudroyante. Bolivar reçut le titre de *Libertador*, mais ne parvint pas à consolider le contrôle des « patriotes » sur un pays profondément divisé. Après une année de furieuses batailles, il quitta le Venezuela (octobre 1814) et prit part aux luttes intestines qui opposèrent les patriotes, puis dut se retirer à la Jamaïque (mai 1815). Ni la défaite ni l'exil ne le découragèrent. Il rédigea une série de lettres dont la plus connue résume ses idées politiques : union du Venezuela et du Nouveau Royaume (appelé désormais Nouvelle-Grenade) en une république de Colombie, régime démocratique autoritaire, alliance des nations américaines. La révolution libérale en Espagne (1821) entraîna la conclusion d'un armistice de six mois : à la reprise des hostilités, Bolívar remporta la victoire décisive de Carabobo (24 juin 1821) qui assura l'indépendance du Venezuela. Bolívar soumit les populations loyalistes du sud et conquit, secondé par Sucre, la province de Quito, qui fut incorporée à la République grand-colombienne (1822). À l'entrevue de Guayaquil (juillet 1822), José de San Martín s'effaça devant le *Libertador* et lui laissa la gloire de parachever l'indépendance du Pérou, que scellèrent les victoires de Bolívar à Junin (août 1824) et de Sucre à Ayacucho (9 décembre 1824). Bolívar fut moins heureux dans ses efforts pour organiser politiquement l'Amérique libérée. En 1825 il était le président des trois républiques de Grande-Colombie, du Pérou et de Bolivie (nom adopté en son honneur par le haut Pérou). L'autorité que lui valut son prestige personnel ne suffit pas à surmonter la dispersion géographique et l'hétérogénéité des nouveaux pays. Son grand projet d'une alliance continentale des nations de l'Amérique espagnole échoua dès le congrès de Panama (1826). Bolívar renonça définitivement à tout pouvoir en janvier 1830. Ce fut sur le chemin de l'exil volontaire qu'il mourut à Santa Marta, dans la demeure d'un ami espagnol, le 17 décembre.

ANTONIO JOSÉ DE SUCRE (1793-1830)

Né à Cumaná (Venezuela), il fut le lieutenant de Francisco Miranda (1811), puis de Simón Bolívar. Il prit une part importante dans la campagne de la Nouvelle-Grenade et à la prise de Bogotá (1819), puis il vainquit les Espagnols à plusieurs reprises dans le royaume de Quito. Investi des pouvoirs de dictateur au Pérou, il les délégua à Torre Tagle. Repoussé par les Péninsulaires, il revint à Lima. Il fut à la tête d'une campagne célèbre de libération, de Cajamarca à Pasco. Il remporta la bataille décisive d'Ayacucho (1824). Élu vice-président de la nouvelle république de Bolivie, il exerça le pouvoir, au nom de Bolívar, jusqu'en 1828. Sucre reçut ensuite le commandement de l'armée du sud et combattit le général La Mar (victoire de Tarqui, 1829). Il périt assassiné à Berruecos (Colombie), lors des conflits de sécession.

ORIENTATION BIBLIOGRAPHIQUE

La bibliographie relative à l'Amérique ibérique est abondante. Nous avons sélectionné ici les ouvrages les plus généraux sur la question, notamment ceux en langue française.

Références essentielles

Ce livre n'aurait pu exister sans le précieux concours des auteurs suivants :

Jeanne ALLARD, « Les produits des Indes occidentales dans la cuisine espagnole au siècle d'Or », in *Des Indes occidentales à l'Amérique latine*, Alain MUSSET (dir.), Ens Fontenay/St Cloud, 2002

Carmen BERNAND et Serge GRUZINSKI, *Histoire du Nouveau Monde*, Paris, Fayard, 1993, vol. 2, « les métissages ».

Jean-Pierre BERTHE, « Amérique espagnole », in *Encyclopedia Universalis*, corpus 2, Paris, 1996, p. 65-78.

Thomas CALVO, (1) *L'Amérique ibérique de 1570 à 1910*, Paris, Nathan Université, 1994, 335 p.

—, (2) « Le manteau de l'urbanisation sur l'Amérique hispanique », dans *Perspectivas históricas*, troisième année, nos 5-6, juillet-décembre 1999, p. 11-62.

—, (3) « Populations, métissages et migrations (XVIe-XXe siècles) », in *Historiens et géographes*, n° 374, mai 2001, p. 193-212.

Jean-Paul DUVIOLS, *Dictionnaire culturel de l'Amérique latine (pays de langue espagnole)*, Paris, Ellipses, 2000.

Juan Carlos ESTENSSORO, *Del paganismo a la santidad, la incorporación de los Indios de Perú al catolicismo, 1532-1750*, Lima, Pontificia Universidad Católica de Lima - Instituto Francés de Estudios Andinos, 2003, 586 p.

Bernard LAVALLÉ, *L'Amérique espagnole de Colomb à Bolivar*, Paris, Éditions Belin, 1993, 304 p.

Nelly Sigaut, *El pintor José Juárez, usos y recursos del arte de pintar*, México, Conaculta, 2001, 309 p.

Adeline Rucquoi, *L'Espagne médiévale*, Paris, Les Belles Lettres, 2002.

Carmen Val Julián, « Danses de la conquête : une mémoire indienne de l'histoire ? », in *Vingt études sur le Mexique et le Guatemala réunies en mémoire de Nicole Percheron*, Toulouse, Presses universitaires du Mirail, avec le concours de Centre d'études mexicaines et centraméricaines, 1991, p. 253-266.

Nathan Wachtel, *La vision des vaincus, les Indiens du Pérou devant la conquête espagnole, 1530-1570,* Paris, Gallimard, 1971, 314 p.

Jean-Paul Zúñiga, *Espagnols d'outre-mer, émigration, métissage et reproduction sociale à Santiago du Chili, au XVIIᵉ siècle*, préface de Bernard Vincent, Paris, Éditions de l'École des hautes études en sciences sociales, 2002, 348 p.

Histoires générales

Claude Bataillon, Jean Paul Deler y Théry Hervé, « Amérique latine », in *Géographie universelle Reclus*, vol. 3, Paris, Hachette, 1991, 480 p.

Georges Baudot, *La vie quotidienne dans l'Amérique espagnole de Philippe II, XVIᵉ siècle*, París, Hachette, 1981, 302 p.

Pierre Chaunu, *Conquête et exploitation de nouveaux mondes*, Paris, Presses universitaires de France, 1969, 445 p.

—, *Les Amériques, XVI-XVII-XVIIIᵉ siècles*, Paris, Armand Colin, 1976, 270 p.

James Lockhart et B. Schwartz, *Early Latin America, A History of Colonial Spanish America and Brazil*, Cambridge University Press, 1983 (traduction espagnole : *América latina en la edad moderna: una historia de la América española y el Brasil coloniales*, Madrid, AKAL, 1992, 440 p.).

Histoires par pays

Historia General de México, Colegio de México, México, 2001, 4 tomes.

Fréderic Mauro, *Le Brésil du XVᵉ à la fin du XVIIIᵉ siècle*, Paris, SEDES, 1977, 253 p.

Jean-Pierre Minaudier, *Histoire de la Colombie, de la conquête à nos jours*, Paris, L'Harmattan, 1992, 350 p.

Herbert S. Klein, *Bolivia, the Evolution of a Multi-ethnic Society*, Oxford, 1982, 318 p.

Murdo MACLEOD, *Spanish Central America. A Socioeconomic History, 1520-1720*, Berkeley, 1973, 554 p.

Hugh THOMAS, *Cuba or the Pursuit of Freedom*, Londres, 1971, 1 696 p.

Institutions et État

J.I. ISRAEL, *Class and Politics in Colonial Mexico, 1610-1670*, Oxford University Press, 1975, 305 p.

John Leddy PHELAN, *The Kingdom of Quito in the Seventeenth Century*, Madison, 1967, 432 p.

Stuart B. SCHWARTZ, *Sovereignty and Society in Colonial Brazil. The High Court of Bahia and its Judges, 1609-1751*, Berkeley, 1973, 438 p.

L'espace

Alonso CARRIO DE LA VANDERA (Concolorcorvo), *Itinéraire de Buenos Aires à Lima*, París, IHEAL, 1962, 294 p. [document].

Romaní GAIGNARD, *La Pampa argentina. Ocupación, poblamiento, explotación, de la conquista a la crisis mundial (1550-1930)*, Buenos Aires, 1989, 512 p.

Thomas GOMEZ, *L'envers de l'Eldorado. Économie coloniale et travail indigène dans la Colombie du XVIe siècle*, Université de Toulouse-Le Mirail, 1977, 353 p.

Serge GRUZINSKI, *Les quatre parties du Monde, histoire d'un mondialisation*, Paris, Éditions de la Martinière, 2004, 479 p.

Francisco DE SOLANO, « Ville et géostratégie espagnole en Amérique au cours du XVIIIe siècle », in *L'Amérique espagnole à l'époque des Lumières*, Paris, CNRS, 1987, p. 29-48.

L'économie

Jean-Pierre BERTHE, « Production et productivité agricoles au Mexique, du XVIe au XVIIIe siècle », in *Troisième conférence internationale d'histoire économique*, Munich, 1965, p. 105-109.

Pierre CHAUNU, *Séville et l'Atlantique (1504-1650)*, Paris, IHEAL, 1955-1957, 11 tomes.

Clarence Henry HARING, *Trade and Navigation between Spain and the Indies in the Time of the Hasburgs*, Gloucester, 1964, 371 p.

Fernando MURILLO RUBIERA, « L'Amérique et le changement économique de l'Espagne du XVIIIe siècle : administration et commerce », in *L'Amérique espagnole à l'époque des Lumières*, p. 11-28.

John HEMMING : Red Gold, *The Conquest of the Brazilian Indians*, Londres, 1978, 677 p.

B.H. SLICHER VAN BATH, *Real Hacienda y economía en Hispanoamérica, 1541-1820*, Amsterdam, 1989, 182 p.

Les Indiens

Michel BERTRAND, *Terre et société coloniale. Les communautés maya-qui-ché de la région de Rabinal, du XVIᵉ au XIXᵉ siècle*, Mexico, CEMCA, 1987, 332 p.

Woodrow BORAH et F. COOK, « La despoblación del México Central en el siglo XVI », in *Historia Mexicana*, vol. XXIII, 1, juillet-septembre 1973, p. 43-51.

Charles GIBSON, *The Aztecs under Spanish Rule: a History of the Indians of the Valley of Mexico, 1519-1810*, Stanford, 1964, 657 p.

Danièle DEHOUVE, *Quand les banquiers étaient des saints, 450 ans d'histoire économique et sociales d'une province indienne du Mexique*, Paris, CNRS, 1990, 366 p.

Álvaro JARA, *Guerre et société du Chili. Essai de sociologie coloniale*, Paris, IHEAL, 1961, 217 p.

Sang-mêlé

C.R. BOXER, *The Golden Age of Brazil, 1695-1750. Growing Pains of a Colonial Society*, Berkeley, 1969, 443 p.

Anne-Marie BRENOT, *Pouvoir et profits au Pérou colonial au XVIIIᵉ siècle*, Paris, L'Harmattan, 1989, 529 p.

Chantal CAILLAVET et Martin MONCHOM, « Les métis imaginaires » ; idéaux classificatoires et stratégies socio-raciales en Amérique latine (XVIᵉ-XXᵉ siècles), » in *L'Homme*, nᵒˢ 122-124 (1992), p. 115-131.

Gemelli CARERI, *Le Mexique à la fin du XVIIᵉ siècle, vu par un voyageur italien* (introd. de J.P. Berthe), Paris, Calmann-Lévy, 1968, 276 p.

Magnus MÖRNER, *Le métissage dans l'histoire de l'Amérique latine*, Paris, Fayard, 1971, 209 p.

Stuart B. SCHWARTZ, *Sugar Plantations in the Formation of Brasilian Society. Bahia, 1550-1835*, Cambridge University Press, 1985, 613 p.

Jean-Pierre TARDIEU, *Noirs et Indiens au Pérou. Histoire d'une politique ségrégationniste, XVIᵉ-XVIIᵉ siècles*, Paris, L'Harmattan, 1990, 133 p.

La ville

François CHEVALIER, « La Plaza Mayor en Amérique espagnole. Espèces et mentalités : un essai », in *Forum et Plaza Mayor dans le monde hispanique* [...], Paris, 1978, p. 107-122.

Louisa Schell HOBERMAN et Susan M. SOCOLOW, éditeurs, *Cities and Society in Colonial Latin America*, Albuquerque, 1986.

John Preston MOORE, *The Cabildo in Peru under the Habsburgs : A Study in the Origins and Powers of the Town Council in the Viceroyalty of Peru, 1530-1700*, Durham, 1954.

Aspects religieux et culturels

Solange ALBERRO, *Inquisition et société au Mexique, 1571-1700*, Mexico, Centre d'études mexicaines et centraméricaines, 1988.

—, *Les Espagnols dans le Mexique colonial, histoire d'une acculturation*, Paris, Armand Colin, 1992.

Enrique DUSSEL, *Les évêques hispano-américains, défenseurs et évangélisateurs de l'Indien, 1504-1620*, Wiesbaden, Steiner, 1970, 286 p.

Serge GRUZINSKI, *La colonisation de l'imaginaire. Sociétés indigènes et occidentalisation dans le Mexique espagnol, XVIe-XVIIe siècles*, Paris, Gallimard, 1988, 374 p.

Robert RICARD, *La « conquête spirituelle » du Mexique. Essai sur l'apostolat et les méthodes missionnaires des ordres mendiants en Nouvelle-Espagne, de 1523-1524 à 1572*, Paris, 1933, 404 p.

L'Amérique espagnole à l'époque des Lumières : tradition, innovation, représentation, Paris, CNRS, 1987, 375 p.

GLOSSAIRE

Alcalde. Magistrat à fonctions judiciaires, administratives, municipales. Juge élu assurant la justice à l'échelon municipal. Toutes les villes hispaniques d'une certaine importance en comptaient deux. Ils étaient juges en première instance pour les affaires civiles et criminelles.

Audiencia. Tribunal royal chargé de l'administration de justice dans l'ensemble d'un vaste territoire. Ce terme désigne également les régions sur lesquelles s'étendait la juridiction de cette haute cour de justice. Les *audiencias* étaient la plus haute instance judiciaire aux Indes et jouissaient des fonctions exécutives et législatives. Elles assumaient le gouvernement en l'absence de gouverneur ou du vice-roi.

Adelantado. Titre accordé au découvreur ou au futur découvreur d'un territoire dont il effectuait la conquête.

Cabildo. Assemblée municipale, littéralement la « tête » de la communauté urbaine.

Cacique. Seigneur, généralement le chef d'un village indien.

Casta. Catégorie qui désigne la situation ethnique des personnes ; à ne pas confondre avec les castes en Inde.

Censo. Emprunt de capital garanti par un bien foncier. Transmission du domaine direct ou utile d'un bien foncier contre perception par le donataire d'une rente annuelle stipulée par les lois.

Chacra. Champ, lopin. Terme pour *hacienda* au Pérou.

GLOSSAIRE

Compadrazgo. Du mot *compadre* (co-père) qui désigne le lien de parenté spirituelle établi entre les parents et les parrains du baptisé.

Converso. Catholique d'origine juive ou musulmane. Dans la pratique cependant, le terme désigne quasi exclusivement les anciens juifs.

Corregidor. Fonctionnaire possédant des responsabilités judiciaires, administratives, militaires et législatives sur un territoire donné appelé le *corregimiento.* En Castille, le *corregidor* est désigné par le roi pour représenter les intérêts de la Couronne auprès des assemblées municipales. Aux Indes, la charge de *corregidor* a été introduite afin d'étendre l'autorité royale des villes sur les campagnes environnantes.

Créole. Individu né aux Indes de parents espagnols ou de souche totalement espagnole. S'utilise par opposition aux Espagnols nés en Espagne, les « péninsulaires ».

Criado. Litt. « serviteur », mais, plus largement, obligé, dépendant d'une personne.

Doctrina. Paroisse indienne administrée par les ordres mendiants.

Doctrinero. Curé qui a charge d'âmes dans une paroisse indienne (*doctrina*).

Encomendero. Bénéficiaire d'une *encomienda,* habituellement un Espagnol de sexe masculin.

Encomienda. Délégation royale des obligations de protection et d'évangélisation des peuples indiens – et des droits correspondants de perception d'impôt – contractées par la couronne de Castille en vertu de la donation papale. Le bénéficiaire d'un *encomienda* se trouve ainsi en droit d'exiger un tribut en travail, en nature ou en numéraire de la communauté indienne qui lui a été « confiée ».

Estancia. Domaine rural consacré principalement à l'élevage.

Fray. Terme attaché au prénom des religieux des ordres mendiants. Veut dire "frère".

Hacienda. Dans son acception la plus générale, ensemble des biens d'un individu ; de manière plus spécifique, grand domaine agricole.

Hidalguía. Noblesse ; par extension, toutes les vertus qui sont censées caractériser cet état.
Hidalgo. Noble, gentilhomme.

Huaca. Objet de culte dans les Andes, entité éponyme des configurations diverses.

Indien tributaire. Indien soumis à une *encomienda*, par opposition aux Indiens sans communauté, libres.

Letrado. Lettré, généralement un juriste versé en droit.

Leyes Nuevas. Ensemble de lois édictées par la couronne en 1542-1543, inspirées en partie par les arguments de Bartolomé de las Casas, et qui avaient pour objectif de réformer le régime de l'*encomienda* et d'améliorer le sort des Indiens, notamment en modérant leurs obligations.

Mita. Corvée, service dû par les Indiens des Andes.

Morisque. Musulman converti au christianisme.

Presidio. Place forte, garnison.

Pueblo. Village ou bourgade, son terroir et sa population.

Quipu. Cordelettes utilisées dans les Andes pour noter les quantités et d'autres informations dont les péchés.

Regidor. Échevin, conseiller municipal. Renouvelés tous les ans en début d'année (*regidores cadañeros*). Certaines charges de *regidor* étaient cependant vénales (*regidores propietarios*).

Repartimiento. Premier nom reçu par le système d'*encomienda*. Partage du travail indien parmi les conquistadors. On emploie également ce terme pour désigner la vente forcée des marchandises dans les villages indigènes.

Sanbenito. Habit jaune porté par les condamnés par l'Inquisition lors des autodafés. Il rappellerait vaguement celui des bénédictins, d'où son nom.

Servicio personal. Corvée exigée des Indiens *encomendados* par leurs *encomenderos*, sans aucune rétribution.
Solar. Terrain à bâtir.

Temazcales. Bains de vapeur d'origine autochtone qu'on prend en principe pour des raisons de santé.

Tercios. Corps d'armée associant des fantassins armés de piques, de mousquets et des cavaliers. Il était composé de dix compagnies de 250 hommes chacune.

Vecino. En principe, toute personne résidant de manière permanente dans un centre urbain.

Vieux chrétien. Personne dont tous les ascendants étaient réputés catholiques depuis des temps immémoriaux.

Visita. Inspection effectuée par un représentant de la Couronne.

Zambo. Fils d'un Africain et d'une Indienne.

ROIS	VICE-ROIS			
Couronne d'Espagne	Nouvelle-Espagne	Pérou	Nouveau Royaume de Grenade	Río de la Plata
Maison de Trastamare				
Ferdinand II d'Aragon (1479-1516) + Isabelle de Castille (1474-1504).	1535-1549 Antonio de Mendoza.	1542-1546 Blasco Núñez de Vela.		
Maison d'Autriche		1549-1551 Pedro de la Gasca, président de l'Audience de Lima et émissaire du roi.		
Charles Ier (Charles Quint) (1516-1556).	1550-1564 Luis de Velasco y Alarcón.	1551-1552 Antonio de Mendoza.		
		1552-1556 Audience Royale (haut tribunal).		

ROIS	VICE-ROIS			
Couronne d'Espagne	Nouvelle-Espagne	Pérou	Nouveau Royaume de Grenade	Río de la Plata
Philippe II (1556-1598).		1556-1559 Andrés Hurtado de Mendoza, marquis de Cañete.		
		1561-1564 Diego López de Zúñiga y Velasco, comte de Nieva.		
	1566-1567 Gastón de Peralta, marquis de Falces.	1564-1569 Lope García de Castro, gouverneur.		
	1568-1580 Martín Enríquez de Almansa.	1569-1580 Francisco de Toledo y Figueroa.		
	1580-1583 Lorenzo Suárez de Mendoza, comte de La Coruña.	1580-1583 Martín Enríquez de Almansa.		

ROIS	VICE-ROIS		Nouveau Royaume de Grenade	Río de la Plata
Couronne d'Espagne	Nouvelle-Espagne	Pérou		
	1584-1585 Pedro Moya de Contreras, archevêque de Mexico, vice-roi par intérim.	1583-1586 Audience royale (haut tribunal)		
	1585-1590 Alvaro Manrique de Zúñiga, marquis de Villamanrique.	1586-1589 Fernando de Torres y Portugal, comte de Villar don Pardo.		
Philippe III (1598-1621).	1589-1595 Luis de Velasco y de Castilla (fils).	1588-1595 Diego García Hurtado de Mendoza, marquis de Cañete.		
	1595-1603 Gaspar de Zúñiga y Acevedo, comte de Monterrey.	1595-1604 Luis de Velasco, marquis de Salinas.		

| ROIS | VICE-ROIS | | | |
Couronne d'Espagne	Nouvelle-Espagne	Pérou	Nouveau Royaume de Grenade	Río de la Plata
	1603-1607 Juan de Mendoza y Luna, marquis de Montesclaros.	1603-1606 Gaspar de Zúñiga y Acevedo, comte de Monterrey.		
	1607-1610 Luis de Velasco, marquis de Salinas.	1606-1614 Juan de Mendoza y Luna, marquis de Montesclaros.		
	1611-1612 Fray García Guerra o.p., archevêque de Mexico, vice-roi par intérim.			
	1612-1621 Diego Fernández de Córdoba, marquis de Guadalcázar.	1614-1621 Francisco de Borja y Aragón, prince d'Esquilache.		

ROIS	VICE-ROIS		Nouveau Royaume de Grenade	Río de la Plata
Couronne d'Espagne	Nouvelle-Espagne	Pérou		
Philippe IV (1621-1665).	1621-1624 Diego Carrillo de Mendoza Pimentel, marquis de Gelves, comte de Priego.	1620-1628 Diego Fernández de Córdoba, marquis de Guadalcázar.		
	1624-1635 Rodrigo Pacheco y Osorio, marquis de Cerralvo.	1628-1639 Luis Jerónimo Fernández de Cabrera, y Bobadilla, comte de Chinchón.		
	1635-1639 Lope Díez de Aux y Armendáriz, marquis de Cadereyta.	1639-1648 Pedro de Toledo y Leyva, marquis de Mancera.		
	1640-1642 Diego López Pacheco Cabrera y Bobadilla, duc d'Escalona et marquis de Villena, grand d'Espagne.			

ROIS	VICE-ROIS			
Couronne d'Espagne	Nouvelle-Espagne	Pérou	Nouveau Royaume de Grenade	Río de la Plata
	1642 (juin-novembre) Juan de Palafox y Mendoza, évêque de Puebla de los Angeles, vice-roi par intérim.			
	1642-1648 García Sarmiento de Sotomayor y Luna, comte de Salvatierra, marquis de Sobroso.			
	1648-1649 Marcos de Torres y Rueda, évêque du Yucatán, vice-roi par intérim.	1648-1654 García Sarmiento de Sotomayor y Luna, comte de Salvatierra, marquis de Sobroso.		
	1650-1653 Luis Enríquez de Guzmán, comte d'Alba de Liste, et de Villaflor.			

ROIS	VICE-ROIS		Nouveau Royaume de Grenade	Río de la Plata
Couronne d'Espagne	Nouvelle-Espagne	Pérou		
	1653-1660 Francisco Fernández de la Cueva y Enríquez, duc d'Alburquerque, grand d'Espagne.	1655-1661 Luis Enríquez de Guzmán, comte d'Alba de Liste et de Villaflor.		
	1660-1664 Juan de Leyva y de la Cerda, marquis de Leyva et de Ladrada, comte de Baños.	1661-1665 Diego Benavides y de la Cueva, comte de Santisteban.		
	1664 (juin-octobre) Diego Osorio de Escobar y Llamas, évêque de Puebla de los Angeles, gouverneur par intérim.			
Charles II (1666-1700).	1664-1673 Antonio Sebastián de Toledo y Salazar, marquis de Mancera.	1666-1672 Pedro Antonio Fernández de Castro, comte de Lemos.		

ROIS	VICE-ROIS			
Couronne d'Espagne	Nouvelle-Espagne	Pérou	Nouveau Royaume de Grenade	Río de la Plata
	1673 (décembre) Pedro Nuño Colón de Portugal, duc de Veragua, marquis de Jamaica.			
	1673-1680 Fray Payo Enríquez de Rivera, O.S.A., archevêque de Mexico, vice-roi par intérim.	1674-1678 Baltasar de la Cueva Enríquez, comte de Castellar.		
	1680-1686 Tomás Antonio de la Cerda y Aragón, comte de Paredes, marquis de la Laguna.	1678-1681 Melchor de Liñán y Cisneros, archevêque de Lima, vice-roi par intérim.		
	1686-1688 Melchor Portocarrero y Lasso de la Vega, comte de la Monclova.	1681-1689 Melchor de Navarra y Rocafull, duc de la Palata.		

ROIS	VICE-ROIS			
Couronne d'Espagne	Nouvelle-Espagne	Pérou	Nouveau Royaume de Grenade	Río de la Plata
	1688-1696 Gaspar de La Cerda Sandoval Silva y Mendoza, comte de Galve.	1689-1705 Melchor Portocarrero y Lasso de la Vega, comte de la Monclova.		
	1696 Juan de Ortega y Montañés, évêque du Michoacán, vice-roi par intérim.			
	1696-1701 José Sarmiento y Valladares, comte de Moctezuma et de Tula, grand d'Espagne.			
Maison de Bourbon Philippe V (1700-1723 ; 1724-1746).	1701 (novembre) Juan de Ortega y Montañés, archevêque de Mexico, vice-roi par intérim.		1717-1718 Antonio de la Pedrosa y Guerrero, gouverneur.	

ROIS	VICE-ROIS			
Couronne d'Espagne	Nouvelle-Espagne	Pérou	Nouveau Royaume de Grenade	Río de la Plata
	1701-1711 Francisco Fernández de la Cueva Enríquez, duc d'Alburquerque, marquis de Cuéllar.	1705-1707 Audience royale (haut tribunal)	1718-1723 Jorge de Villalonga, comte de la Cueva. [suppression de la vice-royauté].	
		1707-1710 Manuel de Sentmenat-Oms de Santa Pau y de Lanuza, marquis de Castel dos Rius.		
	1711-1716 Fernando de Alencastre Noroña y Silva, duc de Linares.	1710-1716 Diego Ladrón de Guevara, évêque de Quito, vice-roi par intérim.		
	1716-1722 Baltasar de Zúñiga y Guzmán, marquis de Valero, duc d'Arión.	1716 Fray Diego Morcillo Rubio de Auñón, archevêque de Charcas, vice-roi par intérim.		

ROIS	VICE-ROIS		Nouveau Royaume de Grenade	Río de la Plata
Couronne d'Espagne	Nouvelle-Espagne	Pérou		
Louis Ier (1723).	1722-1734 Juan de Acuña y Bejarano, marquis de Casafuerte. 1734-1740 Juan Antonio de Vizarrón y Eguiarreta, archevêque de Mexico, vice-roi par intérim. 1740-1741 Pedro de Castro y Figueroa, duc de la Conquista, marquis de Gracia Real.	1716-1720 Carmine Nicola Caracciolo, prince de Saint Buono, duc de Castel de Sangro. 1720-1724 Fray Diego Morcillo y Rubio de Auñón, archevêque de Lima, vice-roi par intérim. 1724-1736 José de Armendáriz, marquis de Castelfuerte. 1736-1745 José Antonio de Mendoza Caamaño y Sotomayor, marquis de Villagarcía.	1724 Antonio Manso y Maldonado, président gouverneur.	

ANNEXES

ROIS	VICE-ROIS			
Couronne d'Espagne	Nouvelle-Espagne	Pérou	Nouveau Royaume de Grenade	Río de la Plata
Ferdinand VI (1746-1759).	1742-1746 Pedro Cebrián y Agustín, comte de Fuenclara. 1746-1755 Francisco de Güemes y Horcasitas, comte de Revillagigedo. 1755-1760 Agustín de Ahumada y Villalón, marquis de las Amarillas.	1745-1761 José Antonio Manso de Velasco y Sánchez Samaniego, comte de Superunda.	1740-1748 Sebastián de Eslava Alzaga Berrio y Eguiarreta. 1749-1753 Juan Alfonso Pizarro, marquis del Villar. 1753-1761 José Manuel de Solis y Folch de Cardona.	
Charles III (1759-1788).	1760 (avril-octobre) Francisco Cajigal de la Vega. 1760-1766 Joaquín de Monserrat y Ciurana, marquis de Cruillas.	1761-1776 Felipe Manuel Cayetano Amat y Junyent Planella y Vergós.		

ROIS	VICE-ROIS			
Couronne d'Espagne	Nouvelle-Espagne	Pérou	Nouveau Royaume de Grenade	Río de la Plata
	1766-1771 Carlos Francisco de Croix, marquis de Croix.		1761-1772 Pedro Messía de la Cerda, marquis de la Vega d'Armijo.	
	1771-1779 Antonio María de Bucareli y Ursúa.	1776-1780 Manuel de Guirior y Portal de Amate.	1772-1775 Manuel de Guirior y Portal de Huarte.	1776-1778 Pedro Antonio de Ceballos Cortés y Calderón.
			1776-1782 Manuel Flórez Martínez de Angulo Maldonado y Bodquín	1778-1784 Juan José Vértiz y Salcedo.
	1779-1783 Martín de Mayorga.	1780-1784 Agustín de Jáuregui y Aldecoa.	1782 (avril-juin) Juan de Torresar y Díaz Pimienta	
	1783-1784 Matías de Gálvez.		1782-1788 Antonio Caballero y Góngora, archevêque de Santa Fe.	1784-1789 Nicolás del Campo Maestrecuesta de Saavedra, marquis de Loreto.

ANNEXES

ROIS	VICE-ROIS			
Couronne d'Espagne	Nouvelle-Espagne	Pérou	Nouveau Royaume de Grenade	Río de la Plata
Charles IV (1788-1808).	1785-1786 Bernardo de Gálvez, vicomte de Galvestown et comte de Gálvez.	1784-1790 Francisco Teodoro de Croix.		
	1786-1787 Audience royale (haut tribunal)			
	1787 (août) Alonso Núñez de Haro y Peralta, archevêque de Mexico. Vice-roi par intérim.			
	1787-1789 Manuel Antonio Florez Martínez de Angulo Maldonado y Bodquín.			
	1789-1794 Juan Vicente Güemes Pacheco de Padilla y Horcasitas, comte de Revillagigedo.		1789 (janvier-juillet) Francisco Gil de Taboada Lemos y Villamaría.	1789-1795 Nicolás Antonio de Arredondo.

294

ROIS	VICE-ROIS			
Couronne d'Espagne	Nouvelle-Espagne	Pérou	Nouveau Royaume de Grenade	Río de la Plata
	1794-1798 Miguel de la Grúa Talamanca, marquis de Branciforte.	1790-1796 Francisco Gil de Taboada Lemos y Villamaría.	1789-1797 José de Ezpeleta y Galdeano Dicastrillo y Prado.	1795-1797 Pedro Melo de Portugal y Villena.
	1798-1800 Miguel José de Azanza.	1796-1801 Ambrosio O'Higgins, marquis d'Osorno.	1797-1803 Pedro de Mendinueta y Múzquiz.	1797-1798 Antonio Olaguer y Feliu.
	1800-1803 Félix Berenguer de Marquina y Fitz-Gerald.			1799-1801 Gabriel de Avilés y Fierro, marquis d'Avilés.
	1803-1808 José Joaquín Vicente de Iturrigaray y Aróstegui de Gaínza y Larrea.	1801-1806 Gabriel de Avilés y del Fierro.	1803-1810 Antonio Amar y Borbón Arguedas y Vallejo de Santa Cruz.	1801-1805 Joaquín del Pino y Rozas.
				1805-1807 Rafael de Sobremonte, marquis de Sobremonte.

ROIS	VICE-ROIS			
Couronne d'Espagne	Nouvelle-Espagne	Pérou	Nouveau Royaume de Grenade	Río de la Plata
Joseph Bonaparte (1808-1813).	1808-1809 Pedro Garibay, vice-roi par intérim.	1806-1816 José Fernando de Abascal y Souza.		1807-1809 Santiago de Liniers y de Bremond, comte de Buenos Aires.
Ferdinand VII (1808 ; 1814-1833).	1809-1810 Francisco Javier Lizana y Beaumont, archevêque de Mexico. Vice-roi par intérim.			1809-1810 Baltasar Hidalgo de Cisneros.
	1810-1813 Francisco Javier Venegas de Saavedra.		1810-1812 Benito Pérez de Valdelomar.	1811 Francisco Javier de Elío y Olóndriz.
	1813-1816 Félix María Calleja del Rey Bruderlosada Campeño y Montero de Espinosa.		1812-1818 Francisco Montalvo, capitaine général.	

ROIS	VICE-ROIS			
Couronne d'Espagne	Nouvelle-Espagne	Pérou	Nouveau Royaume de Grenade	Río de la Plata
	1816-1821 Juan José Ruiz de Apodaca y Eliza Gastón de Iriarte López de Letona y Lasqueti. 1821 (juillet) Pedro Francisco Novella, vice-roi par intérim. 1821 (juillet-octobre) Juan O'Donojú y Orián.	1816-1821 Joaquín de la Pezuela Griñán y Sánchez Muñoz de Velasco.	1818-1820 Juan de Sámano. 1821-1822 Juan de la Cruz Mourgeon.	

INDEX GÉNÉRAL

Les mots en caractères gras bénéficient d'une rubrique.

INDEX DES NOMS DE PERSONNES

Les noms en caractères gras bénéficient d'une notice en annexe (repères biographiques, ou dans le chapitre VII pour les écrivains).

INDEX DES NOMS DE PERSONNES

Ce volume,
le dix-huitième
de la collection « Guide Belles Lettres des Civilisations »
publié aux Éditions Les Belles Lettres
a été achevé d'imprimer
en septembre 2009
dans les ateliers
de l'imprimerie Jouve
11, boulevard de Sébastopol, 75001 Paris